ALDO CAZZULLO

QUANDO ERAVAMO I PADRONI DEL MONDO

ROMA: L'IMPERO INFINITO

HarperCollins

ISBN 979-12-5985-310-3

© 2023 Aldo Cazzullo

Tutti i diritti sono riservati incluso il diritto
di riproduzione integrale o parziale in qualsiasi forma.

Ringraziamo gli editori che ci hanno concesso l'utilizzo
di queste citazioni presenti nel libro:
Brecht, Bertolt, *Poesie*, a cura di Guido Davico Bonino, Einaudi, Torino, 2014
Kavafis, Costantino, *Le poesie*, a cura di Nicola Crocetti, Einaudi, Torino, 2015
Livio, Tito, *Storia di Roma dalla sua fondazione, Volume I (Libri I-II)*,
traduzione di Mario Scandola, BUR Rizzoli, Milano, 1982
Lucano, Marco Anneo, *La Guerra Civile o Farsaglia*,
introduzione e traduzione di Luca Canali, BUR Rizzoli, Milano, 1992
Luttwak, Edward, *La grande strategia dell'impero romano*,
traduzione di Antonio Bellomi, Rizzoli, Milano, 2013
Shakespeare, William, *Coriolano*, traduzione di Franco Fochi,
in *Tutto il teatro*, Newton Compton Editori, Roma, 2012
Virgilio, Publio Marone, *Eneide*, traduzione di Cesare Vivaldi,
© Garzanti Editore S.p.a., 1990,
© 2001, Garzanti s.r.l., Milano. Gruppo editoriale Mauri Spagnol
Yourcenar, Marguerite, *Memorie di Adriano*,
traduzione di Lidia Storoni Mazzolani, Einaudi, Torino, 1988

I versi tratti dal brano *Decline and Fall of the Roman Empire* di Franco Battiato
sono riprodotti per gentile concessione de L'Ottava

L'Editore ringrazia tutti coloro che hanno collaborato,
e rimane a disposizione degli eventuali aventi diritto
con i quali non è stato oggettivamente possibile comunicare.

© 2023 HarperCollins Italia S.p.A., Milano
Prima edizione HarperCollins
settembre 2023
Prima ristampa - novembre 2023
Seconda ristampa - novembre 2023
Terza ristampa - novembre 2023
Quarta ristampa - dicembre 2023

Altri (io non ne dubito) sapranno meglio plasmare
statue di bronzo che paiano respirare, o scolpire
immagini viventi nel marmo, sapranno
difendere con oratoria più acuta le cause legali,
sapranno tracciare i moti del cielo
col compasso e predire il sorgere degli astri:
ma tu, Romano, ricorda di governare i popoli
con ferme leggi (queste saranno le tue arti),
imporre la tua pace al mondo, perdonare
agli sconfitti, ai deboli, e domare i superbi.

Virgilio, Eneide

C'era un sogno, che era Roma: sarà realizzato.

Massimo Decimo Meridio, Il Gladiatore

Roma non è mai caduta.

L'impero romano non è mai caduto davvero, né mai cadrà. Ha continuato a vivere nelle menti, nelle parole, nei simboli degli imperi venuti dopo.

Noi italiani non siamo i discendenti diretti degli antichi romani: ci siamo mescolati con molti altri popoli, dai barbari agli arabi. Ma dei romani possiamo rivendicare l'eredità. Non soltanto abitiamo la stessa terra, viviamo nelle città da loro fondate, percorriamo strade da loro tracciate; Roma vive nella nostra lingua, nei nostri palazzi, nei nostri pensieri. Nel nostro modo di parlare, di costruire, di pensare, qualcosa dell'antica Roma è rimasto. E se oggi siamo cristiani, è perché Roma diventò cristiana.

Roma ha ispirato i romanzi, i fumetti, i film che abbiamo visto da ragazzi: da Quo Vadis ad Asterix a Ben Hur (molto prima del Gladiatore). Nessuna epoca storica ha influenzato così tanto le generazioni successive; anche perché gli anni della fondazione dell'impero sono gli stessi di un altro evento che ha cambiato la storia dell'uomo, la nascita e la crocifissione di Gesù.

Lo stile dell'antica Roma non è mai morto, e periodicamente risorge nella storia. Dal Rinascimento al Neoclassicismo, da Palladio fino a Canova, alcuni tra i più grandi artisti dell'Occidente hanno disegnato, dipinto, scolpito come facevano – o pensavano che facessero – gli antichi romani. Tutti gli imperatori della storia si sono sentiti il nuovo Cesare, e tutti i rivoluzionari della storia si sono sentiti il nuovo Spartaco. Ogni impero della storia si è creduto e si è presentato come l'erede dei romani. Bisanzio. Mosca: la "Terza Roma". Il Sacro Romano Impero di Carlo Magno. L'impero austroungarico e quello tedesco, che del Sacro Romano Impero si proclamarono continuatori.

E poi l'impero britannico, che teneva l'India con un pugno di soldati quasi tutti indiani, così come Roma teneva a bada i barbari con eserciti composti e comandati da barbari, che spesso potevano mantenere il loro grido di guerra.

Napoleone adorava Cesare, scrisse un libro su di lui, e non volle farsi incoronare re dei francesi, bensì imperatore.

L'impero americano, proprio come quello romano, si è costruito stringendo alleanze e patti diversi con diversi popoli, e considerando l'influenza militare e culturale più importante dell'occupazione dei territori; poiché il vero potere non è quello sulla terra ma quello sulle anime, oltre che sull'economia.

Non a caso, oggi anche gli imperatori digitali – in modo dichiarato Mark Zuckerberg ed Elon Musk, ma non soltanto loro – guardano agli imperatori romani: i primi che si trovarono a governare immense comunità di persone che non si sarebbero mai incontrate fisicamente, parlavano lingue diverse, pregavano diverse divinità, ma nascevano, vivevano e morivano sotto lo stesso cesare; e quindi avevano bisogno di riconoscersi negli stessi volti, nelle stesse storie, nelle stesse idee.

Perché si poteva diventare romani qualunque fosse la propria origine, qualunque fosse il colore della propria pelle, qualunque fosse il proprio dio. E si poteva diventare romani restando ispanici, galli, traci, siriani, greci, egiziani, nubiani... Le questioni che Roma dovette affrontare – i flussi migratori, l'integrazione degli stranieri, lo stato di guerra permanente – sono le stesse che noi dobbiamo affrontare. E va ricordato che i romani, per quanto intimamente convinti della propria superiorità, non erano razzisti; tranne che con i goti, presi in giro perché troppo alti e troppo biondi.

Quello che oggi chiamiamo Occidente è una costruzione eretta sulle fondamenta dell'antica Roma.

In tutto l'Occidente, la lingua della politica e del potere è la stessa che si parlava a Roma due millenni fa. Imperatore e popolo sono parole latine. Come dominio e libertà. Dittatore e cittadino. Legge e ordine (sia pure in un'accezione diversa). Re e giustizia. Eroe e traditore. Cliente e patrono. Candidato ed eletto. Autorità e dignità. Patrizi e plebei. Potenti e proletari. Pretore e principe. Ira e clemenza. Infamia e onore. Congiura e sedizione.

Colonia è una parola romana, come trattato, come società, come suffragio, da cui presero il nome le donne che si batterono per il diritto di voto, le suffragette. Il Palazzo trae origine dal Palatino, il colle di Roma su cui sorgeva la reggia. Il fascismo prende il nome e il simbolo dai fasci portati dai littori: bastoni legati a una scure, a simboleggiare il potere di vita e di morte. Anche socialismo e comunismo discendono da parole latine: societas e communio. La stessa parola presidente viene dal latino "praesidere", presiedere. Gladiatori erano i volontari che nei piani della Cia avrebbero dovuto resistere all'invasione sovietica; oggi sui gladiatori, quelli veri, si continuano a fare grandi film.

E molti leader, pur di garantirsi il "consensus", si fanno "propaganda" e continuano a distribuire "panem et circenses", espressione coniata da uno dei padri della satira, Giovenale.

Gli Stati Uniti, la Francia, la Spagna, oltre ovviamente all'Italia oggi hanno il Senato, come l'antica Roma. Zar e Kaiser derivano da Cesare, e quindi ogni imperatore si è sentito discendente del vero fondatore dell'impero romano. Ma questo vale un po' anche per molti presidenti degli Stati Uniti d'America: «Civis Romanus sum», sono un cittadino romano, ripeté John Kennedy. Molti leader americani hanno sentito di avere in comune con i romani il "destino manifesto" di reggere e governare il mondo. E il simbolo del potere dell'America è lo stesso di quello di Roma: l'aquila.

Poi certo non tutti e non sempre hanno nostalgia del dominio romano. Sia i francesi, sia i tedeschi, sia gli inglesi hanno eretto nell'Ottocento statue talora gigantesche ai grandi nemici di Roma, trasformati in eroi nazionali: Vercingetorige è onorato sulla cima del monte Auxois, dove sorgeva la fortezza di Alesia, il luogo della sua ultima disperata resistenza; un Arminio di ferro e rame, alto quasi trenta metri, veglia nella foresta di Teutoburgo, dove Arminio quello vero fece strage dei legionari di Augusto; e la regina ribelle, l'eroica Boadicea, con le sue figlie benedice Londra dal ponte di Westminster. Eppure i francesi, i tedeschi, gli inglesi non sarebbero quelli che sono, senza Roma.

Anche la lingua della religione nasce nella città eterna. Fede, religione, pontefice sono parole latine. Come credere.

Come dio (dal greco Zeus). Come, per venire al linguaggio della guerra, arma, esercito, militare, generale, soldato (da solidarius: colui che riceve una paga). E sono parole latine anche concordia, amicizia, amore, famiglia, matrimonio; anche se la sposa non si vestiva di bianco, ma di giallo.

Molte città italiane hanno nomi romani, perché dai romani furono fondate. Aosta evoca Augusto, Torino la tribù dei taurini, Mediolanum è la città che sta in mezzo, Cividale del Friuli il Foro di Giulio Cesare, Firenze la città del fiore...

Ovviamente, non è solo questione di parole. Dietro le parole ci sono le cose. Chi in ogni epoca della storia si è trovato a governare vasti territori e a influenzare diversi popoli ha visto nell'impero romano un modello. Le leggi. Le strade.

Il calendario: in tutte le lingue dell'Occidente sono latini i nomi dei giorni (tranne il sabato, che viene dall'ebraico) e dei mesi, da gennaio a dicembre; e milioni di persone nascono e muoiono nei mesi che hanno preso il nome da Giulio Cesare – luglio – e da Ottaviano Augusto, ovviamente agosto. E poi la strategia militare. L'arte di dividere e comandare; ma anche l'arte di includere gli stranieri, di accogliere gli immigrati, di creare nuovi cittadini. La capacità di rispettare usanze e divinità locali, ma anche di mettere in comune un'idea di giustizia e di civiltà; sia pure a costo di tanta sofferenza, di crudeltà, di quel sangue di cui sono lastricate le vie della storia.

Molto di quel sangue è stato versato dai primi cristiani. Martiri: testimoni di una fede professata in silenzio, nell'ombra, al prezzo del dolore e della morte. Gli imperatori romani sono pensati come crudeli persecutori dei seguaci di Gesù; e qualcuno, da Nerone a Diocleziano, lo fu davvero. Ma se oggi il cristianesimo è la religione dell'Occidente, se il Papa è a Roma, se in molti pensiamo Gesù come il nostro Dio incarnato tra noi, lo dobbiamo all'impero. A Costantino e a sua madre Elena, che portò a Roma la vera croce, il legno cui secondo la tradizione Gesù era stato inchiodato. Lo dobbiamo a quella straordinaria scelta politica, se non messianica, di rendere cristiano l'impero di Roma.

La storia romana non è solo storia di vittorie militari e di sapiente esercizio del potere. È anche storia di valori morali e civili. Di donne e uomini disposti a morire per la patria, per la comunità, per qualcosa che andava oltre se stessi. Noi oggi non sappiamo se davvero Clelia sia fuggita a nuoto dal campo del re etrusco Porsenna portando in salvo le compagne, per poi consegnarsi di nuovo come ostaggio; o se Attilio Regolo sia davvero tornato a Cartagine a farsi uccidere in modo atroce, solo per tenere fede alla parola data. Ma certo gli antichi romani lo credevano fermamente.

Anche Repubblica è una parola latina. Come Costituzione. E a Roma nacque l'embrione di quella che oggi chiamiamo democrazia. È vero che le assemblee del popolo si riunivano già nell'antica Grecia. Ma soltanto Roma creò un sistema codificato e duraturo di elezioni, con i comizi, le campagne elettorali, le strette di mano dei candidati, le votazioni, le proclamazioni. Al tempo di Cicerone era il popolo, non il Senato, a eleggere i magistrati; era il popolo, non il Senato, a fare le leggi. La plebe aveva i suoi rappresentanti, i suoi diritti, i suoi poteri, compreso quello di veto: altra parola latina entrata nel linguaggio universale della politica.

Repubblica del resto significa cosa pubblica: nasce a Roma l'idea che lo Stato sia di tutti. E se per i greci la dimensione politica era la città, per i romani divenne il mondo; e un uomo di un altro colore, di un'altra lingua, di un'altra religione poteva diventare romano. Naturalmente Roma non fu mai una democrazia in senso moderno.

La politica escludeva le donne; anche se rispetto ad altre civiltà antiche, compresa quella greca, le donne romane godevano di maggiore libertà, non erano relegate in casa, frequentavano le arene e le terme, cenavano con gli uomini; inoltre le mogli non prendevano il nome del marito e potevano possedere, comprare, vendere; tutti diritti che alle nostre nonne furono riconosciuti soltanto nel 1919, poco più di cent'anni fa.

La politica escludeva anche gli schiavi, che i romani chiamavano servi, altra parola ancora viva. Ma gli schiavi talora venivano liberati (e potevano diventare molto potenti). Talora si ribellarono. Anche la rivolta di Spartaco ha ispirato generazioni di rivoluzionari: spartachisti si chiamarono i comunisti tedeschi che insorsero alla fine della Grande Guerra. Proprio come Spartaco, Rosa Luxemburg e Karl Liebknecht fecero una brutta fine; ma è incredibile che nella Berlino del 1918 ci fossero ribelli pronti a battersi e a morire in nome di un misterioso schiavo che aveva fatto lo stesso duemila anni prima.

Una vicenda immensa, durata dodici secoli – dalla leggendaria fondazione di Roma a quella che viene definita la caduta dell'impero –, non si può raccontare per intero. Si rischierebbe la fine di Funes El Memorioso, il personaggio di Borges dotato o meglio condannato a una memoria prodigiosa: ricordando tutto, in realtà non sapeva niente; e si perdeva in milioni di dettagli trascurabili, senza trattenere le cose importanti. Anche se ci sono storie che non si possono non raccontare. A cominciare da quella di Giulio Cesare – forse il più grande uomo che sia mai esistito – e del suo erede Augusto, dei loro nemici Pompeo e Marco Antonio, dei loro nobili oppositori Cicerone e Catone, di donne potenti come Cleopatra e Livia. Ricordando sempre che, pur popolata da figure eccezionali, Roma fu innanzitutto un sistema: una cultura politica, una macchina militare, una costruzione segnata da un terribile realismo e da un'altrettanto grande carica mitica e letteraria.

Di Roma restano molte vestigia, che sono soprattutto segni. I templi dell'antica capitale sono stati in gran parte distrutti: l'unico che resiste integro è il Pantheon, in quanto dedicato a tutti gli dei, compreso l'unico Dio che aveva preso il sopravvento. Di quella che fu la più grande e splendida piazza, il Foro, restano colonne smozzicate, oltre a tre grandi archi (e in quello di Tito è scolpita la Menorah, il candelabro a sette braccia trafugato dal tempio di Gerusalemme e finito forse a Bisanzio). Lo stesso Colosseo rischia di rivelarsi una delusione: è il monumento più visitato d'Italia; dentro però non c'è niente, ed è incredibile che niente vi sia mai organizzato, a parte la presentazione del libro di Totti. Qualche solone dice: così il Colosseo diventerebbe un'arena. Ma il Colosseo è un'arena! E ha senso solo se rimane tale.

Come non capire che la differenza tra le vestigia romane e quelle di altre grandiose civiltà è proprio nel fatto che quelle romane sono vive? Anche le piramidi sono straordinarie;

ma sono monumenti morti a una civiltà morta. La civiltà romana non è morta; e non soltanto perché il Pantheon è diventato una chiesa, vi riposa un artista meraviglioso come Raffaello, vi è sepolto il re che ha fatto l'Italia.

L'unica chiave per raccontare oltre mille anni di storia è capire quel che ci resta. Raccontare i motivi, le cose, le storie per cui la civiltà romana è viva; e noi italiani, per quanto molto diversi, ne siamo indegnamente gli eredi, e di questo dovremmo essere più consapevoli e più orgogliosi.

Roma è anche storia di grandi artisti. Pittori, scultori, architetti. E poeti, che hanno appreso la lezione dei greci, l'hanno fatta propria e portata sino alle frontiere del mondo conosciuto, e sino ai confini di ciò che è in noi.

Per questo, per capire come Roma faccia ancora parte delle nostre vite e delle nostre anime, dobbiamo partire dall'origine.

Tutto, come sempre, comincia da un grande viaggio. Da una città in fiamme, sulla costa occidentale di quella che oggi chiamiamo Turchia. Da un eroe in fuga con il padre e con il figlio, alla ricerca di una nuova patria, sull'altra sponda del mare. E da un poeta, Virgilio, che molti secoli dopo ha inventato quella storia, e scrivendola l'ha resa vera.

1
ENEA
Il mito della fondazione

Qualcuno sosteneva che i romani discendessero da Ulisse.
Diversi miti legavano i "nostoi", i ritorni degli eroi dell'Iliade, alla nascita di Roma; e alcuni indicavano il fondatore della città nel re di Itaca. Ma Virgilio non era assolutamente d'accordo; e molti con lui.
I romani non vogliono come capostipite l'eroe che ha sì vinto la guerra, ma grazie all'inganno, in modo codardo, con la scaltrezza e non con il valore; e infatti Ulisse nell'Eneide viene trattato con particolare disprezzo, più di tutti gli altri achei. Né Virgilio è affascinato da Achille, il più grande guerriero di tutti i tempi; perché l'intento del poema non è onorare la guerra. Al contrario, dopo anni di conflitti il vero trionfo che Virgilio attribuisce al suo imperatore, Augusto, è proprio aver ristabilito la pace.
L'eroe che i romani scelgono come fondatore è Enea: un eroe sconfitto. Un uomo che fugge dalla rovina della sua patria, che ha conosciuto immense sofferenze, ed è consapevole degli orrori della guerra; ma tra mille travagli persevera nella sua impresa, raggiunge la meta e combatte per dare

una nuova patria alla sua famiglia e al suo popolo. Enea è l'eroe prescelto, perché in lui i romani vedono le qualità che prediligono: la lealtà, la responsabilità, il senso del dovere. Enea non decide il proprio destino. Non fa mai quello che vuole. Vorrebbe restare a combattere per Troia, ma deve fuggire. Vorrebbe portare con sé la donna che ama, ma deve abbandonarla. Vorrebbe fermarsi accanto al suo nuovo amore, ma deve lasciare pure lei. L'eroe non sceglie. Il fato ha scelto lui, per creare Roma. Enea non è il più astuto, né il più forte. È il più pietoso. Il suo epiteto è appunto "pio". E la pietas è la più romana delle virtù. Significa forza morale. Devozione agli dei, agli antenati, alla patria. Capacità di riconoscere il proprio dovere, e di farvi fronte. Responsabilità. Che è un'altra parola latina, da "res pondus": saper portare il peso delle cose.

Non a caso, l'immagine più celebre che ci resta di Enea non è la sua vittoria nella guerra contro gli italici; è la sua fuga da Troia, con il figlio Iulo – detto anche Ascanio – per mano e sulle spalle il padre Anchise, reso zoppo o cieco per una vanteria maschile: aveva rivelato che la madre di Enea era Venere.

Virgilio, uno dei più grandi poeti che l'umanità abbia mai avuto, scrive l'Eneide al termine del periodo più tumultuoso della storia di Roma. Certo, la città aveva conosciuto momenti drammatici, ad esempio quando pareva alla mercé dei galli, o di Annibale. Ma il nemico veniva da fuori. La Roma di Virgilio usciva da vent'anni di guerre civili, in cui il nemico era un proprio compatriota, a volte il proprio fratello. E alla fine le guerre civili avevano travolto anche quello che i romani avevano di più prezioso: la Repubblica. Nasce un nuovo governo, una nuova era; ma non si sa ancora quale sarà.

Virgilio interpreta questa necessità di rinascita. E scrive un poema sull'identità romana, che sia sì di sostegno al nuovo leader, ma soprattutto resusciti l'orgoglio nazionale e rafforzi l'unità: essere romani è una fortuna ed è un destino. Per questo ricostruisce l'origine mitica della città – e della gens Iulia, da cui discende Augusto –, narrando l'arrivo di Enea nel Lazio, e innestando la storia di Roma sulla più grande storia mai raccontata: la guerra di Troia.

Una donna perduta e una respinta

Virgilio costruisce la tradizione romana collegandola con la cultura greca. E comincia la sua storia da dove l'aveva interrotta Omero. Nonostante tra lui e Omero – o chiunque sia stato il vero autore dell'Iliade e dell'Odissea – passino circa settecento anni: lo stesso periodo che separa noi da Dante, che com'è noto venerava Virgilio e lo scelse come guida nel suo viaggio nell'oltretomba.

Omero forse non è mai esistito. Già i filologi di Alessandria, vissuti due secoli prima di Virgilio, avevano ipotizzato che fosse un "nom de plume", un nome d'arte attribuito a varie persone che in epoche diverse avevano edificato monumenti giganteschi come l'Iliade e l'Odissea. Lo stesso nome Omero pare inventato. Significa "colui che non vede": spesso nel mondo greco i poeti e i veggenti sono ciechi, perché vedono con gli occhi della mente cose a noi negate.

Virgilio invece è un personaggio storico. Conosciamo la sua data di nascita – 15 ottobre del 70 avanti Cristo – e quella di morte: 21 settembre del 19 avanti Cristo, quindi prima di compiere cinquantun anni. Il suo epitaffio forse non è stato composto da lui, ma di sicuro lo rappresenta: «Mantua me genuit, Calabri rapuere, tenet nunc Parthenope; cecini pascua, rura, duces»; sono nato a Mantova, sono morto in Calabria (terra che allora comprendeva anche Brindisi, dove in effetti Virgilio si spense), riposo a Napoli; cantai pascoli, campagne, comandanti. Non si potrebbe immaginare una sintesi più semplice e umile della propria vita.

Virgilio era timido. Non era nobile, non era neanche cittadino romano, lo era diventato: Cesare aveva esteso la cittadinanza alla sua regione quando lui era già adolescente. Studiò da avvocato, ma abbandonò alla prima arringa, perché non sapeva parlare in pubblico. Balbettava, e il suo amico Orazio lo prendeva in giro per questo. Augusto lo pregava di leggergli l'Eneide davanti ai cortigiani, e lo metteva in imbarazzo. Virgilio doveva essere un uomo adorabile.

I romani avevano con i greci il rapporto che i tedeschi hanno con noi, e viceversa. I romani amavano i greci, la loro poesia, la loro arte, anche se si consideravano incomparabilmente superiori per forza militare e politica. I greci ammiravano i romani e nello stesso tempo li detestavano in quanto soldati feroci e organizzatori indefessi. In letteratura, i romani cominciarono con l'imitare i greci e finirono per emularli: dal copia-incolla al tentativo di fare ancora meglio.

Virgilio riprende i personaggi e i versi di Omero. Ci gioca. Lo contraddice, non con arroganza ma con una familiarità che è quasi affettuosa. Enea è un eroe del tutto diverso da quelli omerici: un eroe sofferente, che non cerca la gloria ma la salvezza per i suoi compagni, ed è sempre in balia di forze superiori. Lo si vede fin dall'inizio del poema.

Giunone, storica nemica dei troiani da quando Paride aveva dato a Venere e non a lei la mela destinata alla più bella, scatena una tempesta, che sta per affondare le navi di Enea. Nettuno, il dio del mare, le salva, e le sospinge verso Cartagine. Qui Enea racconta alla regina Didone la sua storia, a partire dalla caduta di Troia; proprio come Ulisse racconta il suo viaggio quando sbarca sull'isola dei Feaci e di Nausicaa. Il flashback è già stato inventato.

Enea rievoca l'inganno del cavallo, senza nascondere il suo disprezzo per il modo vile in cui Ulisse e gli achei erano finalmente riusciti, dopo dieci anni, a violare le mura della città assediata. Rivela come i troiani siano stati traditi dal pensiero consolatorio che la guerra fosse finita, e ingannati dalla spia lasciata dai greci, Sinone, che li ha convinti che il cavallo fosse un dono propiziatorio per Minerva. Dai troiani si levano poche voci contrarie all'idea di portare il cavallo dentro le mura. Però una, Cassandra, figlia del re Priamo, ha il dono della profezia ma pure la condanna a non essere creduta. Un altro, il sacerdote Laocoonte, viene stritolato insieme con i figli da due serpenti marini. Allora tutti pensano che quello sia il volere degli dei.

Virgilio ci ha lasciato una testimonianza cruda e suggestiva delle violenze della guerra. Enea ricorda il trauma di svegliarsi in una città già in fiamme, e il dolore di fronte alla sua gente uccisa e umiliata: Cassandra, Andromaca, Priamo e le sue mogli. Vittime innocenti che cercano invano salvezza e sono trattate senza pietà; mentre Elena, traditrice, fingendo di danzare con delle fiaccole manda segnali luminosi ai guerrieri in agguato.

Di fronte a tutto questo, l'eroe è impotente. Non gli è neanche concesso di combattere e morire per la sua patria. Quando ancora stava dormendo gli è apparso in sogno un simulacro di Ettore, ancora sanguinante, coperto di polvere e sfigurato dalla lotta con Achille e dalla profanazione del suo cadavere, che gli ha intimato di fuggire, di salvare la stirpe dei troiani, di portare le loro divinità nel Lazio. E così Enea si vede affidare il comando dei suoi compatrioti superstiti dall'eroe caduto, Ettore. Non può tirarsi indietro, neanche quando si accorge di aver perso nella fuga la moglie, Creusa.

Non vuole abbandonarla, così cerca di tornare nella città, attraversare le fiamme, salvarle la vita. Ma ecco che gli appare l'immagine di Creusa, morta in maniera ignota, e gli rivela di non essere mai stata destinata a fuggire da Troia. Nel Lazio Enea è atteso da una nuova sposa, e da un nuovo regno. Non una terra promessa; quasi una condanna. Ma prima lo aspetta un'altra prova.

Didone è un'eroina tragica. Sin dall'inizio sappiamo che il suo destino è essere abbandonata: Enea non può restare a Cartagine. Eppure la regina è sconvolta dall'arrivo dell'eroe, non può non innamorarsene; anche grazie all'intervento di Venere, preoccupata per l'accoglienza che riceverà suo figlio Enea.

Didone è una donna forte e sventurata. Di origine fenicia, un tempo regnava al fianco dell'amato sposo Sicheo, che però è caduto vittima di una trama del fratello di Didone, Pigmalione. Allora lei è fuggita, approdando sulla costa africana, dove è riuscita a convincere con l'astuzia i capi locali a concederle un territorio dove insediarsi: le sarebbe bastato lo spazio che poteva essere coperto con la pelle di un bue. Ma Didone ha dato prova del proprio ingegno, tagliando la pelle in strisce sottilissime, che messe in fila una dopo l'altra delineavano un vasto perimetro, grande abbastanza per fondare una città.

Questa formidabile regina da allora ha governato da sola, rifiutando ogni proposta dei sovrani vicini, pur di rimanere fedele alla memoria di Sicheo. Eppure l'arrivo di Enea la induce a violare la promessa, e accogliere il troiano come nuovo sposo. Ma Enea non è destinato a restare con lei. Giove gli manda il suo messaggero, Mercurio, per intimargli di andarsene, per ricordargli che il suo destino è altrove.

Anche Enea ama Didone. Non vorrebbe lasciarla. Ma sa che non può scegliere. Non può rinunciare alla propria missione. Così prepara la partenza in segreto. Didone però ha un presentimento, lo scopre, lo affronta. Il colloquio finale tra i due amanti è drammatico. Ricorda quello tra Giasone e Medea, nella tragedia di Euripide. Lei, folle d'amore, ora accusa Enea, ora lo supplica. Gli rinfaccia le promesse fatte, quel che lei ha sacrificato per lui, la sorte crudele a cui la condanna abbandonandola. Ma Enea appare freddo. Distaccato. Spiega che la sua decisione non dipende da lui, ma dal volere divino.

Al culmine della tragedia, incapace di sopportare il dolore, Didone si trafigge con la spada e si getta nella pira dove ardono i doni che aveva ricevuto dall'amato. E nel morire lancia una maledizione alla stirpe dei troiani, predicendo che Cartagine sarà il loro più grande nemico; mentre le navi di Enea veleggiano lontane, e lui guarda le volute di fumo salire, ignaro della fine atroce della donna che ha amato e delle terribili guerre contro i cartaginesi che attendono i suoi discendenti.

Il personaggio di Didone non fu inventato da Virgilio; che però manipola la versione prevalente del mito, secondo cui Didone si toglie la vita per sfuggire alle pressioni dei re libici, e poter rimanere fedele a Sicheo. A Virgilio interessa certo la premonizione dell'inimicizia tra Roma e Cartagine, dello scontro con Annibale. Ma dietro Didone non è difficile intravedere un altro personaggio, un'altra donna, vissuta al tempo di Virgilio: Cleopatra, la sovrana straniera che seduce e travia il comandante romano.

A differenza di Marco Antonio, che si lascia fuorviare e condurre alla disfatta dalla regina d'Egitto, Enea è consapevole delle proprie responsabilità, e sacrifica l'amore e la felicità ai propri doveri.

Ma come Cleopatra era in fondo ammirata dai poeti latini, compreso Orazio che brindò alla sua morte, così Virgilio prova rispetto e pietà per Didone. E la mette in scena negli Inferi, dove rifiuta di parlare con Enea. Allora sembra sia lei a trionfare: Didone è ricongiunta al marito, mentre Enea soffre, tenta di scusarsi, si dispera. Non è più l'uomo gelido dell'addio. Le parla «con dolce amore», le assicura che è stata colpa degli dei, che lui avrebbe preferito di gran lunga restare con lei, ma non gli era stato concesso. Didone rifiuta financo di guardarlo. Lui piange, lei si mostra impassibile. Poi si volta e raggiunge il marito Sicheo, «che le corrisponde l'affetto»: l'ha perdonata; e Didone ha la sua forma di lieto fine.

Il destino di Roma è molto più grande di quello di Enea. Per questo è un eroe che ci ispira più compassione che ammirazione, nel vederlo di continuo cacciato da un luogo all'altro, senza potersi mai riprendere dal tormento di aver perso la sua casa, perché fatiche e dolori lo colgono in ogni nuova tappa.

Quando arriva a Creta, pensa di restarci, fonda la città di Pergamo; ma un'epidemia di peste lo costringe a ripartire. Poi si ferma nelle Strofadi, per riprendersi da una terribile tempesta; ma le isole sono abitate dalle arpie, orrendi mostri metà donna metà uccello, che tormentano i troiani insozzandone il cibo; a Enea viene negato persino un piacere semplice come sedersi e mangiare, perché le arpie vengono a disturbarlo da ogni angolo ogni volta che si ferma. Poi trova un luogo accogliente quando in Epiro incontra Eleno, nuovo marito di Andromaca, che ha fondato una nuova Troia; ma benché quel luogo sia quanto di più vicino ci possa essere alla sua patria perduta, non può restare neanche lì.

Anchise muore. Un anno dopo, Enea si ferma in Sicilia a celebrare i giochi in onore del padre. La perfida Giunone manda la sua messaggera, Iride, l'Arcobaleno, a indurre le donne a dare fuoco alle navi, che vengono salvate da una pioggia provvidenziale; ma quasi tutte le donne più anziane resteranno in Sicilia. I troiani sono esausti. Non ce la fanno più a spostarsi. A ogni tappa, il messaggio è stato chiaro: non è questo il posto giusto per voi, non è qui che dovete fermarvi, nemmeno per riprendere fiato.

Neanche in un luogo sicuro, tra amici e alleati, Enea potrà mai avere pace fino a che non sarà giunto alla sua meta definitiva, quella destinata dal fato: l'Italia. Terra di provenienza di Dardano, i cui discendenti fondarono Troia: quindi un ritorno nel luogo di origine dei troiani. Per Virgilio, il Lazio è un territorio che Enea conquista lottando, con fatica e sofferenze; ma è anche un ritorno a casa, nella sua terra ancestrale.

Roma deve essere fondata, non può essere altrimenti. Lo prevedono gli oracoli. Ne parlano tra loro gli dei: Giunone se ne lamenta, perché sa che non può farci niente, e persino una divinità come lei non ha potere contro il fato; mentre Giove rassicura Venere, preoccupata per le sorti del figlio, dicendole che i romani sono destinati a un futuro glorioso, a un "imperium sine fine": l'impero infinito.

Di dover andare in una nuova terra, l'Italia, Enea se lo sente ripetere più volte, dai simulacri dei suoi cari morti, Ettore, Creusa, Anchise, e poi dai profeti e dagli dei. Una serie di ripetizioni che pare quasi ridondante. Al punto da far pensare che questa profezia sia uno dei punti che Virgilio avrebbe sistemato, se non fosse morto. Come se non avesse ancora deciso chi dovesse essere il messaggero giusto, quale il momento rivelatore.

Il più potente tra i vaticini è quello delle arpie: i troiani sapranno di essere arrivati quando patiranno la fame tanto da mangiare le mense, cioè le focacce secche che usano come piatti; e questo è il segno che la sua impresa non porta a Enea altro che sofferenza.

L'eroe ha un debito nei confronti dei suoi antenati, ma anche un dovere nei confronti dei suoi successori; porta appunto sulle spalle il padre e per mano il figlio. I continui riferimenti alla futura gloria di Roma erano certo per i lettori di Virgilio una fonte di orgoglio, la conferma della loro grandezza, visto che tante forze sovrumane si sono messe in moto per far nascere la loro città. Ma per Enea è anche un enorme fardello la consapevolezza che un futuro tanto monumentale dipende da lui. E i passaggi-chiave sono due. La discesa agli Inferi. E la consegna dello scudo.

Il fardello dell'uomo romano

Anche nell'Ade, dov'è accompagnato dalla Sibilla cumana, Enea dimostra di essere un eroe diverso. L'impresa lo accomuna ad altri celebri personaggi: Ercole, Orfeo, Teseo. Ma loro erano discesi negli Inferi per compiere straordinarie imprese: Ercole per catturare il cane a tre teste Cerbero (una delle sue fatiche), Orfeo per riprendersi la moglie Euridice, Teseo per portare via Proserpina. Infatti Caronte, il traghettatore infernale, all'inizio rifiuta di far passare Enea, dicendo che tutti gli altri eroi entrati nell'oltretomba da vivi avevano combinato soltanto guai. Ma la Sibilla lo zittisce e lo rassicura (come farà Virgilio con Caronte nella Divina Commedia): Enea è diverso, non creerà problemi. Vuole solo poter parlare con suo padre. Non lo muove la gloria, ma la pietas. E porta con sé un ramo d'oro, che diventerà nel tempo a venire il simbolo del potere magico, e il titolo del celebre saggio di James Frazer: appunto "Il ramo d'oro".

Negli Inferi Enea vede molti morti della guerra di Troia: gli achei lo evitano, i troiani gli vengono incontro per parlargli, vogliono conoscere la sorte dei sopravvissuti. Nei Campi Elisi incontra il padre Anchise, che gli mostra la processione di anime che scendono a bagnarsi nel Lete, per purificarsi, dimenticare l'esistenza passata, e tornare a nuova vita sulla terra. Enea scopre così i romani del futuro, sovrani e soldati, che culminano ovviamente con la gens Iulia e in particolare con Augusto, che condurrà Roma alla sua età dell'oro.

Certo, questo è il passaggio più apertamente propagandistico dell'Eneide. Virgilio esalta il suo imperatore come discendente di Enea, e lo consola per la morte prematura del nipote molto amato che aveva scelto come successore, Marcello. Ma non è solo propaganda. E la sfilata non serve solo a ricordare ai romani il loro passato illustre, a mostrare a Enea l'esito futuro della sua impresa. Anchise descrive quel che ci si aspetta da un cittadino romano: rigore, costanza, tenuta morale. E sostiene che ai romani spetta «regere imperio populos», il diritto di governare le genti. Fa il confronto con i greci, e riconosce che è loro l'eccellenza nelle arti e nelle scienze; il grande talento e la grande missione dei romani è governare, legiferare, amministrare. Il fardello dell'uomo romano.

Anchise profetizza anche la conquista della Grecia; e allora, quando i discendenti dei troiani sottometteranno quelli degli achei, Troia sarà vendicata.

Una funzione simile è affidata allo scudo di Enea, forgiato da Vulcano e donatogli da Venere; così come la madre Teti aveva donato le armi ad Achille prima del duello con Ettore. Sullo scudo compaiono immagini che mostrano i miti di Roma, tenendo insieme la leggenda e la storia: Romolo e Remo allattati dalla lupa, il ratto delle sabine, i sette re e le loro guerre per la conquista del Lazio. Poi Porsenna, che cerca di riportare sul trono il re etrusco Tarquinio il Superbo; Orazio Coclite, che sbarra il passo all'invasore difendendo, lui solo, il ponte che dà ingresso alla città; Clelia, che riesce a sfuggire a Porsenna con le altre ragazze romane prese in ostaggio. Lo scudo mostra poi le invasioni dei Galli, e le oche del Campidoglio, che con i loro schiamazzi avvisano i cittadini addormentati dell'arrivo dei nemici.

Sono vicende che conosciamo. Le abbiamo studiate a scuola. Ne parleremo nel prossimo capitolo, per capire cosa quegli eroi e quelle storie rappresentassero per i romani; i quali leggendole in un grande poema epico come l'Eneide ne saranno senz'altro stati fieri. Ma Enea non ne sa nulla. Vede immagini che non può capire. Eppure ne trae conferma, rassicurazione, fiducia. Va in battaglia protetto dal suo futuro.

Nello scudo è incisa una visione degli Inferi, con l'immagine di Catone, autore di giuste leggi, accolto nei Campi Elisi; mentre l'unico personaggio romano menzionato in negativo è Catilina, che ha attentato alla solidità dello Stato e dunque viene punito nel Tartaro, dov'è appeso a una rupe e tormentato dalle Furie. Invece il culmine del trionfo di Roma è ancora Augusto, raffigurato al centro dello scudo come vincitore della battaglia di Azio.

Virgilio non ne parla come di una guerra civile, ma di un conflitto tra italici e stranieri. Marco Antonio si è messo a capo di un esercito di barbari. Sullo scudo sono rappresentati gli dei di Roma che combattono contro Anubi, lo sciacallo, il dio egizio protettore del mondo dei morti. La vicenda si conclude con il trionfo di Augusto, e con la sfilata di tutte le popolazioni assoggettate a Roma: governarle è un onore, ma anche un onere.

La consegna dello scudo è il segno che pure per Enea una guerra ormai è inevitabile, anzi sta per cominciare. I troiani sono ancora costretti a combattere. Ripiombano nella stessa tragedia da cui erano fuggiti.

Achille sarà sconfitto

Come nell'Iliade, il casus belli è una donna, Lavinia, figlia del re Latino. Una profezia ha indicato che dovrà unirsi a uno straniero. Così viene promessa in sposa a Enea, suscitando l'ira degli altri comandanti italici; in particolare di Turno, capo dei rutuli.

Anche la guerra nel Lazio è causata da forze maggiori: è Giunone a inasprire gli animi dei popoli locali contro i troiani, non per ostacolare la fondazione di Roma – ormai si è rassegnata: niente e nessuno potrà impedirla –, ma solo per infliggere ai troiani quante più perdite e sofferenze possibili. Questa consapevolezza rende ancora più insensata la guerra, che non ha alcuno scopo, serve solo a provocare dolore. Per Virgilio la guerra è il peggior crimine dell'umanità. «Bella horrida bella...»: vedo guerre, orribili guerre, e il Tevere spumeggiare di sangue.

Del resto, la lode più grande che fa ad Augusto non è aver vinto, ma aver riportato la pace. E i suoi eroi sono fuggiaschi da una città in fiamme.

Stavolta i troiani sanno di essere destinati a vincere questa nuova guerra. Se lo sono sentiti ripetere spesso. Ma dopo tanti orrori vissuti non hanno alcuna voglia di celebrare un trionfo militare; e non soltanto perché sanno che molti tra loro dovranno morire, ma perché sanno che in guerra non ci sono veri vincitori. Dunque non provano alcuna gioia nell'infliggere dolore, e sono svuotati di forze quando si trovano di nuovo assediati, questa volta dalle truppe di Turno.

La prova della disperazione e insieme della perseveranza dei troiani, e quindi dei romani, è la storia di Eurialo e Niso: i due eroi che si offrono volontari per passare le linee avversarie, e avvertire dell'assedio Enea, che è andato a cercare rinforzi da Evandro, re di un altro popolo italico, gli arcadi.

Niso propone di attraversare nottetempo l'accampamento dei nemici; Eurialo, legatissimo all'amico, rifiuta di lasciarlo solo in un'impresa tanto pericolosa. Proprio la loro amicizia, la lealtà reciproca, il sacrificio nel pieno della giovinezza li renderanno immortali nella memoria dei romani; perché i due giovani non sopravvivranno alla missione.

Eurialo viene scoperto e massacrato «come un fiore purpureo reciso dall'aratro»; Niso, non potendo sopportare il pensiero di abbandonare il compagno, torna indietro, e va con lui incontro alla morte. I due amici sono il simbolo del carattere romano, ma al contempo l'incarnazione del dolore inflitto dalla guerra, che promette la gloria e assicura solo la morte. Eurialo e Niso si sono trattenuti troppo a lungo nell'accampamento dei latini per far strage dei nemici dormienti – un gesto poco valoroso – e far razzia dei loro beni: ed è proprio il riflesso sull'elmo preso da Eurialo, che brilla nella notte, a farli scoprire dai cavalieri nemici. Il passo che più ci tocca non è la gloria imperitura; è la madre di Eurialo, una delle poche donne anziane ad aver seguito i troiani fino nel Lazio pur di non lasciare il figlio, che si tormenta e piange disperata alla notizia della sua morte. Una Mater Dolorosa in cui tante altre madri si riconosceranno.

I troiani sono destinati a mescolarsi con i latini; dunque anche loro sono antenati dei romani. Anzi, sono i troiani a venir assorbiti dai latini, non viceversa: è l'ultima richiesta di Giunone a Giove, quando la dea si rende conto che la guerra sta per finire con il trionfo di Enea, e implora il marito di far sì che, se non era stato possibile annientare la stirpe dei troiani, almeno fosse cancellato il loro nome. Per questo anche gli eroi italici meritano ammirazione; e i troiani, in particolare Enea, esprimono spesso il rammarico di doverli combattere, e doverne versare il sangue.

Su tutte spicca la figura di Camilla, giovane donna audace e forte in battaglia più degli uomini: un'amazzone, che si è fatta tagliare un seno per poter più facilmente tirare con l'arco. Da piccola è stata affidata alla dea Diana, quando il padre, fuggendo dai nemici che lo avevano cacciato dalla sua città, davanti a un fiume ha legato la bambina a una lancia e l'ha scagliata sull'altra riva. Camilla ha vissuto dunque un'infanzia selvaggia nei boschi, dove ha imparato a cacciare e a combattere. Semina timore tra i troiani, mentre avanza tra loro facendone strage. Virgilio descrive il suo eroismo, la sua forza e la sua agilità con un fervore che non riserva neanche a Enea. Anzi, per quanto sia un abile guerriero, Enea non si contraddistingue per questa dote in particolare; spesso viene deriso dai suoi avversari, Turno lo considera debole, lo chiama frigio effeminato – "semiviri Phrygis" –, e prega di poter «insozzare nella polvere i capelli stillanti mirra che Enea arriccia col ferro arroventato».

L'unico che riesce a fermare la vergine guerriera Camilla è l'etrusco Arunte, che la uccide, guidato da Apollo, scagliandole una lancia di nascosto, mentre lei è distratta, all'inseguimento di un guerriero dall'armatura scintillante di cui vuole impadronirsi; Diana la vendicherà, e lo stesso Arunte sarà ucciso da una freccia. Anche la morte di Camilla è un esempio di eroismo stroncato dalla foga militare, dal voler ricavare profitto e onore tramite la guerra. Ed è il preludio della sconfitta dei popoli del Lazio che si sono schierati contro i troiani.

Anche Turno è un nemico degno sia di ammirazione sia di compassione: comandante forte, valoroso, fiero, portatore delle qualità dei latini che i romani riconoscono in sé. Turno è il principale antagonista di Enea; almeno antagonista umano, perché l'avversaria principale di Enea è Giunone; anche se forse il suo vero antagonista è il fato.
Già prima dello sbarco era stato profetizzato a Enea che avrebbe incontrato un nuovo Achille, con cui infatti il re dei rutuli condivide molti tratti.
È Turno il vero eroe guerriero dell'Eneide, il vero Achille, a cui somiglia anche per l'eccesso di combattività; per esempio quando irrompe da solo nell'accampamento dei troiani, prima di essere costretto a fuggire gettandosi nel Tevere. All'inizio appare accorto, persino saggio. Sembra aver accettato l'arrivo di Enea, il fatto che debba sposare Lavinia al posto suo. Ma Giunone scatena uno spirito malvagio, la Furia Aletto, che sconvolge la mente di Turno, e lo induce a vedere i troiani come una minaccia al suo regno. Qui Virgilio scrive uno dei versi più straordinari di tutta l'Eneide: «Flectere si nequeo Superos, Acheronta movebo» dice Giunone; se non posso piegare gli dei del cielo, muoverò gli Inferi. È la citazione che Freud sceglie per aprire l'Interpretazione dei sogni. Del resto l'Eneide fa parte di noi più di quel che pensiamo. «Audentes fortuna iuvat», la fortuna aiuta gli audaci, è una frase dell'Eneide. Anche se la pronuncia Turno, per incitare i suoi a scatenare la guerra in cui troverà la morte.
Eppure di Turno Enea spesso ha pietà. È riluttante a com-

batterlo. I passaggi in cui esprime rimorso e tristezza per le sofferenze che verranno causate ai suoi compagni, ai suoi nuovi alleati, ma anche ai suoi nemici, sono più densi e certo più ispirati di quelli in cui si raccontano le sue gesta militari. Però affrontare Turno è il suo destino: viene stabilito che a decidere le sorti della guerra sarà un duello tra i due, che ovviamente riecheggia quello tra Ettore e Achille.

Turno viene preso dalla stanchezza, sente di essere stato abbandonato dagli dei, di avere il fato contro. Sa di stare per morire. Quando cade, trafitto nella coscia da Enea, che sta per infliggergli il colpo di grazia, Turno ha già perso ogni speranza, chiede pietà, almeno per le sue spoglie, e invoca il padre. Al che l'eroe troiano, troppo pio e compassionevole, esita, sta per essere mosso dalle parole del nemico, vorrebbe risparmiarlo; finché non scorge nella cinta dell'altro la faretra di Pallante, il giovane figlio di Evandro che Turno ha ucciso. Allora, colto dal furore, scaglia il colpo, ponendo fine alla vita dell'avversario, e alla guerra.

Enea ha portato a compimento la sua impresa, ma la sua non è una vittoria. In quegli ultimi istanti, nel finale del poema – così rapido, improvviso, sconvolgente –, Enea si snatura, perde se stesso e i sentimenti di umanità e compassione che l'hanno animato per tutta l'opera. L'eroe che rinnega la guerra e la violenza compie il sacrificio finale, uccide per rabbia e non per necessità. Si scambia di ruolo con Turno. Diventa lui Achille; non a caso il dettaglio della faretra di Pallante evoca quello dell'armatura di Patroclo indossata da Ettore, che aveva acceso l'ira dell'eroe greco. E perde l'epiteto di pio; perché contravviene alle raccomandazioni del padre, che negli Inferi, esponendo le responsabilità di chi comanda sugli altri uomini, lo aveva esortato a risparmiare i vinti.

L'Eneide non ha un lieto fine, almeno non per il suo protagonista, perché termina con un gesto di violenza, non di pace, che era il suo obiettivo. E l'ultimo verso non è di trionfo, ma di morte: «Vitaque cum gemitu fugit indignata sub umbras»; e la vita con un gemito fugge sdegnosa tra le ombre.

Virgilio a Manhattan

Poi certo i romani molte volte si comportarono più come l'Enea del duello finale, che come l'Enea umano e pietoso. Conquistarono, uccisero, depredarono. Virgilio descrive i romani come vorrebbe che fossero. Come i romani volevano essere, o pensavano di essere. Non come erano.

Ma è proprio qui che vediamo la vera grandezza dell'Eneide. Un'opera considerata la celebrazione del nazionalismo, del nuovo regime imperiale, in cui però si intravede un personaggio quasi rivoluzionario: l'uomo schiacciato dal dovere, costretto a non obbedire ai propri istinti compassionevoli, per poter diventare ciò che il popolo ha bisogno che sia.

Per i romani quella dell'Eneide è una storia gloriosa, li ricollega a Troia, dimostra il loro valore, giustifica la loro egemonia; e rende Enea il modello di una nuova figura, l'imperatore severo ma giusto. Sul piano personale, però, l'Eneide è una tragedia. Il protagonista non ha un istante di sollievo, è costretto a soffrire per un'impresa dei cui frutti non potrà mai godere. È costretto a vagare, portando dolore e lutti a gente a cui non vuole male, o anzi, nel caso più straziante, che ama; perché è quello che gli viene richiesto.

La storia di Didone più di tutte ci mostra l'ambivalenza e le contraddizioni del personaggio di Enea; infatti la critica moderna la considera un segno di dissenso dal regime augusteo. Prima Enea è freddo e ligio al dovere; ma poi nel rivederla negli Inferi si commuove, piange disperato, implora il suo perdono, o almeno una sua parola, un suo sguardo; mentre lei resta impassibile.

Infine l'opera si chiude su quello che dovrebbe essere il suo trionfo, e invece diventa una sconfitta. Alla fine anche Enea è un eroe tragico, dilaniato dalla sua natura e dalle sue responsabilità, troppo umano.

Con lui finisce l'età degli eroi; da lì in poi nasceranno solo più uomini.

Ed è proprio il suo essere così umano a rendere Enea un eroe vicino a ogni lettore di ogni secolo, a consentire a ogni generazione di riconoscere la propria vicenda e la propria sofferenza nella sua.

Come ogni grande storia, l'Eneide parla di noi.

Non a caso, è l'unica opera dell'epoca classica che, da quando è stata scritta, non ha mai smesso di essere riletta e commentata. E pensare che Virgilio non voleva neppure che fosse pubblicata. Il suo ultimo desiderio in punto di morte fu che dessero fuoco al manoscritto, perché non era stato in grado di concluderlo, di renderlo perfetto. Però, una volta creata, un'opera del genere non può cessare di esistere; infatti la volontà dell'autore non fu rispettata, per nostra fortuna.

L'Eneide è piena di versi monchi, dalla metrica imprecisa, e di passaggi che si ripetono o si contraddicono. Ma proprio la sua incompiutezza la rende un'opera viva, cangiante, irrequieta. E lascia intuire l'animo diviso di Virgilio, che vuole onorare Augusto e raccontare la gloria dei romani, ma finisce per raccontare il dramma degli uomini di ogni tempo: non poter scegliere il proprio destino.

Forse, se avesse avuto il tempo di rendere l'Eneide perfetta e completa, intoccabile e monolitica, non avrebbe spinto tante generazioni a tornarci sopra, nei secoli, a rileggerla sempre in chiave diversa.

L'Eneide divenne un fenomeno culturale, un classico, già prima di essere pubblicata, quando i vari libri venivano letti ad alta voce. Si narra che Ottavia, la sorella di Augusto, fosse svenuta, colta dall'emozione sentendo la dedica a Marcello, suo figlio, nel sesto libro. E già i romani – non si sa con esattezza quando – avevano iniziato a riscrivere l'Eneide, proprio a causa di quel finale tanto improvviso e disorientante.

Siccome l'opera era incompiuta, avevano aggiunto un tredicesimo libro fittizio, in cui Enea sposa Lavinia e si stabilisce nel Lazio, fondando la sua prima città. Insomma, i romani cercano di dare un lieto fine al loro eroe, inventandosi che fosse quello il vero desiderio dell'autore.

Qui ingigantisce ancora di più la figura di Virgilio, un giovane timido, che i poeti più vicini ad Augusto prendono in giro. Il più grande poeta di tutta la storia di Roma, che riassume la sua vita in tre righe: qui sono nato, qui sono morto, qui sono sepolto, ho parlato di tre cose. Eppure i posteri lo considereranno un potente taumaturgo, uno stregone buono, capace di fermare le eruzioni del Vesuvio e curare gli animali malati.

Secondo la tradizione, i suoi versi erano tanto colmi di potere da essere investiti di capacità profetiche. Per secoli fu diffusa la pratica delle "sorti virgiliane": la credenza che fosse possibile aprire l'Eneide, leggerne qualche verso, e vederci scritto il proprio futuro. È così che Adriano ottiene rassicurazione che sarà scelto come successore di Traiano, perché il libro gli offrirà un verso in cui si parla di glorie future. Mentre Carlo I d'Inghilterra, trovandosi sotto agli occhi la maledizione lanciata da Didone, ha il presentimento della propria morte violenta e prematura; e in effetti Cromwell lo farà decapitare.

Non solo. Virgilio è il tramite tra la classicità e la cristianità. È il poeta che i seguaci di Gesù sentono più vicino a loro. Neppure la dottrina cristiana può fare a meno di Virgilio. Nel Medioevo viene letto nelle scuole per insegnare la grammatica latina, la lingua della liturgia; e viene citato anche come esempio di retorica e di filosofia etica. Non a caso Dante lo volle al suo fianco negli Inferi: perché era considerato l'uomo più saggio di tutti i tempi.

L'Eneide era vista come la somma dell'intera conoscenza umana, e dunque si pensava di poter ritrovare nei suoi versi anche l'etica cristiana, quella della pietà e della compassione, credendo che Virgilio l'avesse già intuita; così come aveva intuito l'avvento di Cristo, profetizzando nelle Bucoliche la figura del "puer", del bambino che verrà a cambiare la storia.

Sant'Agostino confessa che leggendo il libro di Didone non è riuscito a trattenere le lacrime, che la forza drammatica della storia è riuscita a distoglierlo dalla missione che si era dato, il distacco dalle cose terrene. La carica tragica dell'episodio è stata colta in decine di opere teatrali e liriche. Nei "Troiani" di Berlioz dopo una notte d'amore tra i due tuona sul palco la voce di Mercurio, che grida tre volte: Italia! E l'aria del lamento di Didone è considerata il capolavoro di Purcell ("Didone ed Enea"), un finale malinconico, più intimo e sofferente che violento ed enfatico: «When I am laid in earth / May my wrongs create / No trouble in thy breast; / Remember me, but ah! / Forget my fate». Quando giacerò nella terra, possano i miei errori non turbare il tuo animo. Ricordami, ma dimentica il mio destino.

Per questo un viaggio nella Roma antica e nella sua eredità deve partire dall'Eneide. Perché è un'eterna fonte di ispirazione, che parla a ogni uomo e può rivelargli qualcosa su se stesso.

Il Colombo che arriva nelle Americhe viene paragonato a un nuovo Enea, che giunge per mare da terre lontane e assoggetta i popoli locali per fondare una nuova, più grande civiltà. Ma in altre epoche i troiani sono stati considerati il simbolo dell'imperialismo. Oggi, nell'era dei migranti, Enea è pensato come un profugo, cacciato dalla sua patria a causa della guerra, che cerca disperatamente una terra che lo accolga, ma viene ogni volta respinto: così i troiani sono costretti a lottare sempre per il loro posto nel mondo.

Non solo Dante; anche Petrarca, Ariosto, Tasso guardano a Virgilio. L'Eneide è il modello del romanzo e del poema cavalleresco, fin dai primi versi, «arma virumque cano», canto le armi e l'uomo; «le donne, i cavallier, l'arme, gli amori / le cortesie, l'audaci imprese io canto» è l'inizio dell'Orlando Furioso. Ma l'influenza di Virgilio è fortissima in particolare nel mondo anglosassone.

I padri fondatori americani citano spesso l'Eneide nelle loro lettere. Lo fanno Franklin, Jefferson, Hamilton: anche loro si ritrovano a dover costruire l'unità nazionale dopo un periodo di conflitti esterni e interni, a dover creare una grande nazione dalle avversità. Dopo la prima guerra mondiale, invece, l'enfasi viene posta sull'Eneide come un'epica contro la guerra.

Shakespeare attinge da Virgilio come fonte per la mitologia classica. Enea e Didone sono il modello per il suo Antonio e Cleopatra. Enea è la guida morale di ogni eroe romano che mette in scena. E Shakespeare definisce l'Inghilterra «like little body with a mighty heart», un piccolo corpo con un cuore valoroso, proprio come Virgilio descrive le api: «Ingentes animos angusto in pectore versant».

Tennyson si ispira a Virgilio per comporre un poema sul mito delle origini della monarchia britannica, "Idylls of the King"; come Virgilio, è in bilico tra il celebrare l'impero e ammettere quanti lutti comporta. E gli dedica una poesia: «Tu che sei maestoso nella tua tristezza / per il dubbio destino del genere umano... Ti saluto, Mantovano / io che ti ho amato fin dai miei primi giorni / detentore dell'opera più grandiosa / mai plasmata da labbra d'uomo».

Nel "Paradiso perduto" Milton si rifà all'Eneide per contraddirla: sfida la concezione dell'impero infinito dei romani, del loro diritto di regnare sulle genti, per soffermarsi invece sul dominio della religione cristiana.

Eliot definisce l'Eneide il classico dell'Europa, il filo conduttore della letteratura occidentale, perché varia talmente registro, tematiche, tono, che va a toccare diversi generi, e dunque li influenza tutti. Per questo la Società Virgiliana sorge dalle rovine di Londra devastata dai bombardamenti della seconda guerra mondiale: perché i letterati guardano al proprio passato, alla massima espressione dell'animo europeo, per ricostruire la propria identità frammentata e sconvolta dal conflitto.

Anche quando non è citato, Virgilio è presente; perché è tanto incastonato nella cultura occidentale che non se ne può prescindere. Tutti l'hanno studiato, fa parte del bagaglio culturale di ogni tempo.

Quel che rende un'opera un classico, però, non è solo l'importanza storica, o l'impatto letterario. È la sua capacità di parlare sempre a nuovi lettori, di emozionarli, di rappresentare le loro sofferenze e le loro esperienze. Dunque sono il tormento e i contrasti del personaggio di Enea, il suo essere al contempo profugo e conquistatore, a rendere l'Eneide un'opera universale, soggetta a continue reinterpretazioni, e dunque eterna.

E anche la nostra storia non poteva che cominciare da Virgilio.

A maggior ragione dopo che sul memoriale dell'11 Settembre a New York è stato scritto un verso dell'Eneide, tratto dalla storia di Eurialo e Niso: «No day shall erase you from the memory of time»; nessun giorno vi cancelli dalla memoria del tempo.

2
MORIRE PER LA PATRIA
Il mito della Repubblica

Nell'unico film in cui recitarono insieme Totò e Alberto Sordi – "Totò e i re di Roma", regia di Steno e di Mario Monicelli –, il grande attore napoletano è un mezzo analfabeta che per avere la licenza elementare deve citare appunto i sette re di Roma. Un elenco che è stato l'incubo di generazioni di scolari. Romolo, Numa Pompilio, Tullo Ostilio, Anco Marzio, Tarquinio Prisco, Servio Tullio, Tarquinio il Superbo per molti di noi furono puri nomi, da imparare a memoria; un po' come quelli dei sette nani.

In realtà, la genealogia dei re nasconde vari enigmi. A cominciare dal più importante: chi è il vero fondatore di Roma? Enea? Romolo? O qualcun altro ancora?

L'invenzione della verità non è prerogativa dei poeti, come Virgilio. Talora a creare la tradizione sono gli storici, in particolare Tito Livio.

La leggenda narrata nell'Eneide andava integrata da un racconto all'apparenza credibile.

Per i romani, Enea era il nonno, e Romolo il padre. Eppure, la storia del primo re è tutt'altro che gloriosa. Comincia con una sacerdotessa vergine che resta misteriosamente incinta, prosegue con un fratricidio, si alimenta di rapimenti, stupri, altri omicidi.

Però ai romani questa storia piaceva.

La versione più nota è quella appunto di Tito Livio. Che la scrive sette secoli dopo. Racconta una vicenda di cui non sa nulla di preciso. Più che una storia, la fondazione di Roma è un mito.

Il re di Albalonga, Numitore, viene spodestato dal fratello, Amulio. Numitore aveva una figlia, Rea Silvia. Per impedire a Rea Silvia di mettere al mondo un possibile rivale, il nuovo sovrano la costringe a diventare sacerdotessa; ma lei resta incinta lo stesso. A sua discolpa, racconta che il padre è il dio Marte in persona. Si tratta ovviamente di una scusa; ma generazioni di romani vorranno crederla vera.

Nascono due gemelli: Romolo e Remo. Il re ordina a un fido servitore di disfarsene, ma il servitore più che fido è pietoso: anziché affogare i neonati nel Tevere, li abbandona in riva al fiume; arriva una lupa, li sfama con il suo latte, e li salva. Lupa in latino vuol dire prostituta; il bordello infatti è il lupanare. Animale feroce o donna senza moralità, poco importa: Romolo e Remo restano vivi, e crescono duri e spietati. Fanno fuori l'usurpatore, rimettono nonno Numitore sul trono di Albalonga, e fondano una nuova città. Però litigano subito.

È una vicenda che il regista Matteo Rovere ha raccontato in un interessante film con Alessandro Borghi, girato in latino arcaico, "Il primo re". Remo profana il perimetro sacro tracciato dal fratello Romolo, che lo uccide.

Se il fondatore è un fratricida, i primi abitanti sono criminali, disertori, debitori insolventi. Romolo apre la sua città ai perseguitati, ai cacciati di casa, ai senzapatria. Che sono quasi tutti uomini. Servono donne. Per procurarsene, Romolo e i suoi invitano a una festa un popolo vicino, i sabini; che incautamente accettano.

Il resto della storia è noto, e ha ispirato pittori e scultori: i romani rapiscono le sabine e ne fanno le loro mogli; quando i sabini provano a riprendersele, le donne si interpongono tra i padri (e i fratelli) e i mariti, implorandoli di fondere le due comunità. Il primo matrimonio riparatore era stato celebrato.

Restavano però due cose da chiarire.

La prima riguarda i tempi. Secondo la tradizione, Roma era stata fondata il 21 aprile del terzo anno dopo la sesta Olimpiade, che per noi è il 753 avanti Cristo. Però Troia viene espugnata, ed Enea sbarca nel Lazio, quasi cinque secoli prima. Un vuoto che gli antichi romani riempivano immaginando che il figlio di Enea, Iulo, avesse fondato Albalonga, dove la storia era cominciata. E da Iulo sarebbe discesa la gens Iulia: la famiglia di Giulio Cesare.

La seconda questione riguarda il prestigio e la moralità dei padroni del mondo. Viene da chiedersi perché, dovendo inventarsi una storia comune, un grande popolo come i romani raffigurasse i propri antenati come assassini e stupratori. Tuttavia accade che all'origine di una grande storia ci sia il delitto: è così anche nella Bibbia, dove Caino uccide Abele. E nella storia di Roma il delitto, la guerra civile, la violenza anche sessuale ricorreranno in modo inquietante.

Ma del mito fondativo fa parte anche l'idea dell'accoglienza, dell'integrazione, di un popolo che nasce da una commistione di sangui, di fedi, di etnie. Un mondo dove, certo, il potere e la ricchezza si tramandano di padre in figlio; ma anche un mondo dove gli schiavi liberati e i soldati di oscure origini possono diventare padroni, quando non imperatori.

Roma custodì per sempre la memoria di Romolo, compresa la sua capanna, conservata o meglio ricostruita sul Palatino come "memento", per ricordare ai dominatori da dove venivano. Nel Foro invece era custodito con cura l'albero – un fico – sotto cui il piccolo Romolo era stato abbandonato insieme con il suo gemello; e si poteva visitare la grotta dove la lupa li aveva sfamati. La stessa lupa riprodotta nel bronzo e custodita ai Musei Capitolini, che è diventata il simbolo della squadra di calcio della Roma, cui i discendenti di Romolo dedicano i più belli tra i loro pensieri.

Una volta creato il mito della nascita e della vita di Romolo, bisognava trovare anche un modo per farlo morire. Secondo alcuni, era stato assassinato dai senatori, da lui stesso inventati; la stessa sorte che sarebbe toccata a Cesare. Livio però non poteva avvalorare una fine così cruenta per il padre della patria; infatti scrive che durante un temporale Romolo fu opportunamente avvolto da una nuvola, e scomparve, come assunto in cielo. Una fine da dio più che da uomo.

Roma resterà politeista per mille anni dopo Romolo. Le persone colte di solito credevano a un dio unico; o non credevano a nessun dio. Però il confine tra l'umano e il divino era molto più permeabile di come sarebbe diventato nell'era cristiana. Dio si poteva diventare; infatti Romolo lo diventò, gli eressero pure un tempio, gli rivolgevano preghiere, gli dedicavano sacrifici; così come accadrà a molti imperatori.

L'alleanza tra Roma e Albalonga non durò a lungo. Le due città anzi si fecero guerra: troppo vicine per convivere, senza che una prendesse il predominio sull'altra. Ma non potevano neppure combattersi fino all'ultimo sangue: avevano pur sempre un antenato in comune, l'ormai dio Romolo. Così stabilirono di far decidere l'esito del conflitto a un duello tra campioni, tre per parte.

L'episodio ha dato il titolo a romanzi, tragedie, quadri: Orazi e Curiazi. Ma è talmente avvolto nelle tenebre del mito che tuttora non sappiamo quali fossero i campioni di Roma e quali i campioni di Albalonga. Livio mostra di credere che gli Orazi fossero i romani; anche se non ne è sicuro.

All'inizio il duello si mette bene per Albalonga: due romani cadono a terra uccisi; il superstite non può battersi da solo contro tre; capisce che per prima cosa deve salvarsi la vita, e intanto dividere i nemici; così si dà alla fuga. Dei tre inseguitori, uno è illeso, gli altri due sono feriti, uno più seriamente dell'altro. Si mettono quindi in caccia, ma ognuno alla propria velocità.

L'Orazio superstite se ne accorge. Finge di incespicare, cade. Lascia che l'unico rivale integro lo raggiunga. Si rialza all'improvviso, lo coglie di sorpresa e lo trafigge. Gli altri due, feriti, sanguinanti, stanchi, arrivano ognuno per proprio conto; il romano può così affrontarli separatamente, e ucciderli.

Roma ha vinto la guerra, e comanderà su Albalonga. Tornato a casa, l'Orazio vincitore, anziché essere accolto trionfalmente come crede di meritare, viene rimproverato dalla sorella, Camilla Orazia, promessa sposa di uno dei Curiazi caduti. Indignato, la uccide; e sarà punito per questo.

Nella realtà, la guerra fu lunga e sanguinosa, e si concluse con la sconfitta del re di Albalonga, Mezio Fufezio, che farà una fine orribile: legato a due carri lanciati in direzioni opposte, e quindi squartato.

Sette re, e poi basta

I romani non ebbero mai simpatia per i re. Si fecero sempre vanto di mettere i re nemici in catene, e di esibirli per le vie della città. La monarchia a Roma durò poco, e non ebbe grande fortuna. Su sette re, due o forse tre vennero assassinati, uno fu incenerito da Giove, un altro – l'ultimo – morì in esilio.

Dopo Romolo, il Senato tentò di consolidare il proprio potere, trasformando Roma in un'oligarchia; ma il popolo reclamava un re, e fu accontentato. L'accordo era che i senatori romani proponessero un re sabino, e i sabini un re romano; poi si sarebbe deciso. Secondo la tradizione, i romani proposero il sabino Numa Pompilio, uomo pio, nato il 21 aprile, giorno della fondazione della città; e nessuno ebbe obiezioni.

Uomo di pace, in 42 anni di regno non combatté neppure una guerra. È Numa a fondare la civiltà religiosa latina; non a caso istituisce la carica di Pontefice massimo, arrivata attraverso gli imperatori sino al Papa. È Numa anche a creare il primo calendario suddiviso in dodici mesi (lunari, quindi più brevi dei nostri: ogni tre anni bisognava aggiungere un mese, fino alla riforma di Giulio Cesare). Settembre era il settimo mese, ottobre l'ottavo e via dicendo, perché l'anno cominciava a marzo, dedicato a Marte, il dio della guerra.

Numa Pompilio morì sazio di giorni, e fu molto pianto. Lo seppellirono con i libri delle sue leggi sul Gianicolo. Si raccontava che glieli avesse dettati la ninfa Egeria: forse un personaggio simbolo del matriarcato che vigeva tra i sabini.

In realtà, Numa Pompilio probabilmente non è mai esistito. Tutto nella sua figura pare inventato, financo il nome: Numa viene dal greco nomos, legge; Pompilio da pompé, la veste da cerimonia sacra. Dopo il re guerriero Romolo, occorreva un re sacerdote, giurista, filosofo, per comporre l'altra anima del civis romanus, quella civile.

Secondo la tradizione, Numa non lasciò figli maschi. Sua figlia Pompilia gli aveva dato un nipote, Anco Marzio, che però aveva appena cinque anni. Il padre del bambino, il marito di Pompilia, era un senatore sabino, che sperava di ereditare la corona; ma gli fu preferito un altro uomo, Tullo Ostilio, e per la delusione si lasciò morire di fame.

Tullo Ostilio discendeva da un compagno d'armi di Romolo, e la sua figura appare agli storici moderni ritagliata sul modello del primo re. Grande soldato, estese il territorio di Roma. Ma, preso dalle guerre, trascurò i suoi doveri religiosi. La città fu colpita da una pestilenza, e anche Tullo Ostilio si ammalò. Soltanto allora invocò la clemenza di Giove, che indignato lo incenerì con un fulmine; così almeno vuole la leggenda. Secondo Dionigi di Alicarnasso, la folgore era solo il modo di coprire un assassinio, architettato dal nuovo sovrano: Anco Marzio, il nipote di Numa Pompilio; quindi, un altro re sabino.

Anco Marzio è il primo a costruire un porto sul Tevere, a gettare un ponte sul fiume, a collegare Roma al mare: fonda

Ostia e traccia la via Ostiense. Dopo di lui, però, arrivano gli stranieri. Gli etruschi: la dinastia dei Tarquini, breve e violenta; cui seguirà la Repubblica, nata dal sangue e dal sentimento di riscatto.

Lucio Tarquinio era forse di origine greca, ma aveva sposato un'etrusca di Tarquinia, Tanaquilla. Lui arrivò a Roma su un cocchio, accolto da un'aquila che gli strappò il cappello, lo portò in cielo, e lo lasciò cadere proprio sulla sua testa. Tanaquilla, che da etrusca sapeva interpretare i segni divini, assicurò ai romani che il marito avrebbe fatto grandi cose. Anco Marzio ne fu molto impressionato. Divenne suo amico, e lo adottò come figlio. Da qui la successione.

Ma un ingresso in città così leggendario fu probabilmente il modo escogitato dai romani per nascondere la conquista etrusca.

A Tarquinio – poi chiamato Prisco per distinguerlo dall'ultimo re, Tarquinio detto il Superbo – vengono attribuiti il Circo Massimo, il primo trionfo celebrato su un cocchio trainato da quattro cavalli, la prima fognatura, la Cloaca Maxima, e l'invenzione dei fasci littori: senza poter immaginare che sarebbero diventati il simbolo di un movimento politico, il fascismo, fondato a Roma venticinque secoli dopo ed esportato in mezzo mondo.

Tarquinio fu ucciso dal primogenito di Anco Marzio, che sperava di ereditare la corona. Ma la regina Tanaquilla, in attesa che suo figlio – anch'egli di nome Tarquinio – avesse l'età per regnare, riuscì a imporre sul trono un uomo di oscure origini e di straordinarie qualità: Servio Tullio.

Come indica il nome, il nuovo sovrano era uno schiavo

liberato, forse un prigioniero di guerra. Non si conosceva il nome di suo padre. A Servio Tullio Roma deve la prima grande cinta di mura e l'organizzazione dell'esercito, che coincide anche con il primo embrione di democrazia.

L'armata era divisa in 193 centurie, organizzate in base al censo, cioè alla ricchezza. C'erano diciotto centurie di cavalieri, ottantacinque di soldati con armi di bronzo, altre di genieri e suonatori. Poi c'erano le centurie dei poveri, che combattevano a piedi, armati solo di fionde, come David. I poverissimi erano esentati dal servizio militare.

L'assemblea degli uomini in arme – i comizi centuriati – diventerà la base dello Stato romano. Uno Stato che nasce con la guerra, e richiede nello stesso tempo forza e consenso. Deve saper decidere sulla pace e sulla guerra, e coinvolgere gli uomini che la guerra la devono finanziare e combattere. L'assemblea elegge i consoli e gli altri magistrati, approva le leggi, dichiara le ostilità. Il potere di ogni individuo e di ogni classe sociale viene legato al denaro; e così sarà sino all'età moderna, e all'avvento del suffragio universale. E il censimento sarà la prima forma di dichiarazione dei redditi.

Alla nascita della Repubblica manca solo una rivoluzione. La caduta del re. E la cacciata degli etruschi.

L'onore vendicato di Lucrezia

La violenza è la levatrice della storia; almeno della storia di Roma. I passaggi fondamentali sono segnati dalla forza, dall'aggressione, da una morte drammatica. Da un assassinio o da uno stupro o da un suicidio; o da tutti questi delitti insieme. Come sempre, non è chiaro dove finisca la storia e inizi la leggenda, dove sia la verità e dove il mito, e in fondo non è così importante stabilirlo. I romani ne erano convinti, perché amavano pensare il loro passato come grandioso e terribile.

Servio Tullio fu assassinato dal figlio di Tarquinio Prisco, Lucio Tarquinio, che sarà ricordato come Tarquinio il Superbo. Un giorno il re trovò Tarquinio al suo posto in Senato: lo affrontò, ne fu scaraventato giù dalle scale, e venne travolto dal carro condotto da sua figlia Tullia, che aveva sposato Tarquinio. Un regicidio e un parricidio insieme.

Il nuovo re sarebbe stato l'ultimo. Mentre l'esercito romano assediava la città rivale di Ardea, una sera i figli del sovrano e altri nobili cominciarono a discutere di donne: quale tra le loro mogli era la più fedele? Uno tra gli aristocratici, Lucio Tarquinio Collatino, propose di tornare a Roma nottetempo, per vedere come si stessero comportando. Mentre le nuore del re se la spassavano banchettando, la moglie di Collatino, Lucrezia, stava filando la lana con le serve; e subito si alzò a preparare la cena per il marito e i suoi ospiti.

Ma uno dei figli del re, Sesto Tarquinio, si innamora di Lucrezia. Non è chiaro se è davvero colpito dalla sua virtù, o se vuole soltanto sporcarla. Di sicuro, qualche sera dopo Sesto si presenta da Lucrezia. Lei lo accoglie senza alcun sospetto, lo sfama, lo sistema nella camera degli ospiti. Ma nella notte lui va da Lucrezia con una spada in pugno. Le dichiara il suo amore, alterna lusinghe e minacce, ma lei è irremovibile: non cederà, piuttosto si lascerà uccidere. Allora lui cambia tattica: oltre a lei, ucciderà un servo, e ne deporrà il corpo di fianco al suo, in modo che tutti pensino che Lucrezia ha tradito il marito. Di fronte alla prospettiva del disonore, lei si arrende.

Sesto se ne va soddisfatto, per quella perversione che induce alcuni uomini a essere attratti dal rifiuto anziché dalla disponibilità delle donne, a non rispettare la loro libertà e la loro scelta. Ma la tragedia è appena iniziata.

Lucrezia non intende far finta di nulla. Manda un messaggero ad Ardea, per pregare il padre e il marito di venire subito, accompagnati da un amico. Al fianco di Collatino c'è quindi un altro soldato: Lucio Giunio Bruto.

Quando arrivano, Lucrezia scoppia a piangere. Il marito le chiede: «Cos'è successo? Tutto bene?». E lei: «Come può andare tutto bene a una donna che ha perduto l'onore? Nel tuo letto, Collatino, ci son le tracce di un altro uomo: solo il mio corpo è stato violato, il mio cuore è puro e te lo proverò con la mia morte. Ma giuratemi che l'adultero non rimarrà impunito». Il marito, il padre e Giunio Bruto giurano, ma tentano di calmare Lucrezia: la colpa di quel che è accaduto non è sua, è soltanto del violentatore, di Sesto Tarquinio.

È questo l'elemento di modernità in una storia vecchia di millenni. Le motivazioni di Lucrezia suonano ingiuste se non assurde alla sensibilità moderna. Ma per secoli una donna violata è stata vista anche come una donna disonorata. In Italia abbiamo dovuto attendere gli anni Sessanta del Novecento, perché una giovane siciliana, Franca Viola, rifiutasse di sposare l'uomo che l'aveva violentata, con questa motivazione: «L'onore lo perde chi fa queste cose, non chi le subisce». Oggi tutto questo ci sembra ovvio. Fino a poco tempo fa non lo era. A maggior ragione, non lo era nell'antica Roma.

Lucrezia non si lascia persuadere. Invano il marito le ricorda che non è colpevole di nulla, perché se il corpo ha subìto violenza la mente non aveva intenzione di soggiacervi. Scrive Tito Livio: «Ciò detto s'immerge nel cuore un coltello che teneva nascosto sotto la veste, e cade morente piegandosi sulla ferita. Il marito e il padre prorompono in alte grida».

Collatino manterrà il giuramento di punire lo stupratore e vendicare la propria donna. Sarà lui, con Giunio Bruto, a guidare la rivolta dei romani, stanchi di guerre, del lavoro coatto e massacrante per costruire la Cloaca Maxima, e in generale della dominazione etrusca.

Tarquinio il Superbo, il figlio stupratore Sesto e il suo clan vengono cacciati da Roma. Nasce la Repubblica: i primi consoli sono Collatino, il vedovo di Lucrezia, e il suo amico Giunio Bruto: molti secoli dopo il suo omonimo, l'assassino di Giulio Cesare, sosterrà di discendere da lui.

Comincia la guerra. Tarquinio chiede aiuto a un altro re etrusco: Porsenna, sovrano di Chiusi, una città centocinquanta chilometri a nord. L'armata etrusca assedia Roma. I difensori tentano di sbarrare loro la strada abbattendo il ponte Sublicio, ma il nemico preme. Orazio Coclite, discendente degli eroici Orazi, tiene a bada gli etruschi, affiancato da altri due soldati, per dar tempo ai compagni di tagliare il ponte. Quando resta appena l'ultimo asse, ordina agli altri due di ritirarsi, e resta da solo ad affrontare gli invasori. All'ultimo, mentre quel che resta del ponte sta crollando, Orazio Coclite si getta nel Tevere, con l'armatura e tutto. Secondo Polibio, annega. Ma secondo Tito Livio raggiunge la riva a nuoto, e sarà ricompensato dai compatrioti con la ricchezza più preziosa, la terra: ne avrà tanta quanta riuscirà ad arare in un solo giorno. E nell'immaginario dei popoli, Orazio Coclite è vissuto come esempio di resistenza quando tutto sembra perduto: non a caso è citato nel meraviglioso film su Winston Churchill, "Darkest hour", l'ora più buia, dove si racconta la solitudine ma anche la forza morale del premier britannico nel momento in cui il mondo pareva in ginocchio davanti al nazismo. Inoltre, la battaglia del fosso di Helm nel Signore degli Anelli è ispirata alla versione di Tito Livio dell'impresa di Orazio Coclite.

Del resto era stato uno scrittore inglese, Thomas Babington Macaulay, nei suoi "Canti di Roma antica" a dare voce all'eroe solitario:

> Allora così parlò il coraggioso Orazio
> capitano della porta:
> «Per ogni uomo su questa terra
> la morte presto o tardi arriva.
> Allora come può un uomo morire meglio
> che affrontando rischi spaventosi
> per le ceneri dei suoi padri
> e per i templi dei suoi dei?».

L'idea che non ci fosse morte più gloriosa e sensata di quella per la patria è l'idea fondativa della Repubblica romana.

Gli eroi della Repubblica non sono grandi conquistatori. Sono simboli di resistenza. Di caparbietà. Di sacrificio. E anche di lealtà.

Porsenna non riuscì a prendere Roma, e accettò di ritirarsi in cambio di un gruppo di ostaggi, scelti tra i giovani romani come garanzia della tregua. Tra loro c'è Clelia, una ragazza ribelle, decisa a fuggire per salvaguardare la sua dignità e la sua libertà.

Della vicenda esistono due versioni. Nella prima, Clelia viene consegnata al re etrusco con altre nove compagne, ma le incoraggia a scappare: approfitteranno del momento in cui i nemici scenderanno ad abbeverare i cavalli nel Tevere, e nascoste tra gli animali si getteranno nel fiume e lo attraverseranno a nuoto. Le compagne si salvano, Clelia resta sulla sponda etrusca per coprire la loro fuga, le guardie di Porsenna la catturano ma il re, ammirato dal suo coraggio, la libera.

Tito Livio racconta però un'altra storia. Clelia riesce a fuggire, nuota sotto una pioggia di frecce, torna a Roma, ma Porsenna ne pretende la restituzione. I romani la riconsegnano; però in segno di stima il re etrusco le dona un cavallo e le consente di rientrare in patria.

Questa versione è forse più significativa. Perché non racconta solo l'impresa di un'eroina, ma la cultura di uno Stato che mantiene la parola data e gli impegni presi, senza badare all'interesse del singolo. Non a caso i romani innalzeranno a Clelia una statua equestre nella parte più alta del Foro, all'inizio della Via Sacra; e con un commento che oggi appare insopportabilmente maschilista, ma che all'epoca voleva essere il massimo complimento, Seneca annotò che a Clelia mancava soltanto l'essere considerata un uomo.

Le disavventure del povero Porsenna non erano ancora finite. Un nobile romano, Caio Muzio Cordo, si offre di penetrare nell'accampamento nemico per uccidere il re. Il Senato approva. Muzio si mescola ai soldati in attesa di ricevere la paga, e pugnala quello che crede essere Porsenna, senza accorgersi che sta ammazzando il suo scriba. Preso e portato davanti al sovrano, gli dice: «Era te che volevo uccidere. La mia mano ha fallito, e ora la punisco». Poi mette la destra nel braciere acceso, e la lascia fino a carbonizzarla, in uno sfrigolio orrendo. Porsenna resta impressionato e ordina di liberare quel giovane coraggioso. Muzio capisce che il suo gesto disperato gli consente un vantaggio psicologico. Guarda il re negli occhi e gli sussurra: «Per ringraziarti della tua clemenza, ti rivelerò che trecento giovani nobili romani hanno solennemente giurato di ucciderti. La sorte ha stabilito che io fossi il primo. Ho fallito; ma prima o poi uno degli altri riuscirà». A quel punto Porsenna valuta che non valga la pena correre il rischio con quella banda di matti. Rinuncia definitivamente a fare la guerra a Roma. E abbandona i Tarquini al loro destino.

Muzio prenderà il cognome di Scevola, che significa mancino. Tarquinio il Superbo, rimasto solo, getterà le sue truppe nell'ultima battaglia; ma nel momento decisivo i romani videro o credettero di vedere Castore e Polluce, i Dioscuri, figli di Zeus, irrompere sul campo a cavallo e combattere, ovviamente dalla loro parte. Proprio come quindici secoli dopo i castigliani, nella battaglia di Clavijo, vedranno intervenire san Giacomo a cavallo per fare strage di soldati musulmani, e lo ringrazieranno riempiendo le chiese di Spagna con statue e ritratti di Santiago Matamoros.

A Roma ancora oggi Castore e Polluce sono onorati da statue di epoca classica, che ornano la fontana del Quirinale, che fu la residenza del Papa e del re ed è ora la casa del presidente della Repubblica.

Se la vicenda di Muzio Scevola può apparire terribile, altri eroi romani avranno una sorte ancora più amara della sua. Ma, nella costruzione del mito, il sacrificio di sé e il valore della parola data valgono a maggior ragione quando la storia finisce male.

Gli eroi della Repubblica

Alla Tate Britain, scrigno dell'arte e dell'orgoglio britannico, tra i vari quadri di William Turner ce n'è uno che colpisce per la totale assenza di figure al centro della scena. Si può considerare un quadro astratto, dipinto quasi un secolo prima di Kandinsky. È una tela tutta luce. Una luce abbagliante, che ferisce gli occhi di chi la guarda. Il titolo del quadro è il nome di un antico romano: Regolo. Ma lo spettatore non vede il protagonista; vede con gli occhi – feriti dalla luce – del protagonista.

Ad Attilio Regolo furono recise le palpebre, per impedirgli di chiudere gli occhi. Poi venne legato ed esposto al sole, che lo abbacinò e lo accecò. Infine fu chiuso in una botte irta di chiodi, gettata giù da una collina. È difficile immaginare una fine più spaventosa, che sembra pensata per tenere insieme tutte le paure dell'uomo: la claustrofobia, il dolore fisico e morale, la consapevolezza della fine inevitabile e l'impossibilità di affrettarla.

Anche la figura di Attilio Regolo appartiene più alla leggenda che alla storia; per questo è ancora più significativa. Di sicuro, Regolo fu console al tempo della prima guerra punica: uno scontro durato ventitré anni tra Roma e Cartagine, per il controllo della Sicilia (non a caso i romani colsero la vittoria decisiva al largo delle isole Egadi, nel 241 avanti Cristo) e la supremazia nel Mediterraneo. Regolo porta lo scontro in Africa, sconfigge i cartaginesi – in latino detti anche Puni –, ma alla lunga non riceve adeguati rifornimenti dall'Italia, viene battuto e fatto prigioniero. A quel punto i suoi carcerieri gli chiedono di andare a Roma per perorare la causa della pace, per poi tornare a Cartagine a riferire l'esito della missione.

Regolo rientra in patria, ma consiglia ai senatori di proseguire la guerra: i cartaginesi sono terrorizzati dai romani; non è il momento di intavolare trattative, semmai di attaccare. A quel punto il buon senso gli consiglierebbe di restare; i suoi familiari lo scongiurano di non partire; invece Regolo va a Cartagine a farsi uccidere, per non venir meno all'impegno preso con il nemico. Che non si fa scrupoli a dargli la morte, nel modo più crudele possibile.

Prove certe che sia andata davvero così non ce ne sono; anche se sant'Agostino, che era nordafricano di Ippona (oggi in Algeria), mostra di credere alla tradizione. Di sicuro così i romani pensavano i loro eroi: coraggiosi, risoluti, votati all'interesse pubblico; disposti a morire non solo per la patria, ma pure per il rispetto verso i nemici, che è poi rispetto per se stessi.

La storia della Roma repubblicana è piena di figure che simboleggiano la prevalenza dell'interesse pubblico su quello privato. Uomini incorruttibili.

Come Lucio Quinzio Cincinnato (cioè il Riccioluto), che a ogni vittoria usciva di scena per poi essere richiamato: i senatori venuti a offrirgli i poteri assoluti della dittatura – una carica cui si ricorreva solo in caso d'emergenza – lo trovarono mentre arava di persona il proprio campo. Cincinnato si deterse il sudore, indossò la toga, accettò l'incarico, sconfisse il popolo nemico degli equi, distribuì il bottino tra i suoi soldati; e dopo sedici giorni rinunciò alla dittatura per tornare al proprio campo.

I posteri lo ammirarono moltissimo: Dante lo cita due volte nel Paradiso, Petrarca lo include nel suo catalogo di uomini illustri; la città americana di Cincinnati, Ohio, si chiama così in suo onore, e ha un motto latino: «Iuncta iuvant», l'unione fa la forza.

Incorruttibile è pure Caio Fabrizio Luscinio, che rifiuta per due volte l'oro offertogli dai nemici: prima i sanniti, la bellicosa tribù del Sannio (tra Campania e Molise); poi Pirro, il re dell'Epiro (l'Albania), quello delle vittorie che costavano più delle sconfitte. Fabrizio, uscito trionfante da ogni battaglia, quando morì non possedeva nulla; e la Repubblica dovette provvedere ai suoi funerali. Un esempio di virtù lodato da Virgilio, Orazio, Rousseau, Robespierre, e pure da Dante, che nel Purgatorio ricorda il «buon Fabrizio», che preferì essere virtuoso e povero «che gran ricchezza posseder con vizio».

I sanniti ci avevano provato anche con il condottiero Manio Curio Dentato (si chiamava così perché era nato già con tutti i denti). Sconfitto Pirro nella battaglia di Maleventum, poi ribattezzata Benevento, Dentato aveva rifiutato il trionfo e si era ritirato in campagna. Per ingraziarselo, i sanniti – tradizionali nemici di Roma – andarono a trovarlo carichi di oro e preziosi, e ricevettero un rifiuto: «Non mi interessa possedere oro, ma comandare a coloro che lo posseggono». Così almeno riferisce Cicerone, che due secoli dopo si compiaceva di avere casa vicino a quella in cui aveva vissuto Dentato. E ancora Dante lo cita, nel Convivio, tra gli antichi romani ispirati da Dio nel loro amor di patria: Dentato avrebbe risposto ai sanniti che «li romani cittadini non l'oro, ma li possessori de l'oro possedere voleano»; come a dire che la virtù individuale diventava la virtù di un intero popolo.

Poi, come in ogni storia, non poteva mancare il cattivo. Il traditore. Anche lui, però, incapace di resistere al richiamo della patria. Cneo Marzio aveva sconfitto i volsci, strappando loro la città di Corioli, per cui fu detto Coriolano. Poi però si mise in urto con la plebe, distribuendo il bottino ai suoi soldati anziché versarlo all'erario, e opponendosi alla diminuzione del prezzo del grano. Un tribuno della plebe propose di precipitarlo dalla rupe Tarpea, da dove i romani gettavano i nemici dello Stato e – almeno secondo la vulgata – i bambini nati deformi. Si decise invece di mandarlo in esilio perpetuo.

Diventato avversario di Roma, Coriolano si alleò con i volsci e sconfisse più volte i suoi compatrioti. Arrivato alle porte di Roma, fu affrontato da cinque ambasciatori, che lo implorarono di desistere, senza riuscire a convincerlo. Quando però vide arrivare nel suo accampamento la madre, Veturia, e la moglie Volumnia con i due figlioletti in braccio, il traditore ebbe un cedimento emotivo, e corse «come una furia» incontro alle sue donne per abbracciarle. Ma la madre, indignata, lo gelò: «Fermo lì! Aspetta ad abbracciarmi! Prima voglio sapere se abbiamo di fronte un nemico o un figlio, e se nel tuo accampamento devo considerarmi una prigioniera o una madre».

Coriolano scoppiò in lacrime, sciolse l'esercito, rinunciò a fare guerra a Roma. Secondo Cicerone si suicidò, secondo Tito Livio fu ucciso dai volsci; e sarà questa versione a ispirare la tragedia di Shakespeare, *Coriolanus* («Chi è già deciso a morire di propria mano non teme di morire per mano altrui...»). Di sicuro la mamma era già molto importante pure per gli eroi romani, proprio come per noi. Come lo era la patria, o se si preferisce la matria: la terra delle madri.

All'ingresso della Galleria Borghese – non l'entrata attuale dei visitatori, ma quella da cui per secoli furono ammessi gli ospiti dei principi e dei cardinali Borghese – c'è una grande statua di un cavallo e di un cavaliere che si gettano nel vuoto.

È un soggetto misterioso, un'opera affascinante, che nasconde una storia nella storia.

A metà del 1500, al culmine del Rinascimento, quindi nel pieno della riscoperta della classicità, durante gli scavi nella villa Adriana di Tivoli venne dissepolto questo cavallo che sembra cadere in un dirupo: le quattro zampe sospese nell'aria, la bocca spalancata, gli occhi dilatati dal terrore, la criniera mossa, financo le orecchie piegate dal vento.

La Roma del sedicesimo secolo era una città ricca ma debole. Il Pontefice era un sovrano temporale, un'autorità anche politica, che però dipendeva dagli eserciti altrui; e quando sbagliava mossa, come era accaduto nel 1527 a Clemente VII, il Papa Medici amante delle arti, poteva vedere la Città Eterna invasa e devastata dai lanzichenecchi. Quella statua evocava una storia gloriosa, d'altri tempi, che sapeva di sacrificio ma anche di riscatto e di salvezza. Così si decise di completarla.

All'inizio del Seicento Pietro Bernini, il padre del più noto Gian Lorenzo, scolpì il cavaliere: un giovane imberbe ma risoluto, lo sguardo febbrile che non appartiene a una vittima ma a una persona che ha scelto.

La statua desta una profonda impressione, non a caso è sempre stata esposta in posizione dominante: in un primo tempo, sulla facciata; dal 1776, nel salone d'ingresso. Si è detto che dovesse commemorare il gesto di generosità di Scipione Borghese, che nel 1606 percorse Roma a dorso di mulo per distribuire aiuti alla popolazione colpita dalla piena del Tevere. Ma è più probabile che dovesse ricordare ai visitatori la virtù romana, di cui gli aristocratici dell'Urbe erano eredi: non a caso di fronte c'è un affresco con Marco Furio Camillo, il condottiero che mise in fuga dal Campidoglio i Galli invasori.

La statua del cavallo e del cavaliere che cadono nel vuoto celebra invece un episodio accaduto nel Foro. Era il 362 avanti Cristo, quando nel cuore di Roma si aprì una voragine. Gli aruspici la interpretarono come un segno funesto, e predissero che si sarebbe allargata sino a inghiottire la città; a meno che i romani non vi avessero gettato dentro quanto possedevano di più prezioso.

Un altro popolo avrebbe dato mano a oro, argento, gioielli. Un giovane soldato, Marco Curzio, valutò che il bene più prezioso che possedeva fosse il coraggio: così immolò la sua virtù e quindi se stesso, gettandosi nella voragine con l'armatura e il cavallo. Il pericolo fu superato, al posto del baratro si creò un piccolo lago. A Marco Curzio furono eretti monumenti equestri; e ancora duemilatrecento anni dopo l'attore comico più famoso del cinema italiano, Antonio de Curtis in arte Totò, sosteneva un po' per celia un po' sul serio di discendere da lui.

È ovvio che si tratta di una leggenda. Tito Livio è per la storia quello che è Virgilio per la poesia: un cantore di miti. Le sue però sono storie inventate; non false.

Gli storici moderni sostengono che pure Coriolano non sia mai vissuto: per giustificare le loro sconfitte con i volsci, i romani avevano bisogno di immaginare un generale romano traditore, il solo che avrebbe potuto batterli. Il "civis", il cittadino virtuoso, disinteressato, incorruttibile, insensibile alla fama e alla ricchezza forse non è mai esistito.

Eppure qualcosa di particolare dovevano averlo, questi abitanti di una cittadina come tante che divennero padroni del mondo conosciuto senza un re, senza una dinastia, senza una casata dominante.

La storia della Repubblica è segnata da sconfitte e calamità disastrose.

L'ostinata resistenza degli etruschi e degli italici: sabini e piceni, equi e volsci.

I sanniti che sconfiggono i legionari e anziché sterminarli, come avrebbero fatto i romani, si limitano a umiliarli, costringendoli a passare sotto le forche caudine (che però potrebbero essere solo una metafora per celare una violenza sessuale), e finendo per stimolare la loro sete di rivincita.

L'orgoglio delle città greche, che vengono soggiogate una a una, da Taranto a Siracusa, nonostante gli specchi ustori inventati da Archimede che bruciano le navi romane (e il geniale inventore greco darà il suo nome al personaggio disneyano di Archimede Pitagorico).

L'elenco dei nemici è ancora lungo.

I pirati che infestano i mari e faranno prigioniero pure il giovane Giulio Cesare (per poi pentirsene amaramente, come vedremo).

I galli che mettono in fuga l'esercito, profanano il Campidoglio, irridono e tirano la barba ai vecchi notabili romani, esigono un riscatto in oro, rubano sul peso e gettano sulla bilancia pure la spada: «Guai ai vinti!» avrebbe gridato il loro capo, Brenno; prima che arrivasse Furio Camillo a metterli in fuga: «Con il ferro, e non con l'oro, si riscatta la patria».

I popoli del Nord Italia, considerati all'inizio come barbari, celti da colonizzare prima che alleati da federare.

E poi ovviamente i cartaginesi. Hannibal ad portas: Annibale che conduce il suo esercito vittorioso fino alle porte di Roma, per poi tornare misteriosamente indietro. Il nemico implacabile. L'uomo nero con cui per secoli le mamme romane hanno spaventato i bambini irrequieti: «Zitto e buono, che arriva Annibale!».

Dopo la vittoria delle isole Egadi, Roma dovette fronteggiare nella seconda guerra punica la minaccia più terribile per la sua stessa sopravvivenza. Annibale valica le Alpi con i suoi elefanti e sconfigge tutti gli eserciti romani che gli si parano di fronte, sul Ticino, sulla Trebbia, sul lago Trasimeno. Ma la carneficina è nella pianura di Canne, in Puglia: è il 2 agosto del 216 avanti Cristo; i cartaginesi attirano i legionari al centro del loro schieramento, li accerchiano, e cominciano una mattanza che dura per l'intera giornata.

Il numero dei morti si calcola dagli anelli d'oro tolti ai senatori e ai cavalieri caduti in battaglia: i vincitori ne raccolgono (lo ricorda anche Dante nell'Inferno) tre moggia piene. Il moggio era un cilindro di legno che serviva a misurare il frumento, e poteva contenere quasi nove litri; Annibale mandò a Cartagine cinquanta chili d'oro (e chissà quanti ne aveva trattenuti per sé). Si calcolano venticinquemila caduti; ma qualcuno parla di cinquantamila. Il terrore è tale che a Roma si celebra un macabro rito, che non appartiene alle usanze della città: si seppelliscono vivi quattro schiavi, due greci e due galli, per placare le divinità ostili.

Eppure, Annibale non attacca.

Da secoli si discute sui motivi che indussero il genio della strategia a non approfittare della vittoria. La dolcezza degli ozi di Capua. Il timore di un lungo assedio. L'attesa di rinforzi che non arriveranno: i romani sconfiggono suo fratello Asdrubale, gli tagliano la testa, la gettano nel campo nemico. La tattica accorta del console Quinto Fabio Massimo "Cunctator", il temporeggiatore, che evita lo scontro in campo aperto per logorare il nemico costretto a una lunga guerra in Italia.

In suo onore, alla fine dell'Ottocento i riformisti britannici fonderanno la Società fabiana, per dire che come il Cunctator anche i socialisti dovevano saper aspettare le circostanze propizie, e prendersi tempo per preparare la classe operaia a gestire i mezzi di produzione: «Per il momento giusto devi attendere, così come fece Fabio con pazienza, mentre fronteggiava Annibale...». Nella Fabian Society militeranno alcuni tra i più grandi esponenti della cultura britannica: George Bernard Shaw, Virginia Woolf e suo marito, la femminista Emmeline Pankhurst, e per un periodo anche Bertrand Russell e John Maynard Keynes.

Alla fine Scipione, detto non a caso l'Africano, porta la guerra in casa di Annibale, e la vince. Ma non meno degno di nota è il sacrificio dei ricchi romani, che accettano di pagare tasse straordinarie – una vera e propria patrimoniale – per finanziare la flotta che trasporta le truppe sotto le mura di Cartagine, capovolgendo l'iniziativa e le sorti della lunga guerra.

Sconfitto Annibale, distrutta Cartagine, saccheggiata Corinto – la più grande città della Grecia –, a Roma si spalanca l'immenso teatro soleggiato del Mediterraneo. Dall'Oriente arrivano nuovi culti religiosi e nuovi modi di vivere.

La conquista della Grecia coincide con la scoperta della filosofia e della letteratura: grandi storici greci come Polibio arrivano a Roma; commediografi latini come Plauto e Terenzio riadattano alla sensibilità romana il teatro greco. Tutti ricordano la parte iniziale del verso di Orazio – «Graecia capta ferum victorem cepit», la Grecia conquistata conquistò il rozzo vincitore –; pochi ricordano come prosegue il verso: «Et artes intulit agresti Latio», e la Grecia introdusse le arti nell'agreste Lazio.

Invano Catone il Censore ammonisce che gli effeminati greci saranno la rovina dei virili romani, con gli esercizi ginnici da svolgere nudi all'aria aperta, i corpi depilati e unti d'olio, il culto dei filosofi, a partire da Socrate, "terribile chiacchierone" e corruttore della gioventù. È un altro il tarlo che inizia a corrodere il corpo ormai immenso di Roma.

Il territorio della Repubblica è ormai troppo vasto: non può essere governato da un'assemblea cittadina; anche perché la città sta diventando enorme. E il suo ventre senza fondo genera sofferenze atroci e ambizioni smodate.

È l'inizio delle guerre civili. Ed è la nascita dei due partiti che si daranno battaglia per oltre un secolo: i popolari di Caio Mario e gli ottimati, i patrizi, di Lucio Cornelio Silla.

È proprio Silla il primo vero dittatore della storia, capace di compilare liste di proscrizione, con i nomi dei nemici da eliminare. Si chiude l'età mitica della fondazione e dell'espansione, e si apre quella terribile delle rivolte, delle congiure, delle guerre civili.

3
RIVOLUZIONARI E GOLPISTI
Il sogno di Spartaco e l'incubo di Catilina

Il vero buco nero del mondo romano sono gli schiavi. Non persone; cose. Beni di proprietà, di cui il padrone dispone liberamente. Li compra e li vende. Può violentarli e ucciderli; e anche ordinare loro di ucciderlo.

«Vive cum servo clementer» scrive Seneca: tratta il tuo schiavo con clemenza, considera che è nato dallo stesso seme, gode dello stesso cielo, respira al tuo stesso modo, al tuo stesso modo vive e al tuo stesso modo muore; «vivi con l'inferiore come vorresti che il tuo superiore vivesse con te». Parole che all'epoca dovevano sembrare progressiste, generose, nobili; ma neppure l'animo sensibile del filosofo mette in discussione il principio secondo cui esistono gli schiavi, gli uomini non nascono liberi e uguali, e la società è divisa tra superiori e inferiori («cari inferiori» è il saluto con cui il Gr. Ladr. Farabut. di Gr. Croc. Mascalz. Assas. Figl. di Gr. Putt. Marchese Conte Piermatteo Barambani Megalom accoglie sulla sua barca Bambocci e Follini, che sarebbero Fantozzi e Filini).

La schiavitù non comincia e non finisce con Roma. Segna l'intera storia dell'umanità. L'idea dell'uguaglianza tra gli uomini si affaccia il 4 luglio 1776, con la dichiarazione di indipendenza degli Stati Uniti d'America: «Tutti gli uomini sono creati eguali; essi sono dal Creatore dotati di certi inalienabili diritti; tra questi diritti sono la Vita, la Libertà, e il perseguimento della Felicità»; ma per abolire la schiavitù occorreranno un altro secolo e una sanguinosa guerra civile.

«Gli uomini nascono e rimangono liberi ed eguali nei diritti» stabiliscono il 26 agosto 1789 i rivoluzionari francesi; ma presto verrà la Restaurazione, e il cammino sarà ancora lungo. Noi italiani abbiamo dovuto attendere la Costituzione del 1948 per stabilire che tutti i cittadini sono uguali senza distinzioni di razza, di sesso, di lingua, di religione, di opinioni politiche; ma soltanto nel 1975 fu abolita la "potestà maritale" e l'obbligo della moglie di trasferirsi là dove stabiliva il marito.

Oggi per i popoli dell'Occidente appare ovvio che tutti gli esseri umani abbiano gli stessi diritti e doveri. Poi certo ci sono i ricchi e i poveri. Ma nessuno vale più o meno di un altro per il colore della sua pelle, per la condizione dei suoi genitori, per il posto da cui viene, per il nome che porta, per il Dio in cui crede. Eppure è un'idea recentissima. Che in molti Paesi ancora non viene riconosciuta.

Insomma, se la storia dell'umanità durasse un giorno, il tempo dell'uguaglianza nei diritti tra gli esseri umani occuperebbe pochi minuti.

A Roma, la condizione di inferiorità dello schiavo viene stabilita fin dall'inizio della Repubblica. Per lo stesso reato, un uomo libero se la cava con una bastonatura; uno schiavo viene messo a morte. Picchiare uno schiavo costa la metà che picchiare un uomo libero. La testimonianza di uno schiavo ha valore soltanto se resa sotto tortura.

Lo schiavo può rivendicare il diritto d'asilo abbracciando la statua di una divinità, o più tardi di un imperatore. Ma al tempo di Nerone, quando un alto magistrato, Lucio Pedanio Secondo, fu assassinato forse da uno schiavo, tutti i suoi quattrocento schiavi vennero giustiziati; il popolo protestò, chiedendo che venisse punito solo il colpevole; ma l'imperatore fece schierare l'esercito a protezione dei carnefici.

Spesso diventavano schiavi i neonati deformi o anche solo indesiderati che venivano esposti, o che sopravvivevano al rito crudele della rupe Tarpea (pure nelle famiglie patrizie la mortalità infantile era spaventosa: metà dei bambini non sopravviveva all'infanzia. La principale causa di morte, come in tutto il mondo antico e in genere nella storia prima della scoperta degli antibiotici, erano le infezioni: anche una ferita banale poteva rivelarsi letale).

Certo, lo schiavo poteva essere liberato; la storia di Roma è fatta anche dai liberti, spesso greci o stranieri di grande cultura. Ma per qualche nome salvato dalla storia ce ne sono milioni passati e smarriti nel nulla senza lasciare tracce. Tranne uno: un nome destinato a restare nei secoli, come l'eco di una speranza o di una minaccia.

«Sono io Spartaco»

Di Spartaco si sa con certezza soltanto che era uno schiavo. Forse un soldato di Mitridate, re del Ponto, sconfitto dai romani. Più probabilmente, Spartaco era lui stesso un legionario, ridotto in servitù per aver disertato. Di sicuro conosceva bene le tattiche delle legioni; e se ne servì per sconfiggerle, più e più volte.

Le sue imprese sono in parte avvolte dalla leggenda. Molti storici antichi ne hanno parlato, aggiungendo ognuno un particolare, un aneddoto, un dettaglio curioso o pauroso. Perché di Spartaco i romani ebbero una paura terribile. La libertà, del resto, spesso fa paura.

Era nato in Tracia, alla periferia orientale dell'Europa, una terra oggi divisa tra Grecia, Bulgaria e Turchia. Fu recluso a Capua, in Campania, dove c'era una grande arena, a combattere altri esseri umani in quanto gladiatore. Uomini addestrati e mantenuti per la morte, senza nessun altro orizzonte che uccidere. Anche sua moglie era stata venduta come schiava con lui; e anche questo torto subìto accese nel suo animo uno spirito di rivolta.

Spartaco si ribella a un destino segnato. Con sé ha altri disperati che non hanno nulla da perdere. I rivoltosi uccidono i soldati romani che tentano di fermarli, si impossessano delle loro armi, ne forgiano altre con il ferro delle proprie catene spezzate, fabbricano scudi intrecciando vimini ricoperti con pelli di pecora, e si asserragliano sul Vesuvio. È il 73 avanti Cristo.

All'inizio i romani commettono un grave errore: sottovalutano l'avversario. Spartaco e i suoi sono soltanto schiavi: non posseggono nulla e non valgono molto più di nulla. Sconfiggerli non procura bottino né gloria. Così la prima armata che li affronta è composta da tremila soldati raccogliticci e demotivati.

Gli schiavi prima sfuggono all'assedio, ricavando dalle vigne selvatiche del Vesuvio le corde con cui si calano nottetempo lungo una parete rocciosa; poi attaccano i legionari di sorpresa, e ne fanno strage.

La voce si diffonde: un'armata di uomini liberi ha sconfitto l'esercito della potenza che già domina il Mediterraneo. Altri schiavi si ribellano e affiancano Spartaco. Anche italici liberi, stanchi di essere sfruttati dai possidenti romani, chiedono di unirsi a lui. E lui accoglie tutti, anche donne e bambini. C'erano state già, in passato, altre rivolte; ma non si era mai visto nulla che assomigliasse a un disegno politico.

Ancora adesso si discute su quali fossero i piani di Spartaco. Fuggire? Ma allora perché non farlo di nascosto, con l'aiuto dei pirati e di altri nemici dei romani? Perché radunare tutta quella gente? Perché sfidare Roma in modo così aperto e clamoroso?

Qualcuno ha pensato che Spartaco volesse cambiare il mondo, abbattere il potere dei consoli e dei patrizi, prenderne il posto, rifondare la società. Ma questo sarebbe stato troppo, anche per una mente rivoluzionaria come la sua.

Probabilmente, Spartaco si ritrova al centro di una vicenda più grande di lui. Non osa dire di no a coloro che gli affidano le proprie vite e le proprie speranze. Così il suo popolo cresce ogni giorno. E lo stesso accade al suo esercito.

Per nove volte le legioni romane attaccano Spartaco, e per nove volte vengono sconfitte. Anche i due consoli, Gellio Publicola e Lentulo Clodiano, devono battere in ritirata. I ribelli incontrano per caso una mandria di cavalli, li domano, e si danno così una cavalleria. L'armata degli schiavi si sposta lungo tutta la penisola, prima verso sud, poi verso nord, nella Gallia cisalpina.

L'intera Italia è in rivolta. Galli e germani sono alleati di Spartaco, ma contro la sua volontà devastano e saccheggiano i latifondi. I proprietari terrieri, oggi diremmo i borghesi, sono terrorizzati. E reclamano il ripristino della legge e dell'ordine.

Eppure, ogni volta che si trova di fronte un esercito romano, Spartaco lo sbaraglia. E si prende rivincite crudeli: un giorno – almeno così racconta lo storico Appiano – costringe trecento prigionieri a battersi tra di loro, proprio come i gladiatori.

La vittoria più clamorosa è quella di Mutina, oggi Modena, dove Spartaco sconfigge un esercito di diecimila uomini. Poi, anziché puntare a nord, verso la libertà, torna indietro, verso Roma. E Roma non può accettare oltre quella che ormai è un'autentica sfida al suo potere.

Contro Spartaco muove un grande condottiero: Marco Licinio Crasso, l'uomo più ricco dell'Urbe, che arma a proprie spese otto legioni. Il suo luogotenente, Mummio, viene sbaragliato nel Piceno: folle di rabbia per l'umiliazione, ordina di punire le sue truppe con la decimazione. Quattromila soldati vengono uccisi dai compagni con la "verberatio": a bastonate. Gli altri capiscono che devono vincere o morire. E, com'è inevitabile, finiranno per vincere.

L'altro uomo forte di Roma è Cneo Pompeo, non ancora detto Magno. In quel momento è impegnato nella campagna militare in Spagna. Crasso non lo ama, ma è costretto a chiedergli rinforzi.

Braccato, Spartaco tenta invano di scappare in Sicilia. Poi pensa di trovare riparo in Oriente e si porta in Puglia, forse per imbarcarsi verso la Tracia, la sua terra, con l'aiuto dei pirati. Ma ormai quasi tutti l'hanno abbandonato.

Non si sa con esattezza dove le legioni e gli schiavi ribelli abbiano combattuto la battaglia finale. Forse in quella che oggi è la Calabria; forse alle sorgenti del fiume Sele, in Irpinia. Si racconta che Spartaco all'inizio dello scontro abbia sacrificato il cavallo, proclamando: «Se vincerò, prenderò quelli dei nemici; se perderò, non avrò più bisogno di cavalli». Poi si gettò nel combattimento a piedi, alla ricerca di Crasso. Lo ferirono all'inguine. Cadde in ginocchio, continuando a mulinare la spada sino alla fine. È il 71 avanti Cristo.

Il suo corpo, confuso tra quelli di sessantamila caduti, non sarà mai ritrovato, e questo alimenterà la sua leggenda. Secondo alcuni, il capo della rivolta cadde in battaglia, e non venne mai riconosciuto, sfigurato dai colpi. Secondo altri, fu crocifisso con seimila compagni lungo la via Appia, tra Capua e Roma. Secondo un'ulteriore versione, più consolatoria, Spartaco sarebbe riuscito a fuggire.

Nella scena finale del film di Stanley Kubrick, "Spartacus", si immagina che Crasso offra ai vinti la salvezza, purché Spartaco riveli la propria identità. Lui fa per alzarsi, quando un compagno lo precede e grida: «Sono io Spartaco!». Ma subito un altro si leva: «No, il vero Spartaco sono io!». A decine sostengono di essere Spartaco; quello vero resta in silenzio, si commuove, e affronta il martirio confuso nella folla anonima dei suoi fratelli d'arme.

Una scena memorabile, nata dall'immaginazione dello sceneggiatore: Dalton Trumbo, uno degli artisti di Hollywood perseguitati dal maccartismo in quanto comunisti o amici dei comunisti. Anche "Spartacus" non si sarebbe mai dovuto girare. Ma quella scena era piaciuta tanto al protagonista – il grande Kirk Douglas, padre di Michael – che pretese e ottenne che il film si facesse lo stesso, a costo di finanziarlo di persona; e che il nome maledetto di Dalton Trumbo comparisse nei titoli di coda.

Quando il principe Harry andò soldato in Afghanistan, e i talebani minacciarono di individuarlo ed eliminarlo, qualcuno in Inghilterra si ricordò di quella storia, e stampò con grande successo le magliette con la scritta "Io sono Harry". Ma non fu la stessa cosa.

Ovviamente non possiamo sapere se sia davvero andata come Trumbo, Kubrick e Douglas avevano pensato. Pompeo arrivò con i suoi soldati a battaglia conclusa, e fece strage dei superstiti, ottenendo il trionfo, anche per le sue vittorie in Spagna. Crasso dovette accontentarsi dell'"ovazione", un trionfo minore, ma ottenne di essere coronato di alloro, anziché di mirto come prevedeva il rito. Per mostrare di non essere meno grande di Pompeo, fece crocifiggere seimila schiavi ribelli; e confermò così – oltre alla sua crudeltà personale – la spietatezza con cui Roma manteneva l'ordine costituito, e anche la durezza con cui in genere i regimi impongono la gerarchia su cui sono costruiti.

Neppure Crasso farà una bella fine. I parti, il popolo erede dell'impero persiano, i terribili guerrieri che per secoli terranno in scacco i romani sulle frontiere orientali, vendicheranno inconsapevolmente Spartaco massacrando a Carre le legioni e il loro stesso capo. Si racconta che Crasso venne decapitato e che per irridere la sua ingordigia il re dei parti, Orode, gli fece versare nella bocca dell'oro fuso, dicendo: «Aurum sitisti, aurum bibe»; avevi sete di oro, e adesso oro bevi. Un racconto che aveva colpito Dante. Nel Purgatorio le anime gridano: «Crasso, dilci, che 'l sai: di che sapore è l'oro?».

Il paradosso vuole che oggi noi abbiamo cominciato davvero a mangiarlo, l'oro. Lo chef Gualtiero Marchesi fu il primo a guarnire con una foglia d'oro il suo risotto; ora il macellaio turco Nusret Gökçe, divenuto star del web con il nome di Salt Bae, fa pagare sino a 1800 dollari le sue bistecche laminate d'oro; l'ingrediente più importante dei suoi ristoranti è il conto.

Ma l'eredità più grande di questa vicenda è il nome stesso di Spartaco. Che nella storia risuonerà come un grido di ribellione, una richiesta di giustizia, una speranza di riscatto. Anche se nel suo nome saranno commessi errori, talora crimini.

"Spartaco" era la testata di un giornale "comunista-anarchico" nell'Italia dei primi anni Venti; e chi lo vendeva in piazza veniva regolarmente aggredito dai fascisti, che strappavano le copie e le bruciavano.

"Il grido di Spartaco" si chiamava il giornale della Resistenza comunista, fondato a Milano nel 1941.

Spartaco Perini, comunista, fu il capo di una delle prime bande partigiane. Ne facevano parte principi, farmacisti, operai, macellai, disoccupati, calzolai, insegnanti. E carabinieri, tra cui un giovane sottufficiale: Carlo Alberto Dalla Chiesa. Gli uomini di Spartaco Perini, attivi nelle Marche, aiutano i prigionieri inglesi fuggiaschi a passare le linee, li trasportano in gommone sull'Adriatico, li affidano ai loro commilitoni. Quando comincia il rastrellamento tedesco, Perini e Dalla Chiesa riescono a fuggire e a imbarcarsi a loro volta per il Sud, dove si mettono agli ordini del re per continuare a combattere i nazisti.

A Spartaco Lavagnini, sindacalista assassinato dai fascisti nel 1921, era dedicata una delle brigate Garibaldi protagoniste della Resistenza in Toscana.

Spartaco sarà il nome di battaglia scelto da Carlo Salinari, uno dei partigiani che attaccheranno i nazisti in via Rasella e diventerà un grande studioso di letteratura. Ma i più celebri sono gli spartachisti tedeschi, che sotto la guida di Karl Liebknecht e Rosa Luxemburg tentano di fare la rivoluzione nella Berlino scossa dalla sconfitta nella prima guerra mondiale. Contrastati sia dai socialdemocratici sia dalla destra dei Freikorps, gli spartachisti faranno una fine terribile, come i loro mentori: Karl torturato e ucciso, Rosa fatta a pezzi e gettata nella Sprea. In suo onore Bertolt Brecht comporrà versi forse ingenui, certo romantici:

«Ora è sparita anche la Rosa rossa
dov'è sepolta non si sa.
Siccome disse ai poveri la verità
i ricchi l'hanno spedita nell'aldilà».

Il nome di Spartaco è destinato a risorgere nell'Unione Sovietica. Nel 1923 l'Urss rifiuta l'invito a partecipare alle Olimpiadi, che si terranno l'anno successivo a Parigi, e crea le Spartachiadi, destinate al proletariato internazionale. I primi Giochi dedicati a Spartaco si disputano a Mosca nel 1928: l'inaugurazione si tiene il giorno della chiusura delle Olimpiadi di Amsterdam, ma i partecipanti della versione comunista sono più del doppio, settemila contro tremila.

Ai Giochi di Helsinki del 1952 l'Unione Sovietica c'è. Ma le Spartachiadi continuano per anni, attirando milioni di sportivi: ai campioni si uniscono i dilettanti. Altre Spartachiadi nazionali sono indette in Cecoslovacchia e in Albania. E lo Spartak Mosca non è solo una squadra di calcio, ma anche di hockey, basket e pure di football americano.

Uccidete i Gracchi

Per quanto l'idea di giustizia sociale e lotta di classe siano concetti moderni, non per questo la società e la politica dell'antica Roma vanno pensate come eterne e immutabili. Una qualche forma di conflitto esisteva.

Talora la plebe organizzava le secessioni, antenate dei moderni scioperi: si ritirava dalla città, saliva sul colle Aventino e rifiutava di collaborare. Poi magari Menenio Agrippa la persuadeva con il suo apologo, quello per cui i plebei erano le braccia e i patrizi lo stomaco: se le braccia non lavorano, lo stomaco non riceve cibo; ma alla lunga pure le braccia si indeboliscono. Insomma, ognuno al suo posto.

Eppure anche allora, accanto ai conservatori, esistevano i riformisti, i progressisti, i "liberal": spesso appartenenti alle classi agiate, ma disposti a battersi per i poveri.

La prima grande riforma dell'età repubblicana, 494 anni prima della nascita di Gesù – proprio l'anno della secessione e dell'apologo delle braccia e dello stomaco –, fu l'introduzione del tribuno della plebe: il difensore del popolo, con diritto di veto sulle leggi sgradite. Nel 367 avanti Cristo si stabilì che uno dei due consoli potesse essere plebeo, e venticinque anni dopo che potessero esserlo entrambi. Due uomini del popolo potevano guidare lo Stato, a prescindere dalla loro ricchezza. In quale democrazia occidentale oggi accade davvero questo?

A ogni generazione si compiva un passo in avanti. Le decisioni dell'assemblea del popolo – i comizi tributi – assunsero valore di legge, e divennero vincolanti anche per i patrizi. Fu abrogato il divieto di matrimoni tra patrizi e plebei. Fu abolita la schiavitù per debiti: nessun cittadino romano, per nessun motivo, poteva perdere la libertà.

Certo, i voti venivano comprati e venduti, come in fondo accade anche in molte democrazie moderne. Per fare politica occorrevano grandi patrimoni. La vera differenza rispetto all'Italia di oggi è un'altra. Adesso noi abbiamo un grande debito pubblico e un grande risparmio privato: il convento è povero, ma i frati sono ricchi. Nell'antica Roma, invece, l'erario – altra parola latina – traboccava d'oro; tanto che nel 167 avanti Cristo la città venne esentata da quasi tutte le tasse. Roma divenne cioè un paradiso fiscale, come Monte Carlo o le isole Cayman.

Il sistema politico aveva un suo equilibrio. I consoli rappresentavano l'elemento monarchico. Il Senato rappresentava l'aristocrazia. Ma era il popolo riunito in assemblea a eleggere i magistrati, giudicare i reati, decidere la pace e la guerra. Nessun politico, neppure il più ricco e potente, poteva fare da solo; tutti dovevano in qualche forma rispondere al popolo. E nel 139 avanti Cristo, per rafforzare la libertà degli elettori, fu introdotto il voto segreto.

Ma quando i privilegi venivano intaccati, i rapporti di forza erano messi in discussione, e i notabili si sentivano in pericolo, allora diventavano pronti a tutto, pur di stroncare quelle che erano nobili aspirazioni, ma a loro apparivano intollerabili minacce. E la reazione poteva essere sanguinaria e spietata.

Quando Tiberio Gracco, tribuno della plebe, fece approvare la riforma agraria per limitare i latifondi e redistribuire le terre ai contadini poveri, gli ottimati lo fecero massacrare da una squadraccia armata. Tiberio era figlio di un plebeo e di Cornelia (quella per cui i figli erano i suoi gioielli), figlia di Scipione, il vincitore di Annibale; ma questo non valeva nulla, agli occhi di chi temeva per i propri privilegi.

Nella foga di difendere la sua legge e la sua vita, Tiberio scoppiò a piangere in assemblea, provocando l'emozione dei popolari: a centinaia si offrirono di passare la notte davanti alla sua casa, per proteggerlo. Invano: il mattino dopo Tiberio fu ucciso a bastonate con trecento seguaci, e il suo cadavere gettato nel Tevere. Eppure la sua figura ha oltrepassato i secoli, come segno di audacia e di modernità.

Fu di Tiberio Gracco l'idea che un magistrato possa essere rimosso, se non fa gli interessi del popolo o semplicemente non ha più la sua fiducia: con questa motivazione fece votare in assemblea la revoca di un tribuno della plebe che si opponeva alla sua riforma agraria. Lo stesso accadrà oltre ventun secoli dopo, nel 2003, al governatore della California Gray Davis, deposto da una votazione popolare (dopo di lui sarà eletto un ex attore nato in Austria, Arnold Schwarzenegger, noto per aver interpretato il personaggio di Conan il barbaro).

A continuare l'opera di Tiberio è il fratello, Caio Gracco. Il Senato lo manda questore in Sardegna per impedirgli di far danni, ma lui torna, si fa eleggere per due volte tribuno della plebe, e tenta di imporre una riforma ancora più coraggiosa, con autentiche espropriazioni di terre. Fa approvare un'altra legge che consente a chiunque, anche agli abitanti delle province, di fare causa ed essere risarciti per il denaro ingiustamente sottrattogli dai funzionari romani: l'embrione della class action. Se i ricchi fanno costruire un palco di legno nel Foro, per affittare i posti in vista di un combattimento di gladiatori, nella notte Caio lo fa smontare: tutti devono poter vedere lo spettacolo gratis. È un visionario: vorrebbe concedere la cittadinanza romana a tutti gli italici. Ma la plebe di Roma stavolta non lo segue.

Abbandonato dai suoi, Caio Gracco si fa uccidere da uno schiavo. Poiché gli ottimati hanno promesso di pagare la sua testa a peso d'oro, qualcuno la taglia e la riempie di piombo fuso. Migliaia di suoi sostenitori vengono assassinati in carcere. Uno di loro viene condannato a una punizione atroce: lo chiudono in un sacco pieno di scorpioni.

Il nome dei Gracchi è condannato alla damnatio memoriae: non potrà essere inciso né pronunciato; e sua madre Cornelia non potrà neppure vestire a lutto per la morte dei figli.

Non finirà così. Il nome dei Gracchi sarà per sempre simbolo di riscatto sociale. Si faceva chiamare "Gracchus" François-Noël Babeuf, il leader giacobino che si batté contro gli eccessi di Robespierre e dopo la svolta moderata del Termidoro animò la Congiura degli Eguali; condannati a morte, lui e il suo compagno di lotta Augustin Darthé tentarono di suicidarsi come antichi romani, colpendosi con i propri pugnali; non ci riuscirono, e furono portati sanguinanti alla ghigliottina.

Grande ammiratore dei Gracchi sarà il poeta Ugo Foscolo, che agli albori del Risorgimento accenderà l'animo dei milanesi con questo discorso: «Si desti l'antica virtù, l'antico valore; risorgano gli antichi Eroi Repubblicani; ritornino i bei giorni di Roma, Atene e Sparta; si spengano tutti i tiranni e si renda libero il mondo. Viva la Repubblica dell'Universo!».

In realtà, con i Gracchi non scompariva solo una speranza di giustizia; cominciava a tramontare anche la vecchia Repubblica, fondata sul contadino soldato, sui piccoli proprietari terrieri pronti a prendere le armi per difendere la patria, che coincideva con la città. Ormai i senatori possedevano fondi grandi come province, che facevano coltivare agli schiavi. E alla fine fu inevitabile concedere la cittadinanza a quasi tutti gli abitanti della penisola, anche per frenare la rivolta: i non romani vagheggiavano di fondare uno Stato chiamato Italia, con una città di nome Italica come capitale, il toro come animale totemico, e sulla moneta l'immagine appunto di un toro che incorna una lupa, simbolo di Roma. Accolti gli italici nella Repubblica, del progetto di unità nazionale italiana non si parlerà più per duemila anni. Tutti quelli che volevano votare, però, dovevano portarsi a Roma: altrove seggi non ce n'erano.

C'erano però le strade. Un tribuno alleato di Cesare, Curione, proporrà di far finanziare la manutenzione delle vie dai ricchi: più era lussuoso il loro mezzo di trasporto, più avrebbero dovuto pagare; un po' come accade ora con il bollo auto.

Ma se per fermare i riformisti era stato necessario versare il loro sangue, se gli schiavi ribelli avevano colto grandi trionfi, un motivo ci doveva pur essere. Roma attraversava una crisi non tanto politica e militare, quanto morale. Era il tempo delle guerre civili. E fu in quell'era di complotti e di sangue che apparve come una meteora una figura enigmatica, affascinante anche per le cose grandiose e terribili scritte sul suo conto.

Il ritratto che di Lucio Sergio Catilina ci ha lasciato Sallustio è per la letteratura quel che la Gioconda è per la pittura. Rappresenta forse il più bel ritratto mai scritto, e il modello di come si dovrebbe scrivere un ritratto. Lasciatemi ricordare almeno l'inizio: «Catilina, nato da nobile famiglia, fu uomo di grande forza d'animo e di corpo, ma di indole malvagia e viziosa. Fin da giovane amò le guerre civili, le stragi, le rapine, la discordia, e a queste dedicò la sua vita. Corpo resistente alla fame, al gelo, alle veglie più di quanto si possa credere. Animo audace, subdolo, mutevole, simulatore e dissimulatore di qualsiasi cosa, avido dell'altrui, prodigo del suo, ardente nelle passioni; abbastanza eloquenza, poca saggezza. Il suo animo insaziabile desiderava sempre cose smodate, incredibili, troppo alte».

Non certo un uomo cui affidare uno Stato; ma un uomo cui dedicare un libro, o almeno un paragrafo.

E se Catilina avesse avuto ragione?

Purtroppo quello che sappiamo di lui viene appunto da Sallustio o da Cicerone: due suoi grandi nemici. Sallustio, per dire, scrive che Catilina aveva ammazzato la prima moglie, Gratidia, nipote di Caio Mario, e il suo stesso figlio, per poter sposare un'altra donna, Aurelia. Avrebbe pure violentato o comunque sedotto una sacerdotessa votata alla verginità. Se è per questo, dissero che con i suoi accoliti avevano bevuto vino misto a sangue umano, per suggellare il patto con cui intendevano sovvertire la Repubblica; e non contenti avevano giurato sul corpo di un bambino sacrificato, prima di cibarsene. Ma, com'è noto, quella di uccidere e mangiare i bambini è un'accusa ricorrente nella storia, rivolta in diverse occasioni a comunità accusate delle peggiori nequizie, dagli ebrei – le cosiddette Pasque di sangue – ai comunisti.

Secondo l'Eneide, la sua famiglia, la gens Sergia, discendeva da Sergesto, sbarcato in Italia con Enea; Catilina sarebbe stato quindi l'erede di una dinastia che aveva contribuito a fondare Roma; ma neppure Virgilio lo tratta bene, anzi come ci siamo detti lo condanna a una tortura eterna nell'Ade, cioè all'inferno.

Suo bisnonno era stato un eroe delle guerre contro i cartaginesi: aveva perso una mano in battaglia, e l'aveva rimpiazzata con un artiglio di metallo, come Capitan Uncino.

Lui, Catilina, aveva combattuto in Oriente con Silla, e nella guerra civile si era distinto per la sua crudeltà, sempre secondo i nemici: aveva torturato e ucciso pure il cognato, Marco Mario Gratidiano, fratello della sventurata prima moglie; poi gli aveva tagliato la testa e l'aveva gettata nel Foro ai piedi di Silla.

Però, quando si candida a console, anziché rivolgersi agli aristocratici come lui, cerca il favore del popolo. Promette di cancellare i debiti, di redistribuire le terre, di abolire i privilegi ereditari. Sempre secondo gli avversari, assicura che farà fuori tutti i vecchi leader politici. In realtà vagheggia una rinascita, una rifondazione. Pare che si dica pronto a incendiare l'intera città; ma questa è l'accusa ricorrente rivolta ai malvagi che si vuole delegittimare, non a caso lo si dirà pure di Nerone. Di sicuro conclude i suoi discorsi con una frase a effetto: «Il popolo romano è un corpo robusto, ma senza testa. Io sarò la testa».

Catilina però è battuto alle elezioni sia nel 64 avanti Cristo, sia l'anno successivo. I romani gli preferiscono un altro candidato, cui non fa difetto l'oratoria: Cicerone.

I due sono divisi non solo dalla rivalità, ma dall'inimicizia. Cicerone entra in confidenza con Fulvia, l'amante di uno degli uomini più vicini a Catilina. Due congiurati chiedono appuntamento a Cicerone: con il pretesto di salutarlo, vorrebbero ucciderlo; ma grazie alla soffiata di Fulvia, il console non si fa trovare in casa. Poi si impossessa di molte lettere compromettenti: Catilina ha ammassato truppe a nord di Roma ed è pronto ad attaccare la città per prendere con la forza quel potere che non riesce a conquistare con il voto. È in corso un vero e proprio colpo di Stato: oggi diremmo un golpe.

L'8 novembre del 63 Cicerone parla in Senato, di fronte al suo nemico, e comincia così, con un incipit che sarà citato migliaia di volte: «Fino a quando, Catilina, abuserai della nostra pazienza?». Poi lo seppellisce sotto una valanga di ingiurie e di accuse, compresa quella di incesto. I senatori sono con Cicerone, che conclude: «Poiché uno di noi amministra lo Stato con la parola e l'altro con le armi, occorre che un muro ci separi». Nella notte Catilina fugge da Roma, con trecento fedelissimi.

Cicerone capisce di avere la partita in pugno. Fa arrestare i congiurati rimasti. Un capo emergente della fazione dei popolari, Caio Giulio Cesare, tenta di salvare loro la vita, con un'argomentazione un po' capziosa: la morte è una pena inefficace, perché coincide con la fine delle umane sofferenze; il carcere sì sarebbe una punizione adeguata. Ma Cicerone fa strangolare i congiurati in cella, senza processo. Una violazione del diritto che gli costerà cara: cinque anni dopo sarà condannato all'esilio proprio per questo. Ma sul momento Cicerone trionfa. Dà notizia alla folla dell'esecuzione con una sola parola: «Vixerunt», vissero; quindi sono morti.

Mentre il Senato discute, Cesare riceve un biglietto. Il suo grande nemico, Catone, lo addita come complice di Catilina: «Guardate, Cesare riceve istruzioni dai congiurati!». Sorridendo, Cesare mostra al suo accusatore il messaggio: è della sorella di Catone, la meno virtuosa Servilia, che, innamorata di Cesare, si offre a lui con parole esplicite. Catone incassa: «Riprendilo, pazzo ubriacone!». Fuori dalla Curia, un gruppo di giovani ottimati vorrebbe fare Cesare a pezzi; è Cicerone a difenderlo. Alle Idi di marzo mancano diciotto, intensissimi anni.

Viene emesso un bando: il congiurato che smaschererà un complice avrà, se uomo libero, l'impunità e duecentomila sesterzi; se schiavo, la libertà e centomila sesterzi. Ma nessuno parla. I superstiti restano fedeli al capo.

Lui, Catilina, si ricongiunge alle sue truppe, e marcia verso la Gallia. Per strada cerca di arruolare i poveri, che hanno visto le loro terre requisite dai veterani di Silla, e i ladri, «di cui in quelle regioni vi è grande abbondanza» scrive Sallustio, che aggiunge: «Non c'era degenerato, adultero, dissipatore, non c'era individuo condannato o in attesa di giudizio che non fosse dei suoi». Si unisce a lui, come prima a Spartaco, chi non ha niente da perdere. Catilina ha con sé anche i senatori finiti sul lastrico (ecco un'altra espressione che abbiamo ereditato dai romani), cui non dispiace l'idea dell'estinzione di tutti i debiti.

A Pistoia gli insorti devono fermarsi: un esercito romano li insegue da sud, un altro sbarra la strada verso nord. Non resta che accettare una battaglia disperata. Cicerone è rimasto a Roma. Le truppe fedeli alla Repubblica sono comandate dall'altro console, Caio Antonio Ibrida, che però si dà malato, accusando un attacco di gotta: forse è coinvolto nella congiura, e non vuole combattere i vecchi amici.

Catilina parla alle truppe. E tiene un discorso memorabile. Esordisce senza retorica: «Soldati, so benissimo che le parole non danno coraggio, e che un esercito da vile non diventa valoroso, né forte da pavido, per un discorso del suo generale». Ma c'è una cosa importante da dire: «Noi abbiamo un vantaggio sui nostri nemici. Loro non hanno alcun interesse a battersi per il potere di pochi, per la gloria degli oligarchi. Noi combattiamo per la patria, per la libertà, per la vita». Loro – insiste Catilina – hanno preso le armi per cose fatue, noi per le cose di cui non si può fare a meno: "pro patria, pro libertate, pro vita". E conclude con parole cruente: «Se la fortuna si sarà opposta al vostro valore, non fatevi ammazzare invendicati. E se vi catturano, non fatevi trucidare come pecore, ma lasciate ai nemici una vittoria cruenta e luttuosa combattendo da eroi».

E da eroi combatterono i soldati di Catilina. Lo trovarono che ancora respirava, accanto all'aquila d'argento che era stata l'insegna di Mario ai Campi Raudii contro i cimbri. Lo tagliarono a pezzi e li gettarono nel fiume. Si salvò solo la testa, che fu portata a Roma dal console Antonio Ibrida: ormai Catilina non poteva più chiamarlo in correità. Scrive Sallustio che anche da morto il ribelle conservava l'indomita fierezza che lo contraddistingueva da vivo.

Anni dopo, Cicerone ammetterà che al fianco di Catilina c'erano anche brave persone, in particolare giovani, e in fondo lui stesso non era poi così male. «Vi erano in quest'uomo caratteristiche singolari: la capacità di legare a sé l'animo di molti con l'amicizia, conservarseli con l'ossequio, dividere quel che possedeva con tutti, aiutare chiunque con il denaro, le aderenze, le azioni».

Più semplicemente, il nemico degli ottimati aveva idee progressiste, proprio come i Gracchi. Una parte della plebe aveva creduto in Catilina perché, scrive Sallustio, «i poveri invidiano sempre i ricchi ed esaltano i malvagi; odiano le cose antiche, desiderano vivamente le novità; in odio alla propria situazione aspirano a sovvertire ogni cosa; si nutrono di tafferugli e di disordini, anche perché, essendo poveri, non hanno nulla da perdere».

Neppure Sallustio era disinteressato al denaro e al potere. Non era solo uno scrittore, ma un politico. Amico di Cesare, era stato governatore in Africa, da cui era dovuto scappare inseguito da accuse di furti ed estorsioni. Ed è possibile che, quando scriveva di un uomo di grandi intrighi e smisurate ambizioni, avido dell'altrui e capace di simulare o dissimulare qualsiasi cosa, non pensasse a Catilina, ma a se stesso.

I posteri saranno più generosi con il giovane ribelle. Alexandre Dumas, nella tragedia "Catilina", lo racconta come una vittima della moglie, che per gelosia uccide il figlio che lui ha avuto dalla vestale. Un altro scrittore francese, Prosper de Crébillon, immagina invece che Catilina si sia vendicato di Cicerone seducendo sua figlia Tullia (con Cicerone si schiera invece Voltaire, nella sua tragedia "Roma salvata").

Henrik Ibsen ritrae Catilina come un rivoluzionario. Romantici ammiratori gli inventano un figlio di nome Uberto, da cui discenderebbe Farinata degli Uberti, uno dei personaggi più affascinanti di Dante, talmente orgoglioso che pare disprezzare l'Inferno: «Io avea già il mio viso nel suo fitto / ed el s'ergea col petto e con la fronte / com'avesse l'Inferno a gran dispitto».

Molti anni dopo, in un liceo dell'Arkansas, durante una lezione di latino alla Hot Springs High School, verrà simulato un processo a Catilina. Il giovane studente incaricato di difenderlo si appassionerà alla causa, deciderà di studiare il diritto e interessarsi alla politica. Si chiamava William, ma già lo chiamavano Bill: Bill Clinton.

La congiura di Catilina può essere interpretata in molti modi. Di sicuro è il segno che le istituzioni repubblicane sono instabili. Roma è contendibile. Non può più essere retta da una classe sociale privilegiata, o dall'assemblea dei cittadini. Sono maturi i tempi per un padrone.

Se quel padrone sarà un tiranno senza qualità, potrà trascinarla nella rovina. Ma se sarà un genio, potrà farne la più grande potenza della storia.

4
CESARE
Il mito della vittoria

Se fosse stato soltanto uno scrittore, o un comandante militare, o un leader politico, Caio Giulio Cesare sarebbe comunque passato alla storia. Essendo stato tutte queste tre cose insieme, possiamo considerarlo uno dei più grandi uomini che siano mai vissuti, in ogni luogo e in ogni tempo.

Carattere insieme gioviale e accorto, animo audace e ambizioso, mente meravigliosa. Capace di scrivere il capitolo di un libro alla vigilia di una battaglia decisiva, mentre detta a uno scriba una lettera destinata a cambiare la politica di Roma.

Inoltre, a differenza del suo grande estimatore Napoleone, era alto e bello; il che nella vita può sempre aiutare. Come Napoleone, però, perdeva i capelli, e ne soffriva; e a quei tempi non si poteva andare in Turchia per il trapianto, si poteva al massimo nascondere la calvizie con le corone d'alloro. Anche per questo se ne procurò molte.

Va detto che fu spietato, senza mai perdere, se non la tenerezza, la calma. Si macchiò di crudeltà spaventose, di massacri inauditi: gli storici moderni gli attribuiscono quasi un milione di morti, in un tempo in cui gli uomini andavano uccisi uno per uno. Poi la sua accortezza e la sua sensibilità potevano ispirargli gesti nobili e generosi, o anche reazioni inattese.

Quando gli egiziani per ingraziarselo gli mostrarono la testa mozzata del suo grande nemico, Pompeo, Cesare pianse. Eppure era appena arrivato in Egitto per uccidere Pompeo.

Ma la sua vera, grande contraddizione è un'altra. Per tutta la vita Cesare oscillerà tra l'orientamento popolare e l'ambizione autocratica, diciamo pure imperiale. Tra le politiche sociali a favore dei poveri e l'abolizione delle libertà repubblicane. Era amico del popolo, ma più ancora era amico di se stesso. Fu ucciso per aver ucciso la Repubblica in cui era cresciuto. Gettò le fondamenta dell'impero, e non divenne mai imperatore.

Paradossalmente, a difendere la Repubblica non sarà tanto il popolo, quanto l'aristocrazia. Invano. Dopo Caio Giulio Cesare, Roma e il mondo sarebbero stati irrimediabilmente diversi. E tutti quanti noi gli dobbiamo qualcosa di quel che siamo.

Zio Mario e nonna Venere

All'inizio era un outsider. La sua famiglia, la gens Iulia, era certo importante; ma era decaduta da tempo. Il padre, anche lui di nome Caio Giulio Cesare, era uno dei pretori legati a Mario. Morì all'improvviso, a Pisa, mentre si infilava i calzari, quando il figlio aveva appena quindici anni.

Lui, Cesare, nacque a Roma il 12 luglio del 100 avanti Cristo, a metà di un'estate particolarmente calda, nel quartiere popolare della Suburra. Cesare in lingua cartaginese significa elefante: un suo antenato ne aveva ucciso uno in battaglia, al tempo delle guerre puniche. Un altro antenato era venuto al mondo con la sectio caesarea, il taglio cesareo: espressione però che con il nostro eroe non sembra c'entrare nulla.

La zia paterna, Giulia, aveva sposato Mario, il grande condottiero che aveva sconfitto tutti i nemici di Roma: in Africa il re di Numidia Giugurta, in Provenza e a Vercelli le orde barbariche dei cimbri e dei teutoni. Mario, però, era un uomo in disgrazia, e morì quando Cesare aveva tredici anni. A Roma comandava il suo storico rivale, Silla, capo del partito degli ottimati, insomma gli aristocratici. Ma Cesare si sentiva legato al partito di Mario – uomo di umili origini –, i popolari.

Fin da ragazzo mostrò qualità eccezionali, a cominciare da una memoria prodigiosa. Imparò perfettamente il greco, che divenne la sua seconda lingua. Il fatto di appartenere alla nobiltà, ma di essere nato nel ventre di Roma, fu sin dall'inizio un vantaggio: sapeva ascoltare, tanto da raccogliere le espressioni popolari che sentiva nelle strade e trascriverle in versi. Non andò quasi mai per le vie della città in lettiga, come facevano quelli del suo rango; preferiva muoversi a piedi e parlare con le persone, mostrandosi sempre disponibile con tutti.

Gli storici antichi sono ovviamente divisi nel giudizio su di lui, ma concordano su una cosa: Cesare era uomo di grande fascino; sia perché non perdeva mai il controllo, e aveva il dono dell'ironia, che talora esercitava anche su se stesso; sia per il suo aspetto. Magro, forte, resistente, capace di cavalcare senza reggere le briglie, soltanto con la forza delle gambe. Eppure aveva qualcosa di femmineo: portava una toga morbida, quasi slacciata, mezza aperta; si depilava regolarmente le gambe e il petto; si grattava la nuca con un solo dito, per non spettinarsi, sollevando il mignolo in modo vezzoso. Questo gli costerà qualche lazzo, dai nemici e anche dai suoi soldati, in quelle feste cameratesche che seguirono alle sue tante vittorie. Ma in qualche modo contribuirà alla sua aura, che non poteva essere spiegata con le parole, ma emanava dalla sua persona come da quella di un carismatico, di un predestinato, di un uomo scelto dalla sorte; sia pure minato da un male misterioso considerato sacro, l'epilessia, che comparve poche volte, in giornate di intensa emozione, al momento di dare battaglia.

La sua costruzione, nonostante tante qualità, fu lenta.

La madre, Aurelia, gli trovò una fidanzata, Cossuzia, di famiglia plebea ma molto ricca. Sarebbe stato un matrimonio per denaro; ma Cesare voleva un matrimonio politico, e sposò Cornelia, figlia di Cinna, che aveva preso il posto di Mario alla testa dei popolari.

Era il tempo delle liste di proscrizione: Silla compilava i nomi dei nemici dello Stato, cioè suoi, e chiunque poteva ucciderli e confiscarne i beni. Silla giunse a far dissotterrare le ceneri di Mario e disperderle nell'Aniene. A Cesare impose di divorziare da Cornelia, perché era figlia di un suo avversario. Fece lo stesso con un altro giovane ambizioso, Pompeo, che obbedì e ripudiò sua moglie per sposare la figliastra di Silla, incinta di un altro.

Ma Cesare amava Cornelia, da cui aveva avuto una figlia, Giulia; e rifiutò. Così Silla aggiunse di persona il suo nome alla lista dei proscritti, assicurando una taglia a chiunque lo avesse catturato, vivo o morto.

Cesare fuggì vestito da contadino, e si nascose nei boschi della Sabina. Si ammalò di malaria, e nelle notti popolate di incubi sognava Silla che lo fissava con occhi di bragia. Gli inseguitori lo braccavano da presso, e riuscirono a catturarlo. Ma Cesare mantenne il sangue freddo, e convinse il loro capo, Cornelio Fagita, ad accettare da lui il corrispettivo della taglia, e a lasciarlo andare. Aveva appena diciannove anni. E quella calma assoluta nei momenti cruciali non l'avrebbe più abbandonato per il resto della vita.

Intanto a Roma la madre tramava per proteggerlo. Aurelia aveva un cugino cui era molto legata, Caio Aurelio Cotta, seguace di Silla. Cotta, che era un grande oratore, insistette a lungo con Silla perché perdonasse il giovane. Alla fine il padrone di Roma accettò malvolentieri, con parole profetiche: «E sia, tenetevelo pure questo ragazzo. Ve ne pentirete. Lo volete salvo a ogni costo, ma prima o poi lui sarà la rovina del patriziato che insieme abbiamo difeso. Perché io in Cesare vedo non uno, ma molti Mario».

Cesare tornò, e cominciò a brigare per un incarico militare, per poter dimostrare il proprio valore. Silla non voleva saperne, e continuava a mettere in guardia gli uomini del suo partito: «Guardatevi da quel giovane che cinge la toga in modo sconveniente, come se fosse una ragazza». E di lì a poco la sua prima avventura guerresca avrebbe rinfocolato il mormorio dei suoi avversari.

Cesare seguì in Asia le truppe di Marco Minucio Termo, e partecipò alla presa di Mitilene, capitale di Lesbo, l'isola greca che era stata della poetessa Saffo. Il comandante lo prese a benvolere e gli affidò una missione: andare in Bitinia per reclamare dal re Nicomede IV, alleato dei romani, le navi che aveva promesso.

Nicomede si intese subito con quel giovane affascinante. Gli affidò la flotta, e Cesare la condusse a Mitilene; ma subito dopo ripartì per la Bitinia, con la scusa di un prestito da incassare. Si disse che la missione di Cesare era riuscita così prontamente perché lui si era concesso a Nicomede; da qui il soprannome di "regina di Bitinia".

Se ne ricorderanno i suoi soldati, quando per prenderlo in giro durante il trionfo sui galli canteranno: «Cesare ha sottomesso le Gallie, ma Nicomede ha messo sotto lui», e anche: «Aperite portas regi calvo et reginae Bitiniae!», spalancate le porte al re pelato e alla regina di Bitinia.

Se ne ricorderà Cicerone, quando in una lettera scriverà che in Bitinia Cesare «aveva perso il fiore della giovinezza»; e oserà rinfacciarglielo persino in Senato. Quando Cesare, per sostenere la causa della figlia di Nicomede, Nisa, ricorderà i benefici ricevuti dal re di Bitinia, Cicerone lo interromperà: «Lascia perdere, perché nessuno ignora quello che lui ha dato a te, e quello che tu hai dato a lui».

E se ne ricorderà persino Dante, che nel Purgatorio per indicare le anime dei sodomiti scrive che si macchiarono dello stesso peccato per cui Cesare fu chiamato regina: «La gente che non vien con noi, offese / di ciò per che già Cesar, triunfando, / "Regina" contra sé chiamar s'intese: / però si parton "Soddoma" gridando...». Da notare che Dante non prestava credito all'accusa; altrimenti avrebbe posto Cesare appunto tra i sodomiti, e non nel limbo, tra gli spiriti magni. Ci credeva invece un suo avversario, Curione, che per schernire la sua vita erotica libera e disordinata lo definì «marito di tutte le mogli e moglie di tutti i mariti».

Tornato a Roma, Cesare non si sentiva al sicuro. Da una parte, aveva Silla come nemico. Dall'altra, lo pungeva un'inquietudine, un desiderio d'avventura, un ardore – avrebbe detto Dante – di diventare esperto del mondo e dell'animo umano. Non a caso, Cesare vivrà quasi sempre lontano da casa; e pochi uomini hanno conosciuto il mondo e gli uomini come li ha conosciuti lui.

Così partì per Rodi, dove insegnavano grandi maestri, da cui era stato a scuola pure Cicerone. Ma nel viaggio venne fatto prigioniero dai pirati, che chiesero per lui il riscatto di venti talenti. Cesare, per nulla spaventato, visse il sequestro come una tappa della sua formazione. In segno di sfida, scoppiò a ridere: «Voi non sapete chi sono io. Valgo molto più di venti talenti. Ve ne darò cinquanta». Poi mandò i suoi messi a raccogliere il denaro. Nel frattempo da prigioniero era diventato il capitano della nave: ordinava silenzio quando voleva dormire, obbligava i corsari ad assistere alla declamazione dei suoi versi, e quando li trovava distratti li accusava di essere barbari incapaci di comprendere la poesia. Quando il denaro arrivò, fu liberato. Tornato sulla costa, a Mileto, convinse le autorità a fornirgli navi e soldati, con cui sgominò i pirati che l'avevano sequestrato, e che credevano di essere diventati suoi amici; e i superstiti furono prima sgozzati, poi appesi.

A Roma lo attendeva un incarico non di primo piano: amministratore di giustizia in Spagna. La percorse per intero, e arrivato a Cadice, là dove finiva il mondo conosciuto, volle fare visita al tempio di Ercole, che secondo la tradizione aveva eretto qui le sue colonne, affinché nessun uomo si spingesse oltre, e qui era stato sepolto. Un luogo sacro e fatale, visitato già da Annibale e da Scipione, dove era stata eretta una grande statua di Alessandro Magno. Lì Cesare ebbe un cedimento emotivo. Pianse. E ai suoi compagni di viaggio, stupefatti, spiegò: «Non vi pare degno di dolore che alla mia età Alessandro già regnasse su tanti popoli, mentre io non ho ancora fatto niente di glorioso?».

Cesare aveva allora trentadue anni. Dalla morte di Alessandro lo separavano oltre due secoli, più del tempo che separa noi dalla morte di Napoleone. Il fatto di avere come riferimento il re macedone che aveva conquistato quasi tutte le terre conosciute poteva apparire, a un romano del tempo, una follia: Roma non era né un regno né un impero, era una Repubblica. Certo, il sistema per cui i magistrati più importanti, i consoli, erano due, e restavano in carica solo per un anno, non funzionava più per un territorio così vasto; il potere si concentrava altrove. Ma in quel momento era solidamente nelle mani degli ottimati, in particolare in quelle del ricchissimo Crasso e di Pompeo, detto Magno proprio come Alessandro.

Eppure Cesare manifestò subito la propria smisurata ambizione. E lo dimostrerà un giorno, in Gallia, passando in un villaggio lacerato dalla lotta tra clan. I suoi luogotenenti risero della foga con cui i capi si contendevano il controllo di quelle misere capanne, ma Cesare li gelò: «Sappiate che preferirei essere il primo in questo villaggio che il secondo a Roma».

A Cadice, turbato dalla visita al tempio di Ercole e alla statua di Alessandro, Cesare fece uno strano sogno. Gli parve di unirsi in modo incestuoso alla madre, Aurelia. Freud ne avrebbe tratto conclusioni diverse, ma agli indovini del tempio di Ercole non parve vero poter compiacere quel romano così ambizioso, e spiegarono che la madre che aveva sognato era in realtà la Terra: Cesare ne sarebbe diventato il dominatore.

L'occasione per il vero ingresso nella vita pubblica lo attendeva al ritorno dalla Spagna. Era morta la zia paterna Giulia, la vedova di Mario, e Cesare trasformò il discorso funebre nell'esaltazione di se stesso, della sua famiglia e del suo progetto politico. Ricordò che la defunta discendeva da Anco Marzio, il più saggio tra i re di Roma; mentre lui, Giulio Cesare, apparteneva alla gens Iulia, discendenti di Iulo, figlio di Enea, a sua volta figlio di Venere. Nelle vene di Cesare scorreva quindi il sangue dei re e degli dei; quasi come Alessandro, che si proclamava figlio di Zeus.

Da quel giorno Cesare porterà sempre al dito un anello con l'immagine di Venere armata, che nella mano destra stringeva una statuetta della Vittoria. Ma il funerale prevedeva un altro colpo di teatro.

A un tratto Cesare fece scoprire una statua, nascosta da drappi: era un'effigie di Mario, vestita con la tunica orlata di porpora del trionfo, e assicurata a un supporto che la faceva ruotare in ogni direzione. Il capo dei popolari era morto da quasi vent'anni, e il suo nome era stato condannato alla damnatio memoriae. Mostrarne l'immagine era un'aperta sfida agli ottimati che dominavano Roma, e infatti dalla folla si levarono grida di protesta; ma molti di più furono gli applausi, e i veterani delle guerre di Mario baciarono piangendo gli abiti del loro comandante.

Uno scandalo inatteso, però, minacciò il buon nome e le grandi speranze del discendente di Venere. La moglie Cornelia era morta a trent'anni, e Cesare si era risposato con Pompea: bella, ricca, e parente di Pompeo, dettaglio che non guastava. Ma, dopo cinque anni, un vero e proprio giallo spezzò il matrimonio e mise a rischio l'immagine e la carriera di Cesare.

La moglie di Cesare

Pompea aveva un amante, l'uomo più bello di Roma, più ancora del marito: Publio Clodio, detto non a caso Pulcher, il bello. Era un alleato politico di Cesare, ma questo non lo tratteneva dall'amare sua moglie. Quell'anno, il 62 avanti Cristo, i riti della Bona Dea, che si tenevano ogni volta nella casa di un magistrato della Repubblica, dovevano svolgersi nella domus di Cesare. La Bona Dea era il simbolo delle virtù femminili, e veniva festeggiata in esclusiva dalle donne. Ogni uomo era bandito. Fanciulle e matrone ne approfittavano per scatenarsi in riti che ricordano quelli dei nostri addii al nubilato: musiche, danze, canti e bevute da vasi che ufficialmente contenevano latte ma in realtà vino, come in America ai tempi del proibizionismo.

Il bel Clodio tentò di approfittare della situazione travestendosi da donna per far visita a Pompea; ma una schiava lo scoprì, e riferì tutto alla padrona di casa, la spietata Aurelia, madre di Cesare e suocera dell'adultera.

Lo scandalo fu enorme. Clodio era accusato di sacrilegio, per aver profanato non tanto la casa dell'amico quanto una cerimonia religiosa. Essendo un patrizio e un magistrato, i suoi giudici naturali erano i senatori; i quali ovviamente interrogarono anche il marito cornuto, che nel frattempo aveva ripudiato la moglie.

Cesare dichiarò di non sapere nulla di Clodio, e di non considerare Pompea colpevole. «Allora perché l'hai ripudiata?» gli chiesero. «Perché voglio che i componenti della mia famiglia non siano neppure sospettati» fu la risposta, che nel tempo, a forza di essere citata e deformata, divenne «la moglie di Cesare deve essere al di sopra di ogni sospetto» (quasi tutte le frasi storiche, del resto, non furono mai davvero pronunciate, o comunque non nella forma con cui le ricordiamo).

Clodio il bello fu assolto, e Cesare fu eletto edile curule, una sorta di ministro dei Lavori Pubblici, cui spettava la cura della città. Diede un grande spettacolo di gladiatori, e ne approfittò per ribadire la propria appartenenza politica, esponendo in Campidoglio le statue e i trofei di Mario, corredate da iscrizioni che ricordavano i suoi trionfi. Gli aristocratici protestarono, ma il popolo apprezzò. Non a caso, quando si trattò di eleggere il nuovo Pontefice massimo – la più importante autorità religiosa –, Cesare a sorpresa vinse; anche perché i sillani si erano divisi tra due candidati.

I festeggiamenti furono generosi. Tutti pagati a credito: lui non era ancora così ricco, e chiedeva di continuo prestiti per mantenere il suo tenore di vita. Memorabile il banchetto: galline bollite, polli arrosto, beccafichi, tordi, anatre, lepri, asparagi, capriolo, cinghiale, ricci di mare e pesci di cui oggi non conosciamo il nome. (Del resto, della gastronomia romana non sappiamo poi molto. Come di ogni popolo antico, si può dire con certezza solo quello che non mangiavano: i pomodori, le patate, il mais, il cioccolato, i fagioli, i peperoni, le zucche, il tacchino e tutto quello che arriverà solo quindici secoli dopo dall'America).

A richiamare Cesare alla realtà fu il ritorno di Pompeo. Nel 62 avanti Cristo l'uomo forte della Repubblica, il vero erede di Silla, torna a Roma vittorioso dall'Oriente. Ha sconfitto e costretto al suicidio il re del Ponto Mitridate VI, ha conquistato la Siria, la Fenicia, la Cilicia. È entrato a Gerusalemme. Per paura, Licinio Crasso è fuggito dall'Italia, in Macedonia. Anche Cesare ha qualcosa da temere: tra le sue amanti c'è Mucia, moglie di Pompeo, che in effetti si è affrettato a ripudiarla, via lettera (come Daniel Day-Lewis, che lascerà la splendida Isabelle Adjani via fax; oggi c'è chi usa anche solo un whatsapp).

Per il resto, l'uomo forte si presenta come clemente. Pompeo rinuncia a liste di proscrizione. Tende la mano ai nemici. Si accontenta di un trionfo mai visto dai tempi delle vittorie su Annibale.

Crasso può rientrare a Roma. Cesare è nominato governatore della Spagna. Al momento della partenza, si trova circondato dai creditori; lo salva Crasso, assicurando che pagherà di persona un quinto dei suoi debiti. Eppure Cesare aveva una relazione pure con sua moglie, Tertulla, non più giovane, ma di leggendaria bellezza.

In Spagna si agita per coprirsi di gloria. Sconfigge i lusitani, antenati dei portoghesi, che cercano scampo sull'isola di Berlenga; ma Cesare li insegue e li sbaraglia anche lì. Poi, sempre con la flotta, punta a nord e doma i galiziani ribelli. Era la prima volta che i romani solcavano le acque dell'oceano.

Pompeo ne intuisce le qualità e accetta un patto a tre, esteso anche a Crasso: è il primo triumvirato. Le istituzioni repubblicane sopravvivono come nomi: Cesare ad esempio si fa eleggere console; ma la gestione del potere è ormai stravolta su base personale. L'immensa ricchezza di Crasso e la forza militare di Pompeo, che controlla le legioni, rappresentano una svolta rispetto al passato: la Repubblica come la si conosceva ormai non esiste più.

Anche per distinguersi dagli altri, Cesare tenta di presentarsi come il difensore del popolo. Porta in Senato una riforma agraria ambiziosa, per distribuire la terra ai piccoli contadini: è la lex Iulia agraria. Gli ottimati non sono affatto entusiasti, e fanno quello che oggi si chiama ostruzionismo parlamentare: parlano a oltranza, per ore e ore.

Il Marco Pannella del tempo è Catone, che va avanti per quasi un giorno, fino a quando Cesare esasperato non lo fa arrestare. Indignati, i senatori si alzano e se ne vanno. Uno di loro, Marco Petreio, irriducibile avversario di Cesare, lo apostrofa così: «Preferisco dividere il carcere con Catone che quest'aula con te». Catone viene liberato, ma all'uscita trova la plebe inferocita che lo riempie di botte; altri senatori trovano rifugio nel tempio di Giove Statore. La legge passa.

Per suggellare il triumvirato, Pompeo sposa l'unica figlia di Cesare, Giulia, avuta da Cornelia. La ragazza ha appena diciassette anni, trenta meno dello sposo, ma il dettaglio non rappresenta un problema. Cesare, che dopo aver ripudiato Pompea è rimasto single, si sposa per la quarta e ultima volta. La scelta cade su Calpurnia, figlia di un suo alleato politico.

Tuttavia, appare evidente che il triumvirato non può durare. È un'intesa provvisoria, tra uomini che si temono e si sono accordati per evitare di combattersi. Siccome Pompeo è di fatto padrone dell'Oriente, dove ha ottenuto le sue grandi vittorie, Cesare ha messo gli occhi sull'Occidente.

I romani controllano le sponde del Mediterraneo, le vie che dall'Italia portano alla Spagna attraverso la Gallia Narbonense, quella che ora con una parola latina chiamiamo Provenza, provincia. La terra dell'olio e della lavanda, del caldo mare mediterraneo e del clima tiepido. Resta da conquistare la Gallia nordica, ventosa e piovosa, abitata da popoli barbari del tutto estranei e ostili.

Cesare intuisce che il suo spazio politico è lì, nella parte d'Europa che ancora si sottrae al controllo romano. Lì si sarebbe giocato il futuro della Repubblica, e quello suo personale, che gli sta ancora più a cuore.

Dalla Britannia al Reno

«Gallia est omnis divisa in partes tres», l'intera Gallia è divisa in tre parti. Così comincia uno dei libri più famosi di ogni tempo, i Commentarii de bello Gallico, il diario di guerra di Giulio Cesare. E quella frase lapidaria è vera ancora adesso: a sud della Garonna è Aquitania; tra la Garonna e la confluenza di Senna e Marna c'è la Gallia propriamente detta, il cuore della Francia; a est vivono i belgi (un nome recuperato dalla storia romana per chiamare una nazione sorta nel 1830).

Dove oggi però ci sono città e Stati, per i romani si estendeva una terra incognita, percorsa da fiumi dalla portata e dalla lunghezza sconosciuta agli italici, e abitata da gente da cui gli eserciti romani erano spaventati. Cesare, però, ne sembrava semmai incuriosito.

Domati gli elvezi, che abitavano quella che ora chiamiamo Svizzera, le legioni si trovarono davanti un popolo germanico, gli svevi, comandati dal temuto re Ariovisto. Nessuno li aveva mai incontrati, ma mercanti e viaggiatori raccontavano di uomini immensi, di statura smisurata, e di insaziabile crudeltà. Anche i centurioni e i veterani tremavano di paura. L'unico a non vedere l'ora di battersi era Cesare. Ricordò ai suoi le grandi vittorie di Mario contro i cimbri e i teutoni. E condusse le truppe in battaglia.

In realtà Ariovisto, più che un grande guerriero, si rivelò un diplomatico, o aspirante tale. Chiese a Cesare un incontro, con l'intesa che entrambi sarebbero stati disarmati; ma quando si vide bersagliato dai sassi che arrivavano dalla schiera degli svevi, Cesare si sottrasse alla provocazione, interruppe la trattativa e ordinò di attaccare. Le legioni, con il loro schieramento ordinato, ebbero facilmente ragione dell'orda barbarica, e ne fecero strage. Cesare respinse gli svevi oltre il Reno, che nei successivi quattro secoli sarà la frontiera del mondo romano.

Per almeno due volte lui stesso attraversò il grande fiume per ricacciare indietro i germani – e fu il primo esercito romano a spingersi al di là del Reno –, ma ritornò subito indietro. Molto tempo dopo, Napoleone – che vedrà sempre in Cesare un punto di riferimento – scriverà che aveva salvato i galli: respingendo i germani, e mettendo un confine tra il mondo tedesco e la futura Francia, aveva posto le fondamenta della civiltà gallo-romana. Prima però che quelle terre fossero pacificate, dovevano ancora scorrere fiumi di sangue.

Dapprima i romani si trovarono in grande difficoltà contro i belgi, e soltanto il coraggio fisico di Cesare riuscì a fermare la ritirata: sceso da cavallo, afferrò lo scudo di un soldato che stava fuggendo e sospinse l'armata all'attacco e alla vittoria. Una scena vista per la prima volta, e destinata a ripetersi, in altri momenti chiave della sua vita straordinaria.

Nel libro Cesare si sofferma a raccontare i galli, le loro abitudini, i loro capelli lunghi, i misteriosi riti dei druidi nel cuore della foresta. Si stupisce che i giovani evitino l'amore: sono convinti che, se resteranno vergini almeno fino a vent'anni, cresceranno di più. E riesce a trasmetterci anche lo stupore dei galli di fronte ai romani, a quegli uomini così piccoli, "dal corpo breve", ma terribilmente organizzati, convinti com'erano di battersi non soltanto per se stessi o per il proprio compagno o per la propria tribù, ma per un'idea superiore, per una comunità di cui rappresentavano il braccio armato, per uno Stato che li avrebbe ricompensati.

Di fronte alle torri d'assedio, alle catapulte, alla tecnologia degli invasori, i galli provavano lo stesso sgomento che un romano poteva sentire di fronte alle immense pianure che gli si aprivano davanti. I galli combattevano nelle loro terre, ma erano irrimediabilmente divisi; e avevano di fronte un uomo, Cesare, convinto della propria superiorità, come lo saranno i conquistadores che faranno crollare gli imperi degli aztechi e degli incas.

I conquistadores erano tra loro molto diversi. Cortés era un uomo di cultura; Pizarro un rude soldato. Cesare era entrambe le cose. E, come i conquistadores, darà prova a volte di insaziabile crudeltà. Non a caso Napoleone, combattuto tra le sue origini italiane e l'amore per la sua nuova patria francese, commenterà con parole amare: «Cesare abusò atrocemente della sua vittoria».

Oltretutto queste imprese, pur suscitando l'orgoglio del popolo, venivano vissute dal Senato come sconfitte. Cesare combatteva una sorta di guerra privata. Finché vinceva, anche Roma vinceva; se fosse stato sconfitto, sarebbe stato abbandonato al suo destino. Catone proponeva di consegnarlo come criminale di guerra ai galli e ai germani, perché non da loro arrivavano i pericoli per la Repubblica, bensì da lui.

Ma a Roma Cesare aveva occhi e orecchi. Chiedeva e riceveva notizie. E intanto continuava ad annettere alla Repubblica nuove terre.

I galli gli parlarono di un'isola di fronte alle loro coste settentrionali, e Cesare volle portare la guerra anche là. Era affascinato dagli uomini che vivevano "ai confini del mondo", e così invase la terra che i romani chiamarono Britannia, e ancora adesso noi chiamiamo Gran Bretagna.

Era un'isola inesplorata, di cui non si sapeva nulla. Si diceva che le notti durassero tre mesi e il suolo fosse coperto da ghiacci perenni, come il pianeta su cui approda la nave spaziale del film Interstellar. Cesare sosteneva di voler esplorare i confini del mondo. In realtà dietro la sua decisione di attaccare i britanni c'era l'esigenza di rendere sicure le retrovie della guerra gallica, e di far sperimentare agli indigeni la durezza romana, come era accaduto ai germani.

Cesare attraversò la Manica con lo stesso spirito con cui aveva varcato il Reno: non per restarci, ma per saggiare un altro mondo, altri popoli. E certo l'idea di essere il primo romano a mettere piede su quell'isola sconosciuta doveva piacergli molto.

Per sorprendere tutti, non solo i britanni ma pure il Senato, attraversò la Gallia in sei giorni, continuando a dettare lettere anche a cavallo, e dormendo poche ore su un carro in corsa. Scrisse pure un libro, "De analogia", su questioni linguistiche, dedicato a un uomo che stimava molto, anche se era un suo avversario: Cicerone.

Passò la Manica con ottanta navi per gli uomini e diciotto per i cavalli; queste ultime però sbagliarono rotta, e i soldati, dopo essere sbarcati ovviamente sulle scogliere di Dover e aver sconfitto i britanni, non poterono inseguirli.

Cesare fu molto colpito dai nuovi nemici: si dipingevano il volto, le braccia e pure il petto di azzurro, dopo essersi depilati; avevano le mogli in comune e si nutrivano soprattutto di latte. Si ripromise di tornare presto, e in effetti dieci mesi dopo una flotta romana molto più poderosa, di oltre ottocento navi, sbarcò in Britannia.

Stavolta i nemici vennero messi in fuga sino oltre il fiume Tamigi, in una zona che i romani chiameranno Londinium: anche Londra è un nome di origine latina. Poi Cesare tornò in Gallia, carico di grano, di tributi, di ostaggi e di schiavi. I britanni non sarebbero più stati nemici. E lui era ormai diventato l'uomo più ricco di Roma, quindi del mondo.

Vercingetorige in catene

Cesare trattava da alleate le tribù galliche che si arrendevano ed erano disposte a collaborare; ma era spietato al limite della crudeltà con chi non accettava di sottomettersi. Ai cadurci sconfitti fece tagliare le mani. Quando gli eburoni comandati da Ambiorige attirarono in un tranello le sue coorti, Cesare giurò di farsi crescere i capelli e la barba fino a quando non si fosse vendicato. Gli eburoni furono braccati per mesi e letteralmente massacrati, i capi sopravvissuti si suicidarono con il veleno.

La durezza dell'occupazione romana finì per esasperare i galli, decisi a tentare il tutto per tutto, a vincere o a morire.

Nell'inverno del 52 avanti Cristo l'intero Paese è sull'orlo della rivolta. Per Cesare comincia la battaglia decisiva.

A febbraio i primi a insorgere sono i carnuti, la tribù che abita nella zona dove sorgerà Orléans: i mercanti e i funzionari romani vengono trucidati. È la scintilla che appicca l'incendio. Cesare è lontano, oltre le Alpi, e i galli valutano che non potrà intervenire. Ancora non hanno imparato a conoscerlo: lui raduna le legioni e, spalando la neve e passando dalle gole della Provenza, le schiera in battaglia.

I galli hanno bisogno di un capo, e lo trovano nel principe degli arverni, Vercingetorige. Figlio di un grande druido, ucciso dalle tribù rivali per aver tentato di diventare re di tutti i galli, Vercingetorige ha appena trent'anni. Lo storico latino Floro lo descrive «corpore, armis spirituque terribilis»: terribile per corpo, armi e coraggio. Ha comandato uno squadrone di cavalleria al servizio dei romani, quindi conosce la tattica delle legioni; ma agli occhi di Cesare questo fa di lui un traditore.

La guerra sarà lunga e terribile.

Cesare espugna la città ribelle di Avarico, oggi Bourges, massacrando quarantamila persone, comprese donne e bambini. Quando poi assedia Gergovia, la capitale degli arverni, le madri salgono sulle mura implorando pietà per i loro figli e offrendosi ai soldati. Ma quella volta interviene Vercingetorige per difendere la sua città, e i romani sono severamente battuti. Cesare perde quarantasei centurioni e settecento soldati, e rischia la vita. Secondo Plutarco i galli gli portano via la spada, per appenderla in un tempio come trofeo. Anni dopo Cesare la ritroverà; ma ai suoi uomini che lo invitano a riprendersela, dirà che ormai è meglio lasciarla lì, essendo diventata sacra.

Incoraggiato dalla vittoria di Gergovia, Vercingetorige si asserraglia in un'altra città-fortezza, Alesia. Se Gergovia era la sua roccaforte, Alesia è la città sacra a tutti i galli, perché custodisce i templi più antichi. Non si è mai capito perché il capo dei ribelli, che poteva contare sul controllo del territorio, sia andato a chiudersi in trappola. Forse pensa di ripetere la tattica difensiva che ha funzionato a Gergovia. Forse vuole ribadire la propria egemonia occupando un luogo rappresentativo per ogni tribù.

Ma alle fortificazioni di Alesia Cesare risponde costruendo un'altra fortezza, fatta di torri e palizzate. Comincia una guerra di logoramento, un duplice assedio, che alla lunga non può che premiare i più potenti e i meglio organizzati.

Vercingetorige attende rinforzi. Quando arrivano, esce dalla città per dare battaglia. Cesare si ritrova tra due fuochi. Lo scontro dura quattro giorni e si conclude con una grande vittoria romana.

Si combatte sino a mezzanotte, alla luce della luna. Cesare, riconoscibile dalla tunica color porpora, sembra essere ovunque. Si distingue al suo fianco un giovane luogotenente, rozzo e grasso, coraggioso e crudele: Marco Antonio. (E ancora oggi per indicare un uomo di forte stazza lo chiamiamo "un marcantonio").

Il massacro è spaventoso. Vercingetorige si arrende. Esce dal campo a cavallo, fa un giro attorno a Cesare seduto sul suo scranno, smonta, tiene in sospeso per un attimo il vincitore; poi si spoglia delle armi e si siede ai suoi piedi, in attesa di conoscere il proprio destino.

Cesare non decide subito il da farsi. Per anni porterà Vercingetorige in catene di villaggio in villaggio, come ammonimento per i galli ancora riottosi. Poi lo costringerà a seguirlo a Roma e ad assistere al suo trionfo; prima di farlo strangolare.

La vittoria viene celebrata con un proclama ai romani: «Nella Gallia possedevamo soltanto un sentiero. Ora al di là delle Alpi e fino all'oceano non c'è più nulla che l'Italia possa temere». È forse la prima volta che la parola Italia compare in un testo politico importante. In Italia, però, non tutti gioiscono.

«Alea iacta est»: *o la va o la spacca*

La grande vittoria in Gallia non poteva certo rallegrare né il Senato, né Pompeo. Dopo la tragica morte di Crasso e di suo figlio in battaglia contro i parti, il triumvirato non esisteva più. Restavano Cesare e Pompeo: e Roma era troppo piccola per tutti e due.

Pompeo aveva soggiogato l'Oriente, portando sotto il dominio di Roma un territorio che andava dal mar Nero alla Giudea. Cesare aveva conquistato la Gallia e si era spinto per primo in Germania e in Britannia. In teoria ognuno aveva la sua sfera d'influenza. Ma chi sarebbe prevalso nella capitale?

Era stato Pompeo a rompere l'alleanza. Quando sua moglie Giulia, figlia di Cesare, morì a ventinove anni di parto, lo stesso Cesare gli offrì in sposa una sua pronipote, Ottavia, e si disse pronto a divorziare di nuovo per sposare la figlia di Pompeo; ma Pompeo rifiutò di stringere una nuova alleanza matrimoniale con lui. Preferì risposarsi con la vedova del figlio di Crasso, che apparteneva alla grande famiglia degli Scipioni, i salvatori di Roma. Il segnale politico non poteva essere più chiaro: Pompeo rinsaldava il suo legame con gli aristocratici, i patrizi, gli ottimati, rifiutando qualsiasi impegno con i popolari di Cesare. Che ormai poteva considerarsi un suo nemico.

La maggioranza dei senatori erano con Pompeo, ma temevano per la sua debolezza militare. «Non preoccupatevi: al momento giusto, mi basterà battere il piede a terra, e compariranno due legioni» li rassicurava lui, convinto che la sua ascendenza politica gli avrebbe procurato le truppe necessarie. Cesare era più forte; ma sapeva che se avesse obbedito al Senato e avesse disarmato e sciolto le sue legioni, avrebbe fatto la fine dei Gracchi.

Il suo campo era a Ravenna, al confine tra la Gallia cisalpina e l'Italia. La legge gli proibiva di oltrepassarlo in armi: sarebbe diventato nemico di Roma, avrebbe scatenato la guerra civile da insorto.

Una sera decise di farsi vedere in pubblico. Assistette a un combattimento di gladiatori. Poi offrì una cena a magistrati e comandanti militari. Si alzò dal triclinio, invitando tutti a continuare il banchetto: «Torno subito». Invece partì verso sud, con l'avanguardia del suo esercito.

All'alba arrivò sulla riva di un fiumicello che chiamavano Rubicone (Rubico), per il colore rossastro delle sue acque. Dall'altra parte c'era l'Italia.

Il momento era solenne, non a caso ogni scrittore l'ha ricostruito a suo modo. Lucano immagina che a Cesare sia apparso il fantasma della Patria. Ma a convincerlo sarebbe stato un amico, Scribonio Curione, che gli avrebbe detto: «Non puoi dividere il mondo; deve essere tuo e di nessun altro».

In realtà, fu una decisione presa in solitudine. Cesare sentiva di essere militarmente imbattibile. Pompeo, che aveva solo sei anni più di lui, gli appariva un vecchio, che ancora viveva sulle glorie di facili trionfi in Oriente, dove non si era trovato di fronte barbari giganteschi come quelli da lui domati. Certo Pompeo aveva dalla sua parte le grandi famiglie e il Senato; ma i notabili in battaglia valevano poco. I veterani adoravano Cesare. E il popolo pure.

Passare il Rubicone, però, significava dichiarare la guerra civile, e andare incontro alle incognite che sempre un conflitto presenta. Per questo Cesare, più che alla ragione, si affidò alla fortuna. E disse quella celebre frase – «alea iacta est» – che al liceo ci facevano tradurre con "il dado è tratto": un'espressione che in realtà nell'italiano moderno non significa nulla. Più che una sfida, Cesare intendeva esprimere il senso di un rischio, di un azzardo, dell'affidarsi al destino: qualcosa come "o la va o la spacca", o "Dio ce la mandi buona"; il maestro D'Orta avrebbe detto "io speriamo che me la cavo". Ma Cesare era uomo di alti pensieri; si credeva davvero discendente di Venere; e Venere era la dea della fortuna.

Il mattino dopo entrò a Rimini, la prima città dell'Italia. Era il 12 gennaio del 49 avanti Cristo.

A Roma e lungo la via Flaminia, che collegava Rimini alla capitale, si sparse il panico. Si pensava che Cesare guidasse un esercito di barbari, che avrebbe fatto strage di romani. Invece non accadde nulla di tutto questo. Anzi, i soldati di Pompeo si univano ai cesariani, che entrarono in Ascoli Piceno, Camerino, Fermo, Gubbio.

A Roma gli aristocratici erano disperati. In Senato il pretore Favonio si permise di irridere Pompeo: «Bene, ora aspettiamo che tu batta il piede a terra». Pompeo fuggì a Brindisi, nella speranza di imbarcarsi per l'Epiro.

L'unica città a resistere fu Corfinio, in Abruzzo, dove si era asserragliato Lucio Domizio, grande nemico di Cesare.

Abbandonato dai suoi soldati, ordinò allo schiavo di ucciderlo con un veleno. Quando lo avvertirono che Cesare l'aveva perdonato, si disperò; ma per fortuna lo schiavo gli aveva dato soltanto un sonnifero. Cesare gli batté paterno una mano sulla spalla.

Il nuovo padrone di Roma teneva a dimostrare che voleva restaurare la Repubblica, non abbatterla. Si riappacificò pure con Cicerone, cui scrisse una lettera bellissima: «Vieni da me con i tuoi consigli, il tuo nome, la tua gloria». Però si impadronì del tesoro dell'erario. I pompeiani erano scappati con le chiavi; lui fece abbattere le porte. E a un avversario che tentava di resistere fece capire chiaramente che l'avrebbe ammazzato: «Tu sai che mi costa di più dirlo che farlo». Una frase in cui c'era tutto Cesare: la brevità, la spregiudicatezza; e l'idea che apparire pietoso fosse più importante che esserlo. Coniò monete con il suo volto e il suo titolo militare: imperator, comandante.

Poi abbandonò ancora una volta la città, per mettersi sulle tracce di Pompeo.

Sarà questa una costante della sua esistenza: ogni volta che Cesare entra a Roma da trionfatore, subito trova un motivo per lasciarla. Come se la vita comoda non facesse per lui. O come se presagisse che in città poteva accadergli qualcosa di terribile.

Prima di partire ordinò sacrifici agli dei. Un toro riuscì a fuggire dal tempio della Fortuna, si gettò in un tratto paludoso del Tevere e lo attraversò a nuoto. Gli aruspici divinarono che, se Cesare fosse rimasto, sarebbe stato assassinato; se avesse solcato il mare, avrebbe avuto gloria e vittoria.

La guerra civile si rivelò più incerta e penosa del previsto. All'inizio i due eserciti esitavano ad affondare i colpi: si fronteggiavano lanciandosi insulti e minacce, ma erano capaci di fraternizzare. In fondo erano pur sempre romani, anche se nei due schieramenti militavano uomini venuti da ogni parte: Cesare aveva con sé belgi, ispanici, germani, galli, e anche gladiatori che aveva sottratto alla morte. Venne fatto anche qualche tentativo di conciliazione, che però non poteva riuscire.

Cesare e Pompeo non erano soltanto due rivali. Rappresentavano due visioni di Roma e del mondo. Pompeo era un uomo del passato. Legato al partito aristocratico che era stato di Silla ed era di Cicerone. Ma se Silla era stato formidabile con la spada e Cicerone lo era con la penna, tutto questo non bastava per affrontare le novità del tempo: la pressione della plebe e dei provinciali; l'inclusione nel sistema romano di nuovi popoli; la complessità di governare un territorio gigantesco con le antiche regole dettate da un'oligarchia.

Cesare si muoveva in anticipo. Aveva concesso la cittadinanza romana agli abitanti della Gallia cisalpina: tutti coloro che abitavano a sud delle Alpi ora erano romani. E in fondo alla possibilità di riconciliarsi con Pompeo non credeva neppure lui.

Per non dargli tregua, passò l'Adriatico e raggiunse Durazzo, in Epiro – la terra che ora chiamiamo Albania –, con poche truppe. Il grosso del suo esercito, al comando di Marco Antonio, era fermo a Brindisi. Nel timore che attendesse l'esito della guerra civile, per poi schierarsi con il vincitore, Cesare decise di andare di persona a riprendersi le sue truppe. Si mosse di nuovo all'improvviso, senza dire nulla a nessuno, imbarcandosi di notte travestito da schiavo su un battello. Ma quella sera il mare era grosso e i venti contrari. Il timoniere diede l'ordine di tornare a terra quando Cesare si alzò in piedi e si rivelò: «Coraggio, o uomo valente, tu porti Cesare e il suo destino».

Una scena grandiosa, ma inutile: il timoniere tornò indietro comunque. A quel punto Cesare scrisse a Marco Antonio una lettera durissima – «ad suos severius scripsit» –; il luogotenente capì che non poteva tergiversare oltre.

A Durazzo Cesare fu duramente sconfitto, perse mille uomini in un giorno, e dovette ritirarsi verso sud, in Tessaglia. Ma nello scontro decisivo, a Farsalo, il suo genio militare si impose. Pur avendo meno della metà dei fanti di Pompeo – 22 mila contro 45 mila –, irretì l'avversario con una serie di manovre e di accorgimenti: ad esempio ordinò ai suoi di mirare al volto dei cavalieri, tutti giovani aristocratici, che non erano certo disposti a rischiare i loro begli occhi, mentre almeno quattro centurioni di Cesare furono accecati in battaglia.

Pompeo non ci capì più nulla. Sconfitto, si chiuse inebetito nella sua tenda. Dovettero trascinarlo via quasi di peso, strappargli il mantello da generale, farlo salire sul primo cavallo disponibile, nasconderlo su una nave carica di grano.

Cesare aveva ordinato ai suoi di non infierire: «Vi chiedo, soldati, di non colpire il nemico alle spalle. Chiunque fuggirà davanti a voi sia considerato un cittadino, un amico. Ma se vi affrontano, non abbiate pietà, neppure se vi ritroverete contro i vostri genitori, che pure amate; la spada del figlio colpisca allora il volto del padre». Sul campo caddero 15 mila pompeiani, di cui seimila cittadini romani. I prigionieri erano 24 mila: Cesare ordinò di risparmiarli e stabilì che ognuno dei suoi soldati potesse scegliere un nemico-amico da liberare.

Per respingere la tentazione di vendette, fece bruciare l'archivio segreto di Pompeo, senza leggere le lettere dei notabili che gli giuravano fedeltà e maledicevano Cesare.

Tra gli aristocratici al seguito di Pompeo c'era un giovane che a Cesare era particolarmente caro. Si chiamava Marco Giunio Bruto, ed era figlio di una sua amante, Servilia: proprio la sorella di Catone, la donna che aveva mandato un biglietto a Cesare in Senato nei giorni della congiura di Catilina, traendo in inganno l'austero fratello. Qualcuno mormorava che il vero padre di Bruto fosse proprio lui.

Di animo sensibile e incerto, non aveva preso parte alla battaglia, preferendo restare chiuso nella tenda. Poi scrisse una lettera a Cesare, che lo mandò a chiamare e lo perdonò. Li videro conversare a lungo. Il vincitore chiese dove fosse diretto il vinto, e Bruto non ebbe esitazioni a tradire Pompeo: «Il piano in caso di sconfitta era riparare in Egitto» disse.

Non sarebbe stato il suo ultimo tradimento.

In crociera sul Nilo con Cleopatra

Anziché salpare subito per l'Egitto, Cesare vuole concedersi una pausa insolita, un viaggio di turismo religioso. Del resto, oltre a essere un grande generale, scrittore, politico, Cesare è anche un grande viaggiatore, ha percorso il mondo conosciuto da un confine all'altro, anche se finora conosce più l'Occidente dell'Oriente, che è da sempre il baricentro della civiltà antica.

Così, prima di raggiungere Alessandria, visita le rovine di Troia. E a Troia fa una cosa per lui inconsueta: prega. Sparge incenso. Si affida agli dei, in particolare a una dea, Venere, che in quanto madre di Enea e nonna di Iulo ritiene la sua progenitrice. Il suo trasporto mistico è tale che promette di far ricostruire Troia. Poi parte per chiudere la partita con Pompeo.

La campagna d'Egitto non è particolarmente gloriosa. Più che una tenzone militare, è un duello politico e diplomatico con la casta sacerdotale che governa il Paese, mettendo sul trono re e regine ancora bambini e facendoli sposare tra loro. In quel momento il re era appunto un bambino, Tolomeo, che in base al testamento del padre divideva il trono con la sorella maggiore, una ragazza di grande bellezza e intelligenza: Cleopatra. Ovviamente i due avevano litigato. Tolomeo e i suoi consiglieri avevano cacciato Cleopatra, che stava marciando su Alessandria con il suo esercito. A complicare quella contesa familiare, in Egitto stavano arrivando Pompeo e il suo inseguitore Cesare.

Pompeo chiede asilo a Tolomeo; ma la corte egiziana – o meglio greca – non vuole correre rischi per difendere la causa di uno sconfitto. Siccome lo teme, risponde di sì, e manda una scialuppa a prenderlo; lui saluta la moglie che lo implora di non fidarsi, sale a bordo e viene accolto da una lama nella schiena. La sua testa viene offerta a Cesare come pegno di alleanza contro la ribelle Cleopatra. E qui accade uno strano fatto, che rivela la profondità ma anche la contraddittorietà del suo animo.

Un cortigiano di Tolomeo va incontro a Cesare con un vascello, portandogli in dono un piatto coperto da un velo. Sotto ci sono la testa di Pompeo e l'anello con il suo sigillo, un leone armato di spada. Lucano attribuisce al cortigiano un pomposo proclama: «A tal prezzo, o Cesare, paghiamo l'amicizia con te ... se si tratta d'un crimine, riconosci che ci sei maggiormente debitore: non dovesti commetterlo tu». Ma Cesare scoppia in lacrime, e non è la commozione di un momento; comincia a lamentarsi, a ricordare che Pompeo era un compatriota, è stato un suo parente e un suo alleato, e il suo assassinio lo priva dell'«unico premio possibile in una guerra civile: donare la salvezza ai vinti».

Dimentica solo di dire che quella testa, se non l'avessero tagliata prima gli egiziani, l'avrebbe tagliata lui.

Ad Alessandria Cesare restò invischiato nella guerra civile. Si schierò dalla parte di Cleopatra, che aveva i suoi buoni argomenti. Il fratellino Tolomeo cadde in battaglia, a quattordici anni: lo riconobbero dalla corazza d'oro che aveva indossato, credendosi un piccolo Alessandro Magno.

Grazie alle armi romane Cleopatra riprese il potere, sia pure costretta sempre dal testamento del padre a sposare un altro fratellino, di appena dieci anni, che fu chiamato Tolomeo XIV. Cesare si premiò concedendosi un altro viaggio, che conciliava la sua ansia di esplorare il mondo e la pulsione erotica che lo animava.

Una barca dorata, con una camera da letto a bordo, risalì il grande fiume da Alessandria sino ai confini dell'Etiopia. Coccodrilli, ippopotami, palmizi, templi, e popoli dalla pelle sempre più scura. Cleopatra sembrava davvero innamorata, ed era sempre di buon umore: caratteristica che Cesare apprezzava.

Fu la prima crociera sul Nilo della storia.

Dopo sessanta giorni Cesare tornò ad Alessandria. Era in Egitto da nove mesi, e nel frattempo il re del Ponto, Farnace, si era ribellato a Roma. Il Ponto, regione sulle sponde meridionali del mar Nero, era la via naturale di collegamento tra il Mediterraneo e l'Asia centrale, ed era quindi strategica: Roma non poteva assolutamente perderla. Cesare partì, sconfisse Farnace in quattro ore, saccheggiò le sue città, mandò a Roma oro, gioielli, colonne e altri tesori da esporre sul Campidoglio, con un cartello: "Veni vidi vici": sono arrivato, ho visto, ho vinto. Tre parole, sei sillabe, dodici lettere che dicevano tutto.

Ai romani la cosa piacque moltissimo. "Veni vidi vici" divenne uno slogan, un modo di dire, un motto d'orgoglio destinato a essere ripetuto infinite volte, e giunto sino ai giorni nostri. Un motto in cui c'era tutto Cesare: l'intelligenza, la velocità, la sintesi, e anche l'abilità di propagandista, oggi diremmo di self promoter, promotore di se stesso. I social ora obbligano tutti noi ogni giorno alla sintesi e alla velocità: ma non mi viene in mente nessun post, nessun tweet altrettanto efficace di "Veni vidi vici".

Pompeo era morto, però la guerra civile non era finita. Appariva ormai chiaro che Cesare andava imponendo un regime personale; e tutta l'oligarchia che da decenni comandava Roma era contraria. Eserciti pompeiani erano ancora stanziati in Africa, in Spagna, in Oriente, spesso alleati con sovrani locali ribelli a Roma. Occorreva sgominarli uno per uno. Ma prima Cesare, rientrato nella capitale, dovette affrontare un ammutinamento.

Molti suoi legionari erano stanchi di combattere. Reclamavano la loro parte di bottino e terre da coltivare. Fu mandato a parlamentare un uomo dalla parola facile, Sallustio, che non a caso sarebbe diventato un celebre storico.

Sallustio si presentò a mani vuote, credendo di ammansire i soldati con le promesse; ma quelli lo inseguirono fino alle mura di Roma. Volevano parlare con Cesare, e con nessun altro.

Il comandante accettò di buon grado, ponendo come unica condizione che lasciassero le armi fuori dalla città. Lui stesso si presentò in Campo Marzio disarmato. I legionari mostrarono i segni delle ferite, lamentarono le fatiche sopportate, chiesero di ricevere subito i premi promessi e di essere congedati. Cesare rimase calmo, come sempre. E rispose: «Avrete i vostri premi quando avrò celebrato il mio trionfo con soldati che non sarete voi. Chiedete il congedo? Bene, siete congedati, o quirites». Cesare li chiamò quiriti, cioè cittadini, e non più milites, soldati. Quelli la presero malissimo: «Noi siamo milites! Portaci con te in Africa, in Spagna, in Oriente, ovunque!». La situazione si era rovesciata: adesso erano loro ad aver bisogno di Cesare, non viceversa.

La prima tappa dell'ultima crociata è l'Africa, dove governa l'irriducibile Catone. Comincia malissimo: Cesare sbarca sulle coste tunisine, ma scendendo a terra dalla nave inciampa e cade lungo disteso. I soldati ammutoliscono, pensando a un presagio negativo. Ma lui prontamente grida: «Teneo te, Africa»; ti tengo, Africa. Quasi si fosse chinato a baciare la terra, come due millenni dopo avrebbe fatto d'abitudine un altro grande viaggiatore e conquistatore di popoli, Papa Giovanni Paolo II. I legionari ci credono, o fingono di crederci; ed esplodono in grida di trionfo.

Del resto Cesare si diverte a giocare con il destino. Una profezia sostiene che gli Scipioni in Africa saranno imbattibili; e i nemici sono comandati da Metello Scipione, suocero di Pompeo. Cesare non si perde d'animo e chiede: «Non abbiamo uno Scipione anche noi?». Uno Scipione tra i cesariani c'era, ma talmente insulso da non contare nulla. Cesare lo mette simbolicamente a capo delle truppe, e ottiene a Tapso una grande vittoria.

Assieme ai pompeiani combatteva Giuba, re di Numidia, con i suoi elefanti. Ma un trombettiere di Cesare, cogliendo un attimo di disorientamento tra i possenti animali, diede il segnale della carica; così, all'improvviso, senza attendere ordini. Gli elefanti, spaventati, si girarono e travolsero le truppe di Giuba. Fu un trionfo. Certo esagerando, Plutarco scrive che a Tapso morirono 50 mila ribelli, mentre Cesare aveva perso solo cinquanta uomini. Di sicuro, anche nel suo esercito, come in quello di Napoleone, un semplice soldato – in questo caso un trombettiere – poteva avere nello zaino il bastone da maresciallo.

Plutarco sostiene che Cesare non abbia partecipato alla battaglia di Tapso, per un attacco del "solito male", l'epilessia, che l'aveva già colpito due volte in Spagna, e che si sarebbe manifestato alla vigilia della sua morte. Ma se davvero un uomo dagli immensi successi era minato dalla malattia, questo non fa che accrescere la sua dimensione storica.

Giuba scelse uno strano modo per suicidarsi: indisse un banchetto funebre da vivo, si ubriacò e sfidò in un duello all'ultimo sangue uno dei comandanti romani suoi alleati, Marco Petreio, anche lui deciso a farla finita. Vinse Petreio, che uccise Giuba; poi, non trovando il coraggio di fare harakiri, ordinò a uno schiavo di infilzarlo.

Ben più nobile fu la sorte di Catone, asserragliato nella capitale dell'Africa romana, Utica. Invitò tutti all'estrema resistenza; ma i mercanti non avevano nessuna intenzione di immolarsi in difesa del sogno della Repubblica, anzi ardevano di gettarsi ai piedi di Cesare e riprendere i loro traffici.

Catone si ritirò nelle sue stanze. Prese un lungo bagno caldo. Invitò gli amici a cena, senza avvertirli che aveva deciso di suicidarsi. Uscì a passeggiare in giardino. Poi si chiuse in camera a leggere il Fedone, il dialogo platonico in cui Socrate, prima di bere la cicuta, riflette sull'immortalità dell'anima (va detto che non si tratta del dialogo più avvincente: quando Platone lo lesse in pubblico, gli ateniesi, annoiati, se ne andarono tutti; rimase ad ascoltare solo uno straniero, arrivato dalla Macedonia. Il suo nome era Aristotele). Catone trovò nel libro conforto alla sua scelta: meglio morire da uomo libero che vivere in schiavitù.

Così afferrò la spada e la affondò nel ventre. Accorsero il figlio e il medico Cleante, che gli cucì la ferita. Ma Catone la riaprì e si strappò le viscere, morendo tra dolori atroci.

L'emozione a Roma fu grande e duratura, tanto da ispirare alcune tra le frasi più efficaci della letteratura latina. Seneca scriverà splendidamente che «generosum illum contemptoremque omnis potentiae spiritum non emisit sed eiecit»: quello spirito generoso e sprezzante di ogni potere non lo esalò, se lo strappò via. Lucano annoterà che «victrix causa diis placuit, sed victa Catoni»: agli dei piacque la causa dei vincitori, a Catone quella dei vinti.

Quando seppe la notizia, Cicerone commentò che Catone aveva preferito uccidersi piuttosto che vedere il volto del tiranno. In effetti Cesare stava per arrivare a Utica. Disse in greco, la lingua che usava nei momenti di maggiore emozione: «Catone, sono geloso di questa tua morte, che mi toglie la gloria di salvarti». Ma quella volta non pianse, anzi per celebrare il proprio trionfo innalzerà nelle vie di

Roma l'immagine di Catone che affonda le mani nelle sue stesse viscere.

Il popolo non apprezzerà. Un conto era celebrare le vittorie con i barbari, un altro quelle sui compatrioti. Da allora Catone sarà chiamato l'Uticense, anche per distinguerlo da Catone il Censore. Sant'Agostino avrà parole di ammirazione per lui. E Dante lo metterà a guardia del Purgatorio, massimo onore possibile per un pagano.

Il padrone del tempo

Cesare rientrò a Roma il 25 luglio del 46 avanti Cristo. Di ritorno dall'Africa, la sua irrequietezza di viaggiatore l'aveva condotto in Sardegna, dove si era fermato tre mesi e aveva fondato una città in riva al mare, presso Turris (Porto Torres), una sorta di Costa Smeralda dell'epoca.

L'accoglienza nella capitale fu memorabile. In Campidoglio gli eressero una statua a cavallo, con una scritta – "semidio" – che pudicamente fece rimuovere.

Vennero organizzati non uno, ma quattro trionfi. Il primo celebrò la vittoria su Vercingetorige, incatenato al carro di Cesare. Aveva passato sei anni in prigionia, usciva dal carcere Mamertino, e accolse il supplizio come una liberazione. Dovette però sopportare gli insulti e gli sputi della folla. Il vincitore indossava una toga scarlatta e aveva appeso al cocchio un amuleto contro l'invidia: un fallo in erezione. Nonostante questo, il carro sbandò, e Cesare rischiò di cadere. Il popolo lo interpretò come un segno nefasto, e lui dovette salire le scale del Campidoglio in ginocchio, in segno di umiltà e di riconquistata sintonia con gli dei. Curiosamente, per secoli generazioni di cristiani faranno lo stesso, a Roma, sulla Scala Santa in Laterano.

Il secondo trionfo celebrò la vittoria in Egitto. Cleopatra però non fu messa in catene, ma ospitata in una villa di Cesare presso il Tevere, insieme con il figlioletto cui lei aveva messo astutamente il nome di Cesarione, a indicare a tutti che il padre era proprio il nuovo padrone del mondo. Siccome però nessun trionfo era tale senza uno sconfitto, a essere umiliata fu la sorella minore di Cleopatra, Arsinoe, che aveva tentato di sottrarle il trono di Alessandria.

Quando Cesare ebbe il trionfo anche per la campagna contro Farnace, si rividero i cartelli con quello che ormai era diventato il suo motto e un grido di vittoria per tutti i romani: "Veni vidi vici". Si festeggiò pure la vittoria su Giuba, che però era morto; al suo posto sfilò un bambino in lacrime, il figlio di cinque anni. I romani acclamarono il passaggio di quaranta elefanti, che servivano anche a ricordare l'origine del nome di Cesare, e l'antenato che tanti anni prima aveva ucciso un elefante di Annibale. Per la prima volta si vide per le strade dell'Urbe un animale che pareva uscito dalla preistoria: la giraffa.

Fu durante questo quarto e ultimo trionfo che il popolo mugugnò, vedendo la raffigurazione della tragica morte di Catone a Utica; saggiamente Cesare aveva rinunciato a evocare la decapitazione di Pompeo, che nelle classi dominanti era senz'altro più amato di lui. Cicerone scrisse "Catone", un elogio dello scomparso e un'estrema difesa della Repubblica; Cesare, che aveva stima letteraria per il suo avversario, gli rispose con gli "Anticatones", un'invettiva per sostenere che Catone non era poi quel santo che si credeva. Ad esempio aveva prestato per denaro la moglie Marcia al miliardario

Quinto Ortensio. In effetti Catone aveva ceduto la propria donna a un amico che non riusciva ad avere figli: una storia che colpirà sia sant'Agostino sia Dante.

I trionfi di Cesare entreranno nell'iconografia dell'arte occidentale, ispirando affreschi e arazzi da Raffaello a Mantegna, poi collezionati dalla corona britannica e custoditi ora a Hampton Court. Ovviamente i posteri ci ricamarono su; ad esempio si scrisse che nessuno osava più dare a Cesare del tu, ma gli si rivolgevano con il voi, come Mussolini pretenderà che si faccia anche con lui (e quasi tutti gli obbedirono, tranne Italo Balbo e pochissimi altri). Questo però è falso. Più che agli onori, Cesare era attento al consenso. Fece distribuire cinquemila denari a ogni legionario, e pure centocinquanta denari a tutti i cittadini, anche a chi non aveva mai preso un'arma in mano in vita sua. Furono organizzati spettacoli teatrali, tra cui uno pensato e interpretato da Decimo Laberio, autore e attore, che per questo era stato espulso dalle file dei cavalieri. Come Shakespeare non poté essere sepolto in terra consacrata, allo stesso modo i romani consideravano i teatranti gente spregevole; ma Cesare apprezzò la recita e restituì a Laberio il suo rango. Per concludere i festeggiamenti, fu offerto un banchetto da duecentomila persone, durato tre giorni.

Nel Circo Massimo i gladiatori si batterono contro quattrocento leoni, in memoria di Giulia, la figlia di Cesare, che era stata moglie di Pompeo. Un segnale politico. Il vincitore rinunciò alle epurazioni. Consentì agli esuli di tornare, purché pentiti. Ricordò che aveva bruciato tutte le lettere dell'archivio di Pompeo, senza leggerle, proprio per accantonare progetti di vendetta: troppo sangue romano era già stato sparso da altri romani. Fece rimettere al loro posto le statue di Pompeo, che qualche zelante aveva abbattuto. Assicurò che la tirannia contrastava con il suo carattere. Cesare si pensava buono; o almeno badava a presentarsi come tale.

Non perse neppure la sua ironia, che a volte confinava con il sarcasmo. Mentre sfilava nel Foro, uno dei dignitari rifiutò di alzarsi in piedi e salutarlo. Era Ponzio Aquila, tribuno della plebe. Cesare lo visse come un affronto, e per giorni dopo aver annunciato una decisione aggiungeva: «Sempre che Ponzio Aquila sia d'accordo», «purché non dispiaccia a Ponzio Aquila», «naturalmente non senza aver consultato Ponzio Aquila...».

In realtà, come annotò Cicerone, «tutto dipende ora da uno solo. Cesare non ascolta neppure i suoi. Non accetta consigli che da se stesso».

La sua ansia di cambiare il mondo si concentrò su un aspetto che riguardava tutti, in tutto l'impero: il tempo. Roma adottava il calendario lunare, e quindi l'anno era fatto di 354 giorni e 8 ore, cui ogni tre anni andava aggiunto un mese. Ma ormai si era fatta una confusione totale, per cui la festa della vendemmia si celebrava d'estate e quella del raccolto d'inverno. Cesare era stato ad Alessandria, aveva visto al lavoro gli astronomi egizi e greci, e ridisegnò il calendario.

Il 46 avanti Cristo fu l'anno più lungo della storia: durò quindici mesi. Le lancette del tempo furono rimesse a posto. Da allora l'anno sarebbe durato 365 giorni, e ogni quattro anni sarebbe stato aggiunto un giorno: il bis sextus dies ante kalendas martias, da cui anno bisestile. Il nuovo calendario fu chiamato giuliano, e Quintilis, il mese natale del dittatore, fu ribattezzato Iulius: luglio. Il popolo ne rimase impressionato. Ma qualche mugugno si continuava a sentire.

Cesare prese anche provvedimenti impopolari. Fu dimezzato il numero dei poveri che avevano diritto alla "frumentatio", la distribuzione gratuita di grano: come abolire il reddito di cittadinanza. Fece espellere da Roma gli stranieri venuti in cerca di fortuna che non avevano trovato lavoro: una sorta di rimpatrio forzato. Impose anche l'austerity, vietando l'importazione di sete e pietre preziose dall'estero, facendo requisire gioielli e posate d'oro, limitando le lettighe soltanto ai ricchi di una certa età. Offrì però denaro alle famiglie numerose, per risollevare la curva demografica. Stabilì che nessun veicolo per trasportare merci pesanti potesse circolare a Roma durante il giorno; in questo era molto in anticipo rispetto ai nostri sindaci. E riformò pure la scrittura: in Egitto aveva visto scrivere su papiri che non venivano arrotolati, come a Roma, ma rilegati, e impose lo stesso sistema. Dopo il calendario solare, erano stati inventati pure i libri.

Cesare non piange più

Le guerre non erano finite. I pompeiani superstiti avevano lasciato l'Africa e si erano rifugiati in Spagna. Li guidavano i due figli di Pompeo, Cneo e Sesto, che odiavano Cesare di un odio feroce. L'atto finale del conflitto civile fu combattuto senza quello spirito cavalleresco e neppure senza quel rammarico di spargere sangue romano che aveva segnato i primi scontri. Da una parte c'erano irriducibili decisi a vincere o a morire. Dall'altra uomini decisi a estirpare per sempre la mala pianta della ribellione. I cesariani prigionieri erano strangolati; ai pompeiani venivano tagliate le mani. I civili che rifiutavano di aprire ai due eserciti le porte delle loro città venivano gettati dalle mura.

A Munda, in quella che oggi chiamiamo Andalusia, non lontano da Cadice, si combatté una battaglia crudele e silenziosa. Non si sentirono le trombe di guerra, le musiche dell'assalto, i canti di intimidazione e di trionfo. Si sentiva solo gridare «laede», «occide», «neca»: ferisci, uccidi, ammazza.

Cesare rischiò seriamente di perdere e di rovinare tutto. Anche lui si metteva in gioco a ogni battaglia. Per sorprendere il nemico partì con due sole legioni, cui si unirono le sei che teneva in Spagna; ma i pompeiani erano quasi il doppio.

Quando la rotta apparve imminente, Cesare ancora una volta scese da cavallo, strappò lo scudo a un legionario e cominciò a correre contro il nemico, afferrando i portastendardo in fuga e costringendoli a seguirlo. A qualcuno parve che cercasse la morte; in realtà stava tentando di evitare la sconfitta, che per lui equivaleva alla fine. Gridava: «Chi diavolo sono Cneo e Sesto? Due ragazzini che comandano un'armata di ribelli. Vergognatevi di farvi battere da due ragazzini! Io ho cinquantacinque anni e preferisco morire piuttosto che farmi prendere vivo!».

Anche lui aveva con sé un ragazzino, anche più giovane dei figli di Pompeo. Si chiamava Ottaviano, era un suo pronipote: sua madre, Azia, era figlia della sorella di Cesare. Aveva diciassette anni: la battaglia di Munda fu il suo battesimo del fuoco, anche se ne fu più spettatore che attore.

I pompeiani persero trentamila uomini. Cesare, che non aveva torri d'assedio, diede l'ordine di accatastare i loro corpi per scalare le mura di Munda (qualcuno invece dice per sbarrarne le porte) e sterminare gli ultimi resistenti: una scena che non si era vista neppure nelle guerre contro i barbari.

Poi tornò a Cadice a visitare il tempio di Ercole, quello dove ventitré anni prima si era commosso al pensiero di non aver combinato ancora nulla; festeggiò trafugando il tesoro. Gli portarono la testa di Cneo Pompeo, e stavolta non pianse.

Roma era sua; restava da capire che farne. Dopo quattro anni, la guerra civile era vinta. Tuttavia non si deve pensare che Cesare non avesse più nemici. Troppo brusco il sovvertimento delle istituzioni, troppo violenta la torsione che aveva impresso al sistema. Famiglie che da secoli si trasmettevano il potere sentivano di non contare più nulla. E il popolo oscillava: amava Cesare, gli era riconoscente per le vittorie e per le distribuzioni di cibo e denaro; ma lo inquietava la prospettiva di avere un capo assoluto, come ai tempi non rimpianti dei re.

Quasi subito si cominciarono a ordire piani per eliminarlo. Già nel viaggio di ritorno dalla Spagna uno dei suoi luogotenenti, Caio Trebonio, propose a Marco Antonio un'alleanza per uccidere Cesare. Antonio era il braccio destro del dittatore, e rifiutò; ma stranamente non sentì la necessità di avvertirlo.

A Roma Cesare si concesse un altro trionfo, violando l'ennesimo tabù: stavolta si festeggiava apertamente una vittoria su altri romani. Cicerone fece finta di niente, e lo accolse nella sua villa sul mare, a Pozzuoli, presso Napoli. La cena fu gradevole, anche perché non si parlò di politica ma di letteratura.

Nelle sue lettere, Cicerone non si lamenta dell'ospite ma del suo seguito: si era ritrovato la casa piena di ufficiali affamatissimi, con duemila soldati accampati fuori. Ma la passione di Cesare per l'oratoria e la poesia era autentica: invitò a cena Catullo, che pure l'aveva insultato in versi che oggi definiremmo omofobi.

Gli eressero una statua in Campidoglio, un'altra nel tempio di Romolo; e un tempio venne dedicato a Iuppiter Iulius, Giove Giulio. Il Senato lo proclamò dittatore a vita e imperator, titolo trasmissibile agli eredi. Fu dichiarato festivo ogni giorno in cui aveva conquistato una vittoria. Eppure, nonostante l'introduzione di così tante festività, il popolo era perplesso. Per esacerbare i malumori, i pompeiani facevano a gara nel proporre nuovi titoli e nuovi onori al loro nemico.

Cesare stesso esitava. Da una parte aveva preso gusto al potere personale, al punto da mandare un suo amante, Rufione, figlio di uno schiavo liberato, a comandare le tre legioni che tenevano l'Egitto. Dall'altro temeva che formalizzare il suo controllo dell'impero potesse comportare un rischio più grande dei benefici. Nel dubbio, si comportava con arroganza. Sembrava aver perso quello stile informale e disponibile che l'aveva fatto amare.

Un giorno convocò il Senato nel tempio di Venere Genitrice, la dea che considerava sua antenata. Accolse i senatori seduto su un trono dorato, e contrariamente a quanto prevedeva la tradizione non si alzò al loro ingresso. I senatori si offesero moltissimo, Cesare capì di aver sbagliato, e si sentì in dovere di giustificarsi: aveva avuto un attacco di epilessia; ma altri misero in giro la voce che si era trattato di un morbo tutt'altro che sacro, la diarrea. Tornando a casa, Cesare si in-

dicava la gola davanti ai passanti, dicendo in tono un po' di espiazione, un po' di sfida: «Cosa aspettate a sgozzarmi?».
In molti non aspettavano altro.

Le Idi di marzo non sono ancora finite

La verità è che Roma era sempre stata stretta a Cesare, e continuava a esserlo. Già progettava una campagna a Oriente, contro i parti, per allargare i confini dell'impero e vendicare la rotta di Crasso. Vagheggiava di tornare passando per la Germania, per assoggettare anche i popoli che vivevano a est del Reno. Aveva già iniziato ad ammassare truppe dall'altra parte dell'Adriatico, in Illiria (oggi diremmo nei Balcani), e aveva mandato sul posto il suo protetto, Ottaviano.

Nella mente di Cesare era già chiara l'idea di impero. Il modello era ancora lui, Alessandro Magno. E il vero nemico – scrive Plutarco – era se stesso. Cesare era geloso di quel che era stato, come se fosse un estraneo. Desiderava sempre altro, e di più.

La Gallia cisalpina, cioè la pianura padana, entrò a far parte dell'Italia. I maggiorenti delle Gallie e della Spagna entrarono in Senato, con grande indignazione degli ottimati romani. Cesare rifondò Cartagine e Corinto, che i suoi progenitori avevano distrutto, e progettò di tagliare l'istmo del Peloponneso e di prosciugare le pianure pontine, come due millenni dopo avrebbe fatto Mussolini. Accolse a Roma gli ebrei esuli da Gerusalemme. Progettò anche di riunire tutti i grandi libri greci e latini in un'immensa biblioteca pubblica, sul modello di quella di Alessandria, che era andata perduta proprio nella guerra che lui aveva portato in Egitto. Anche in pace, come in guerra, Cesare rivelava un animo grandioso, una visione superiore. Ma aveva ancora contro forze potenti.

Qualcuno fece mettere in testa a una sua statua un diadema, una corona d'alloro con una fascia bianca; ma lui la fece togliere. Lo acclamarono re, ma lui rispose «Caesarem se, non regem esse»: lui era Cesare, non un re; era già Cesare, e non poteva essere nulla di più; preferiva essere se stesso piuttosto che re. E nessun titolo avrebbe potuto aggiungergli qualcosa.

Pareva una dimostrazione di umiltà; era invece una grande prova di orgoglio. Paradossalmente sarebbe finita proprio così: i suoi successori avranno il titolo di cesare, che sarà poi rivendicato da molti imperatori della storia; ma Cesare, quello vero, il titolo di re o di imperatore non lo avrà mai.

Si sparse la voce che stesse per fare testamento. In realtà l'aveva già fatto, designando come erede Ottaviano. Ma Marco Antonio non lo sapeva; e tentò di approfittare della festa dei Lupercali per incoronare Cesare, e proporsi quindi come suo successore naturale.

I Lupercali erano un rito antico. Uomini nudi cosparsi di olio percorrevano le vie di Roma, frustando i passanti con una pelle di capra, come i pastori frustavano i lupi per proteggere le greggi; e i passanti si prestavano volentieri a quel rito augurale, in particolare le donne che speravano di restare incinte. Era il 15 febbraio del 44 avanti Cristo. Eccitati da quel clima di festa intriso di sensualità, i romani videro uno dei luperci inginocchiarsi davanti a Cesare e offrirgli di nuovo la corona; ma lui rifiutò, tra gli applausi della folla. Antonio insistette, ma Cesare prese il diadema e lo gettò al popolo: «Portatelo in Campidoglio, perché il vostro re è Giove».

Agli aspiranti assassini di Cesare non mancava una motivazione, ma un capo. Pompeo e i suoi figli erano stati uccisi. Catone, il leader morale dei repubblicani, aveva scelto la morte. Restava suo nipote, Marco Giunio Bruto, che era pure suo genero. Bruto aveva sposato la figlia di Catone, Porcia, ed era figlio della sorella di Catone, Servilia. Ma Servilia era anche una delle amanti storiche di Giulio Cesare. E Bruto, dopo aver seguito e tradito Pompeo, era stato perdonato e accolto dal nuovo padrone.

Di Bruto ci sono rimasti ritratti contraddittori. Era un uomo colto, aveva studiato ad Atene. Secondo Plutarco era animato da un reale amore per la Repubblica, e si sentiva come Armodio e Aristogitone, che con sprezzo della propria vita uccisero il tiranno ateniese Ipparco per salvare la libertà di tutti. Si diceva che discendesse da quel Giunio Bruto che aveva cacciato da Roma i Tarquini, e questo accresceva il peso della responsabilità che sentiva su di sé.

Altri però lo considerano un uomo avido e corrotto – Cicerone lo descrive come un usuraio –, crudele e insieme pavido, inquieto e soprattutto indeciso. In quei giorni si era rinchiuso in se stesso a meditare, senza confidarsi con nessuno, neppure con la moglie. Così Porcia, con un gesto davvero da antica romana, si ferì alla coscia con un ferro, per mostrare la propria resistenza al dolore, e insieme scuotere il marito: «Non sono una meretrice con cui dividere solo il triclinio, sono una moglie a cui aprire il proprio cuore». Così Bruto le rivelò i suoi progetti.

La congiura cominciava a prendere corpo. Dove uccidere Cesare? Chi proponeva di aspettarlo all'ingresso del teatro di Pompeo, chi sulla via Sacra che attraversava il Foro, chi di gettarlo giù da un ponte.

Incredibilmente, Cesare aveva rinunciato alla sicurezza personale. Aveva congedato le guardie del corpo. Qualcuno lo avvertì del complotto, facendo anche il nome di Bruto, ma lui sorrise: «Bruto saprà aspettare la fine di questo corpo malaticcio». In cuor suo si considerava intoccabile. La sua sopravvivenza era la garanzia della pace: senza di lui, sarebbero riprese le guerre civili. Per questo, diceva, «la mia vita è più utile allo Stato che a me stesso». Lui non poteva avere nulla di più; ma la sua morte avrebbe gettato lo Stato nella rovina.

I presagi che si manifestarono alla fine dell'inverno del 44 avanti Cristo furono tanti e tali da sembrare inventati a posteriori. Tutto indicava che qualcosa di terribile stava per accadere.

I cavalli su cui Cesare e i suoi fedelissimi avevano passato il Rubicone, custoditi come reliquie, piangevano come i cavalli di Achille, presaghi della sua morte. Nel cielo si videro palle di fuoco. Pioveva sangue. Uno scricciolo entrò nella Curia di Pompeo – sede provvisoria del Senato – con un ramoscello di alloro nel becco, ma fu aggredito e ucciso da uno stormo di uccellacci.

A Capua veterani di Cesare, che stavano dissodando il terreno loro assegnato, fecero un'inquietante scoperta: la tomba del fondatore della città, Capi, compagno di Enea. La lastra di bronzo diceva: «Quando saranno scoperte le ossa di Capi, un discendente di Iulo verrà assassinato per mano dei suoi consanguinei, ma la morte sarà subito vendicata con infiniti lutti in ogni parte d'Italia».

Alcuni presagi riferiti dagli storici appaiono francamente inverosimili. Venne sacrificato un toro, di cui non fu trovato il cuore. Come potesse il bovino campare senza cuore, nessuno l'ha mai chiarito. Fatto sta che gli aruspici ne trassero pessimi auspici.

Ma l'avvertimento più chiaro venne da un celebre indovino, Spurinna. «Guardati dalle Idi di marzo» disse a Cesare. Un'indicazione talmente precisa da far pensare che Spurinna non l'avesse letta nelle viscere di un animale, ma l'avesse saputa da uno dei congiurati. Allo stesso modo, oltre duemila anni dopo emerse – ufficialmente da una seduta spiritica, cui aveva partecipato anche il ministro dell'Industria e futuro presidente del Consiglio Romano Prodi – il nome di Gradoli come luogo della prigione di Aldo Moro. Il riferimento era a via Gradoli, dove in effetti viveva Mario Moretti, capo delle Brigate Rosse e mente del sequestro. Ma carabinieri e poliziotti vennero mandati a Gradoli, paesino sul lago di Bolsena, sconvolto da perquisizioni che non potevano e forse non dovevano trovare nulla.

Eppure anche Cesare forse aveva presagito qualcosa. Adottò Ottaviano come figlio. Come erede in seconda designò uno dei suoi luogotenenti, Decimo Bruto, senza sapere che pure lui era coinvolto nella congiura. Una sera Cesare andò a cena a casa di un amico, Marco Lepido. Tra gli invitati c'era anche Decimo. Qualcuno gli chiese come avrebbe voluto morire. «Di una morte rapida e improvvisa» rispose. Pochi giorni dopo sarebbe stato accontentato.

Il 15 marzo del 44 avanti Cristo, le Idi di marzo, era prevista la seduta del Senato che avrebbe dovuto finalmente incoronare Cesare re di Roma, anche se il titolo sarebbe stato valido soltanto fuori dall'Italia. Il pretesto era un'altra profezia, custodita o scovata per l'occasione nei Libri sibillini:

i parti sarebbero stati sconfitti soltanto da un re. Occorreva quindi che un re conducesse le legioni in battaglia ai confini orientali del mondo.

La notte precedente, però, sia Cesare sia la moglie Calpurnia fecero sogni inquietanti. Lui immaginò di volare fin sull'Olimpo, accolto da Giove in persona che gli porgeva la mano. Lei ebbe una visione più realistica: il marito veniva pugnalato e spirava tra le sue braccia. Si svegliò urlando, e in quel momento le porte e le finestre di casa si spalancarono. Del resto, le Idi di marzo – il giorno centrale del mese, il 15 – erano considerate da sempre un giorno infausto, forse anche perché erano il giorno in cui scadevano i debiti.

Calpurnia piangendo convinse Cesare a non andare in Senato: al suo posto si sarebbe presentato Marco Antonio, per chiedere un rinvio della seduta. Ma le Idi di marzo erano davvero il giorno che i congiurati avevano scelto per eliminare il dittatore, prima che partisse per l'Oriente e fosse troppo tardi. Indugiare non si poteva: sarebbe stato troppo pericoloso. Occorreva qualcuno in grado di far tornare Cesare sui suoi passi. Qualcuno di cui Cesare si fidasse.

Decimo Bruto si prestò, e seppe essere persuasivo. I senatori già si erano offesi l'altra volta, quando Cesare non si era alzato al loro ingresso; se stavolta avesse disertato una seduta così importante, da lui stesso convocata, l'affronto sarebbe stato ancora più grave. Se proprio riteneva che il giorno non fosse propizio, almeno andasse lui a chiedere un rinvio; non poteva mandare il suo rozzo e grasso luogotenente a dire «andatevene a casa e tornate quando Calpurnia farà bei sogni».

Cesare si lasciò convincere. Decimo Bruto lo prese per mano e lo accompagnò in strada. Prima di salire sulla lettiga, il dittatore si trovò circondato dalla solita folla di questuanti, che gli allungavano biglietti e lettere con le loro suppliche. C'era anche Spurinna. Cesare gli sorrise: «Sei un falso profeta, le Idi di marzo sono arrivate». Spurinna rispose: «Sì, ma non sono ancora passate».

Nella folla si fece largo un amico di Cesare, un greco, Artemidoro, che gli porse un papiro. Lui lo affidò ai suoi segretari, ma Artemidoro insistette: «Leggilo subito, è importante». Dentro c'era la notizia della congiura. Ma pareva che Cesare volesse ignorare ogni avvertimento, degli dei e degli uomini, e andare incontro alla propria fine. «Il fato – scriverà Petrarca – chiude gli occhi a coloro che devono morire».

Molto tempo dopo un altro greco, il poeta Konstantinos Kavafis, avrebbe preso spunto da quell'appuntamento mancato con il destino per scrivere una delle sue poesie più belle, intitolata non a caso Idi di marzo:

> Anima, temi le cose grandi.
> E se non puoi sconfiggere le ambizioni,
> assecondale almeno con prudenza,
> con esitazione. E più procedi,
> con tanta maggior cura indaga.
>
> Quando avrai raggiunto il culmine, Cesare,
> quando avrai assunto figura d'uomo famoso,
> soprattutto allora sii vigile, se esci in strada,
> sovrano insigne, con il tuo corteo,
> se avviene che ti si accosti dalla folla
> un Artemidoro con in mano una lettera
> e che ti dica in fretta: «Leggi subito questa,
> è una cosa importante, t'interessa»,

fermati pure, allora, rimanda
ogni affare o discorso; scosta pure
chi ti saluta e ti s'inchina
(li vedrai più tardi); lascia che aspetti
anche il Senato; e leggi subito
le cose gravi che scrive Artemidoro.

Anche i congiurati vivono ore febbrili. Uccidere Cesare non era facile. Anche disarmato e non scortato, o forse proprio per questo, era uomo di immenso carisma, considerato quasi un dio vivente. Per prudenza hanno ingaggiato cinquecento gladiatori, in attesa nel vicino teatro di Pompeo, pronti a intervenire. L'esercito non è della partita: Marco Lepido, cesariano, che comanda le truppe accampate fuori Roma, è lontano, per certe manovre di cavalleria. C'è però quel bestione di Marco Antonio, che si farebbe uccidere per difendere Cesare: il senatore Trebonio ha l'incarico di trattenerlo fuori dalla Curia, con vaghi e lunghi discorsi. Qualcuno ha proposto di ammazzare pure lui, però Bruto è contrario: deve essere un tirannicidio, non un regolamento di conti tra fazioni; soltanto Cesare deve morire.

Ma a un tratto Bruto riceve una terribile notizia: è morta sua moglie Porcia.

La notizia è esagerata: Porcia è soltanto svenuta per la tensione; eppure Bruto non torna a casa da lei, resta al fianco dei compagni. La sua determinazione è assoluta.

Cesare scende dalla lettiga. In aula lo attendono una sessantina di senatori, ma quelli coinvolti nel complotto non sono più di venti. Tra loro ci sono Ponzio Aquila, quello che lui cita sempre per prenderlo in giro, e Lucio Cornelio Cinna, il fratello di Cornelia, la moglie che aveva rifiutato di ripudiare. Cesare entra nella Curia. Un senatore, Tillio Cimbro, gli si avvicina e lo supplica di far tornare suo fratello dall'esilio. Cesare si infastidisce, fa per proseguire, ma quello lo trattiene, lo afferra per la toga, lo strattona.

È il segnale.

I congiurati tirano fuori i coltelli nascosti nelle pieghe della toga. Cesare resta interdetto, mormora «Ma questa è violenza!», alle sue spalle Publio Casca vibra la prima pugnalata ma è incerto, impaurito, lo graffia appena. Cesare che a differenza sua è un soldato gli strappa il pugnale, lo ferisce, gli grida: «Maledetto Casca, cosa fai?». Poi arriva un colpo ben vibrato, Cesare cade, si rialza, corre da una parte all'altra della Curia cercando una via di fuga, inseguito dai cospiratori che lo braccano da ogni parte. Cassio lo colpisce al viso. Gli altri senatori stanno a guardare: nessuno, neppure i galli e gli spagnoli che Cesare ha voluto nel Senato per la rabbia degli altri, si alza a difenderlo; tutti aspettano di vedere come va a finire. Cesare grida, subisce altri colpi ma nessuno mortale, si dibatte, i suoi assassini nella foga si colpiscono l'un l'altro. Poi si fa sotto Bruto e lo ferisce proprio all'inguine; come se in qualche modo dovesse vendicare suo padre.

Cesare lo guarda, trasecola, si rassegna, si arrende, si lascia cadere, si copre il capo con la toga. Avrà la morte improvvisa che aveva sognato.

Le sue ultime parole sono «anche tu, Bruto, figlio mio»: tutti le ricordiamo in latino – «tu quoque, Brute, fili mi», ma in realtà Cesare le pronunciò in greco, la lingua che parlava nei momenti di più grande emozione.

Alcuni storici pensano che non si riferisse a Giunio Bruto ma a Decimo Bruto, definito "figlio" perché l'aveva indicato come secondo erede dopo Ottaviano nel testamento. Ma questo ovviamente non lo sapremo mai.

Il corpo di Cesare, straziato da ventitré ferite, giace ai piedi della statua del suo grande rivale, Pompeo. Una statua poi scomparsa e ritrovata in una cantina del centro di Roma quindici secoli dopo. Sui piedi di Pompeo si videro macchioline rosse, dovute all'ossidazione del colore; ma tutti credettero che fosse il sangue di Giulio Cesare.

Solo a quel punto i senatori si rendono conto di quel che è accaduto, e si lanciano di corsa verso l'uscita, invano trattenuti da Bruto, che leva il pugnale e grida come un esaltato: «Non avete più nulla da temere! Il tiranno è morto! Vi abbiamo restituito la libertà!».

Il corpo di Cesare viene portato via da tre schiavi fedeli – il braccio penzola dalla lettiga – e consegnato a Calpurnia, che vede realizzarsi il suo incubo. Alcuni congiurati vorrebbero impadronirsi del cadavere per gettarlo nel Tevere ed evitare il funerale, ma Bruto li ferma: una mossa nobile sul piano umano, sbagliata su quello strategico; perché il funerale di Cesare si trasformerà nel processo ai suoi assassini.

Il punto è che i cesaricidi non sono soldati; sono politici. Che a questo punto non sanno cosa fare. Perché non hanno un piano per gestire il loro tragico passo appunto in modo politico. Riescono solo a chiudersi in Campidoglio, in attesa degli eventi.

Marco Antonio fugge da Roma travestito da schiavo. La città è sotto choc. Bande di sciacalli saccheggiano case e botteghe, in un clima di anarchia scorre il sangue per regolamenti di conti privati. Il Tevere straripa. In cielo appare una cometa, e i cesariani sostengono che è il loro capo, divenuto una stella.

Bruto capisce che deve parlare, spiegare le motivazioni del suo gesto. Scende dal Campidoglio, si rivolge alla folla nel Foro. Annuncia che è tornata la Repubblica, tra gli applausi dei romani. Ma poi maledice Cesare, che la Repubblica voleva eliminarla, e la folla rumoreggia, grida, insulta. Quando poi Cinna si strappa la veste militare avuta da Cesare, come segno di disprezzo, il popolo tenta di aggredirlo. I congiurati scappano e si richiudono in Campidoglio. Bruto ha un'idea: chiedere aiuto al più intelligente, al più facondo, al più ascoltato.

Cicerone è un avversario di Cesare, ma non ha partecipato al complotto. Ha amici tra i cospiratori, come Minucio Basilo, cui ha mandato un biglietto: «Mi congratulo, sono felice». Ma capisce che la morte di Cesare non ha chiuso la partita; l'ha riaperta.

Lepido sta rientrando a Roma con i suoi legionari fedeli al dittatore ucciso. Marco Antonio è vivo e deciso a tutto. Cicerone vuole mediare. Fa votare dal Senato due provvedimenti all'apparenza contraddittori: onoranze divine per Cesare; amnistia per i suoi assassini. Come se non fosse successo niente, e tutto potesse concludersi senza vinti né vincitori. I congiurati scendono dal Campidoglio e si riappacificano con i cesariani. Bruto va a cena a casa di Lepido, Cassio in quella di Antonio.

Antonio però ha in serbo qualcosa. Si considera il vero erede di Cesare; così si impadronisce di tutto il suo denaro, sia del suo patrimonio personale sia dei settecento milioni di sesterzi accumulati per finanziare la spedizione in Oriente contro i parti. Ma c'è qualcosa di ancora più prezioso: il testamento di Cesare. Antonio se lo fa dare dalle vergini vestali, cui era stato affidato. E lo userà come arma finale.

La lettura del testamento è la svolta della vicenda. Cesare non indica come erede Antonio, bensì il suo pronipote Ottaviano, e dopo di lui Decimo Bruto, senza immaginare che sarebbe stato tra i suoi assassini. Ma soprattutto Cesare lascia a ogni cittadino romano trecento sesterzi a testa, oltre al grande parco di sua proprietà ai piedi del Gianicolo.

L'emozione popolare è enorme; anche perché nessun leader politico, neppure i Gracchi o Caio Mario, aveva mai pensato di lasciare i suoi averi al popolo. Ogni romano si sente ormai erede di Cesare, destinatario del suo lascito economico ma anche morale e politico: l'impero universale, con Roma saldamente al centro.

Il resto accade al funerale. La mattina del 20 marzo, il corpo di Cesare viene portato a spalla nel Foro e innalzato su un palco costruito sopra i Rostri, dove venivano appesi i resti delle navi catturate ai nemici, simbolo della grandezza di Roma. Una statua colorata raffigura il dittatore con tutte le ferite delle ventitré pugnalate.

Il discorso di Marco Antonio è celebre più per la ricostruzione di Shakespeare che per le parole realmente pronunciate. Tra i più disperati sono gli ebrei: odiavano Pompeo, che aveva distrutto il tempio di Gerusalemme, e amavano Cesare, che li aveva protetti. I vecchi legionari piangono come bambini. L'emozione e la devozione sono tali che nessuno osa dar fuoco alla pira: devono provvedere gli schiavi; e tutti i romani gettano qualcosa di loro nel rogo, le matrone i gioielli, i soldati le armi.

Come a ogni funerale, ma stavolta ancora di più, ognuno piange anche la propria morte che verrà.

Sul luogo dove arse il corpo di Cesare sarà eretta una colonna; secondo una tradizione medievale, le ceneri del dittatore sarebbero state portate in San Pietro.

A questo punto, per i cesaricidi la situazione si fa drammatica. La folla incontra Cinna e lo fa a pezzi; soltanto dopo si accorgerà di aver linciato il Cinna sbagliato, un omonimo del congiurato.

Bruto e Cassio fuggono da Roma.

Scappa pure Cleopatra, mentre le sue statue vengono abbattute, per la gioia di Calpurnia.

Cicerone scrive: «Cesare è più vivo che mai. Le Idi di marzo sono state una stolta consolazione». Il grande oratore non ha paura di contraddirsi, la sincerità prevale sulla convenienza: «Godevo dei suoi favori (che gli dei lo perseguitino anche da morto). La morte del padrone non mi ha restituito la libertà, e tanto valeva allora restare sotto di lui, anziché cambiarlo. Arrossisco di vergogna a scrivere queste cose, ma non le cancello».

Il figlio di Cicerone si unisce a Bruto, insieme con un giovane portato per la poesia: Orazio. Antonio diventa padrone di Roma.

I congiurati comprendono che uccidendo Cesare non hanno risolto nulla, e per salvare la Repubblica occorrono un esercito e un'altra guerra civile.

Dall'altra parte dell'Adriatico, un ragazzo di diciassette anni, appena nominato erede universale del grand'uomo assassinato, deve prendere la sua decisione. Starsene lontano da Roma, al sicuro, al fianco delle truppe preparate per la guerra in Oriente contro i parti, come lo implorano i suoi familiari. Oppure rivendicare il lascito di Cesare, e prendere a sua volta le armi, per salvare tutto quello che Cesare ha fatto.

5
AUGUSTO
Il mito del potere

Caio Giulio Cesare Ottaviano, poi detto Augusto, non era un genio assoluto come il prozio. Uomini come Cesare non si ritrovano a ogni passaggio di generazione. Prima di lui c'era stato Alessandro; otto secoli dopo di lui ci sarebbe stato Carlo; ed entrambi furono chiamati Magno, grande. Ma uomini straordinari attirano grandi odi, e spesso fanno una fine terribile.

Ottaviano non imparò mai bene il greco. Non scrisse capolavori, ma un riassuntino della sua vita, un bignami a uso propagandistico, da far affiggere nelle città dell'impero. Non fu un genio militare: Filippi è una vittoria di Marco Antonio, Azio di Agrippa; in Germania non andò di persona, come aveva fatto Cesare, e le sue legioni vennero sconfitte. Era malaticcio, freddoloso – d'inverno indossava maglie di lana e quattro tuniche sotto la toga –, piccolo di statura: portava i calzari con i rialzi, come Berlusconi. Non ampliò i domini di Roma; ma li organizzò. Superò Cesare solo in due cose. La spietatezza. E la capacità di scegliere gli uomini e di manovrarli. Non a caso sarà il vero fondatore dell'impero. E morirà nel suo letto.

«*Ci hai dato un re!*»

Ottaviano apprende la notizia dell'assassinio di Cesare il 20 marzo del 44 avanti Cristo. Il messo ha impiegato solo cinque giorni per andare da Roma ad Apollonia, nell'attuale Albania. Al suo fianco Ottaviano ha due amici, destinati ognuno a proprio modo a cambiare il suo destino e quello dell'impero.

Il primo è Marco Vipsanio Agrippa. Figlio di contadini, uomo straordinario: grande talento militare, coraggio temperato dal realismo, totale disinteresse personale; la sua forza e il suo talento appartengono a Ottaviano. Il secondo è del tutto diverso. Aristocratico, effeminato, colto, amante delle arti, porta la toga quasi slacciata, più ancora di Cesare. Il suo nome è Caio Cilnio Mecenate, e resisterà nei secoli a indicare una figura di protettore e committente di artisti: un mecenate appunto.

Entrambi faranno la fortuna di Augusto. Agrippa condurrà alla vittoria le sue armate. Mecenate costruirà il circolo di letterati che forgeranno per l'eternità il suo mito.

Fin da ragazzo, Ottaviano è parso un predestinato. Molti anni dopo, Svetonio scriverà che la madre Azia era stata posseduta da Apollo. Più prosaicamente, Marco Antonio ha messo in giro la voce secondo cui la fortuna di Ottaviano era legata a Cesare, che l'aveva amato non solo metaforicamente. Di sicuro quando è nato, a Velletri, splendido borgo fortificato a sud di Roma, un fulmine si è abbattuto sulle mura. Si disse che il neonato era scomparso ed era stato ritrovato sulla torre più alta.

Il padre senatore, Ottavio, fu festeggiato dai colleghi; in particolare Nigidio Figulo, filosofo pitagorico con fama di mago, disse: «Ci hai dato un re!». Il padre, fervente repubblicano, pensò di tornare a casa per sopprimere quel pericoloso fanciullo; per fortuna ne fu dissuaso.

Ottaviano perse il papà a quattro anni. Il ragazzo – esile, occhi azzurri, capelli biondi – rivelò subito un temperamento calcolatore, accorto, prudente. «Prima di reagire ripeti dentro di te tutte le ventitré lettere dell'alfabeto» gli insegnò il suo maestro, Apollodoro di Pergamo. «Affrettati lentamente» era il suo motto preferito, destinato a diventare celebre e a essere adottato da una famiglia fiorentina politicamente non sprovveduta, i Medici.

Cesare intuì subito le sue qualità e voleva portarlo con sé già nella guerra contro Pompeo, però Azia – donna forte – gli disse che non se ne parlava neanche: Ottaviano aveva appena quattordici anni. Ma Cesare non aveva figli maschi, a parte forse Cesarione, la cui madre però era Cleopatra, una regina straniera, e non avrebbe mai potuto diventare il padrone di Roma. Ottaviano prometteva bene. Nell'ultima campagna contro i pompeiani, in Spagna, Cesare lo faceva dormire nella sua tenda (da qui forse la malignità messa in giro da Marco Antonio, che c'era).

Appena arrivato in Illiria, dove Cesare avrebbe dovuto raggiungerlo per marciare con lui contro i parti, Ottaviano aveva consultato un astrologo, Teogene, che si era gettato ai suoi piedi: nel suo futuro aveva visto grandi fortune. Dentro di sé si preparava a un grande avvenire. Ma ora le cose sembravano precipitare.

La morte di Cesare l'aveva colto di sorpresa. Ottaviano pianse disperato. Voleva bene al suo mentore; e soprattutto non si sentiva pronto a prenderne il posto. Anche perché bisognava lottare per ottenerlo. Agrippa lo convinse a partire subito, per riprendersi quel che era suo: innanzitutto, l'immenso patrimonio di Cesare, che Antonio si era intascato.

A Roma Ottaviano era atteso da un altro segno propizio: all'ingresso in città, un raggio di sole lo colpì in fronte; e i romani a queste cose badavano molto. Come tutti i popoli antichi, la cui vita era ancora più in balia della sorte di quanto lo sia la nostra.

Il suo alleato naturale era Cicerone, che odiava Antonio, ricambiato. Da oratore raffinato, trovava orribile il suo latino da centurione: «Antonio non parla, vomita parole». Gli scagliò contro le Filippiche, così chiamate in ricordo delle orazioni pronunciate da Demostene contro Filippo di Macedonia, il padre di Alessandro Magno. Ma quando si trattava di passare all'azione, Cicerone esitava. Ottaviano gli scriveva tutti i giorni, per chiedergli di unirsi alla guerra contro Antonio, ma lui prendeva tempo: «Mi vergogno di dire no, ma ho paura a dire sì».

Invece i due consoli in carica, Irzio e Pansa, non si tirarono indietro. Ottaviano appariva il salvatore della Repubblica. Così marciarono al suo fianco su Modena, dove Antonio si era asserragliato, e colsero una grande vittoria. Entrambi però caddero sul campo di battaglia. Due rivali in meno per Ottaviano. Un tale colpo di fortuna non poteva essere casuale, e si raccontò che li avesse eliminati lui, uccidendo Irzio nella confusione della mischia e ordinando al suo medico di versare veleno sulle ferite di Pansa.

Del resto, le voci sulla sua crudeltà l'avrebbero sempre perseguitato. Si diceva che amasse cavare personalmente gli occhi ai nemici. In compenso, quando un sicario aveva tentato di gettarlo in un dirupo, lui l'aveva guardato con tanta sicurezza che quello aveva rinunciato; ma questo era un aneddoto quasi certamente inventato. Troppo simile a quello celebre di Mario che, scovato un attentatore nella sua tenda, l'aveva inchiodato con lo sguardo e con la voce: «Chi sei tu, che osi uccidere Caio Mario?».

Lasciata Modena da unico vincitore, Ottaviano tornò a Roma, con l'intento di farsi proclamare console, visto che quelli in carica erano morti. All'inizio il Senato oppose resistenza, tanto che sua madre Azia e sua sorella Ottavia dovettero rifugiarsi nel tempio di Vesta per salvarsi la vita; ma quando Ottaviano entrò in città fu accolto stavolta da dodici avvoltoi, come era accaduto a Romolo nel giorno della fondazione. Il prodigio destò una profonda emozione. E i senatori pensarono che fosse pur sempre meglio lui di Antonio.

Anche Cicerone gli andò incontro festante, e Ottaviano lo gelò con una battuta: «Ecco l'ultimo dei miei amici». Non aveva ancora vent'anni. Ma dimostrò fin da subito di essere diverso da Cesare.

«Sono il tuo cattivo genio»

Con un voltafaccia improvviso, Ottaviano si alleò con il suo nemico Antonio. Non si fidava dei senatori che avevano tradito il prozio. Soprattutto, capiva che la priorità era affrontare ed eliminare Bruto e Cassio, che stavano armando truppe in Oriente.

L'idea del potere assoluto di una sola persona, per quanto resa necessaria dalle immense dimensioni dei domini romani, era talmente distante dalla mentalità del popolo e dei patrizi, che la visione cesariana dell'impero poteva essere imposta solo con la forza. Ottaviano era fermamente deciso a restare l'unico e il solo. Ma doveva schiacciare un nemico alla volta, come aveva fatto l'Orazio superstite.

Con Antonio e Lepido strinse un triumvirato. All'incontro che lo suggellò i tre si guardavano di soppiatto, come se ognuno temesse di veder spuntare dalla toga dell'altro un pugnale.

Cesare non aveva voluto liste di proscrizione, aveva evitato di eliminare fisicamente i rivali, voleva o diceva di volere la pacificazione; e aveva pagato la sua clemenza con la vita. I nuovi padroni non volevano correre il rischio. Segretamente compilarono gli elenchi di chi doveva vivere e di chi doveva morire. I legionari fedeli furono mandati a uccidere trecento senatori e duemila cavalieri: la classe dirigente repubblicana era stata annientata.

Antonio insistette per inserire nella lista dei condannati anche l'odiato Cicerone; e Ottaviano non poté o non volle difenderlo.

Il grande oratore fu raggiunto mentre tentava di fuggire, brutalmente ucciso e decapitato. Oggi lo ricorda un tumulo di pietre, un posto affascinante lungo la costa tra Gaeta e Formia, uno dei luoghi più magici d'Italia, tra il mare e le montagne; anche se non ci sono prove certe che sia davvero la tomba di Cicerone, come tutti la chiamano.

Antonio aveva dato ordine che, oltre alla testa, gli venisse portata la sua mano destra, quella che aveva scritto le orazioni contro di lui. Quando ebbe tra le mani quei macabri trofei, rise compiaciuto; poi ordinò di esporli sui Rostri del Foro. Si racconta che Fulvia, la moglie di Antonio, avesse infierito trafiggendo con uno spillone la lingua che quelle orazioni aveva pronunciato. Ma, come fu scritto, i romani guardavano la testa mozzata di Cicerone, e vedevano la crudeltà di Antonio.

Ci furono scene raccapriccianti, come neppure ai tempi di Silla. Lepido fece ammazzare il fratello, Antonio lo zio, Ottaviano torturò di persona i nemici. I patrimoni dei proscritti furono confiscati dai vincitori: venne lasciato solo il dieci per cento ai figli e il cinque alle figlie.

Il patto scellerato fu suggellato da un matrimonio. Ottaviano si unì a Clodia, figliastra di Antonio: sua moglie Fulvia l'aveva avuta dal primo matrimonio con Clodio, quello che si era infilato a casa di Cesare vestito da donna. La sposa aveva appena undici anni.

I superstiti raggiunsero Bruto e Cassio, decisi a dare battaglia. Era l'estremo confronto tra i repubblicani e i sostenitori del nuovo ordine voluto da Cesare.

I due eserciti si equivalevano: entrambi potevano contare circa centomila uomini. Lo scontro avvenne in Tracia, in una località il cui nome è legato a un episodio forse falso, certo suggestivo.

Tempo prima, Bruto aveva avuto una visione spaventosa, un'ombra gigantesca – forse Cesare, forse la sua coscienza – che l'aveva ammonito: «Sono il tuo cattivo genio, ci rivedremo a Filippi!» (espressione che ancora oggi indica una minaccia, un annuncio magari scherzoso di vendetta). Quando si rese conto di essere davvero a Filippi, Bruto fu colto da un profondo scoramento.

Questo non gli impedì di battersi con valore, e in un primo scontro mise in fuga le truppe di Ottaviano, che si salvò gettandosi in un canneto. Si pensò persino che fosse morto, visto che la sua lettiga fortunatamente vuota era stata crivellata di lance e frecce.

Ottaviano era vivo; eppure nell'ora decisiva, sul campo di Filippi, non c'era. Era rimasto sotto la tenda, forse in preda alle febbri, forse turbato pure lui da un sogno premonitore. Marco Antonio invece si batté come un leone per vendicare il suo antico generale, e colse una clamorosa vittoria.

Cassio si uccise con lo stesso pugnale con cui aveva ucciso Cesare. Bruto pianse sul suo corpo e qualche settimana dopo, braccato da ogni parte, si gettò su una spada retta da uno schiavo. Sua moglie Porcia ebbe una fine degna del padre, Catone: siccome tutti le rifiutavano un pugnale, prese da un braciere dei carboni ardenti e li inghiottì.

A Filippi c'era pure Orazio, che invece si salvò, per la fortuna della letteratura universale, e scriverà una poesia in cui racconterà di aver gettato lo scudo per fuggire più veloce. Versi che ricordano quelli del greco Archiloco, pure lui sopravvissuto a una sconfitta, che per farsi beffe dei poeti che esaltavano la bella morte scriveva: «Cosa importa se nella fuga gettai lo scudo? Ne comprerò un altro, certo non peggiore».

Antonio coprì il cadavere di Bruto con un manto di porpora: un gesto di rispetto che commosse i vinti. Ottaviano non mostrò lo stesso riguardo: ordinò che il corpo decapitato del cesaricida fosse mandato a Roma ed esposto per tre giorni nel Foro. I soldati di Bruto acclamarono Antonio e insultarono Ottaviano. Si disse che il giovane triumviro avesse negato a un nemico morente la sepoltura, dicendogli: «Ci penseranno gli avvoltoi». A due legionari, padre e figlio, che gli avevano chiesto la grazia, rispose che prima avrebbero dovuto battersi tra loro; solo il vincitore sarebbe stato risparmiato. I due preferirono suicidarsi.

Persino Antonio rimase allibito da tanta crudeltà, che in effetti contrasta con il carattere riflessivo e con la serena fermezza che Ottaviano avrebbe dimostrato negli anni del potere. È possibile che alcune voci fossero inventate dai suoi avversari. Certo nell'antica Roma la vita umana non aveva il valore che le attribuiamo noi oggi; ma Cesare, pur dall'alto di una catasta di morti, aveva dimostrato un'umanità che nel suo pronipote ancora non si vedeva.

Antonio e Cleopatra

Ottaviano governava Roma; Antonio si portò in Oriente, per riorganizzare l'impero. E a Tarso, la città di san Paolo, fece l'incontro fatale.

Cleopatra gli si presentò su una nave, non a prua come Kate Winslet in Titanic, ma a poppa, mollemente sdraiata sotto un baldacchino d'oro. Resisterle non era facile; e Antonio non ci provò neppure.

Fu un incontro tra persone sensuali e un po' megalomani. La coppia si fece erigere nei templi egiziani statue in cui lui era raffigurato come Osiride e lei come Iside. Ebbero anche due gemelli, che furono immodestamente chiamati Elios, Sole, e Selene, Luna.

La moglie di Antonio, Fulvia, rimasta in Italia, impazzì di rabbia. Come massima vendetta, si offrì a Ottaviano, che però la respinse; e non si limitò a un rifiuto gentile, lo mise proprio per iscritto. Compose un epigramma, efficace dal punto di vista letterario, ma intriso della crudeltà propria di chi rende pubblica una vicenda privata: «Se accettassi il tuo amore, Fulvia, vorrebbero amarmi tutte le mogli mal servite e sconsolate». E ancora: «Fulvia mi dice: se non vuoi amarmi, ti farò guerra. Ma quanto è brutta! Non voglio amore, e preparo le armi». Poi Ottaviano le restituì sua figlia Clodia, la sposa bambina, precisando che era «intatta e vergine».

Vistasi respinta in tutti i modi in cui una donna può essere respinta, Fulvia scatenò la guerra in Italia, appoggiata dal fratello di Marco Antonio, Lucio Antonio. Sperava così di indurre il marito a lasciare Cleopatra e a tornare per darle manforte contro Ottaviano. Il suo esercito si asserragliò a Perugia, e l'assedio rimase celebre per i proiettili lanciati dalle catapulte e ancora conservati, che recano incise orribili e volgari minacce rivolte a Fulvia.

Alla fine Perugia cadde sotto l'impeto di Ottaviano, o meglio di Agrippa. Era il 15 marzo del 43 avanti Cristo: per celebrare il primo anniversario dell'assassinio di Cesare, il pronipote fece uccidere su un altare eretto in suo onore trecento prigionieri. A chi gli chiedeva grazia rispondeva: «Moriendum esse», tutti prima o poi dobbiamo morire.

Fulvia riuscì a fuggire in Grecia, dove si spense, distrutta nel fisico e nel morale. Antonio se ne rallegrò: poteva riavvicinarsi a Ottaviano sposando sua sorella, Ottavia, ovviamente tenendosi Cleopatra; anche perché Ottavia, considerata un modello di virtù, non era la compagna ideale di un lussurioso come Antonio.

Anche Ottaviano doveva risposarsi. Pensò a Scribonia, donna affascinante anche se più anziana di lui, imparentata con Sesto Pompeo: il figlio più giovane di Pompeo Magno, che disponeva anche lui di un suo esercito, con cui teneva la Sicilia. Era insomma un matrimonio politico, anche se si sarebbe rivelato inutile. Solo dopo aver celebrato le nozze, Ottaviano seppe che Sesto Pompeo aveva stretto un'alleanza con Antonio.

Uno dei poeti della cerchia di Mecenate, Virgilio – animo sensibile, angosciato dalle guerre civili –, profetizzò che dalle nozze tra Ottaviano e Scribonia sarebbe nato un "puer", un bambino, che avrebbe chiuso l'età del ferro e aperto l'età dell'oro. Il sogno di Virgilio era la palingenesi dell'umanità, la rinascita dell'ideale romano e universale dopo tanto sangue, tanta violenza. In età cristiana, si pensò che il puer fosse Gesù, nato in effetti al tempo di Ottaviano Augusto, durante il censimento indetto in tutto l'impero; per questo Dante pensa Virgilio come un precursore del cristianesimo, come il servo che cammina all'indietro con la sua fiaccola per illuminare il cammino del padrone.

Più prosaicamente, nel Medioevo Virgilio era considerato un mago; e per secoli i napoletani hanno lasciato sulla sua tomba lettere con richieste d'aiuto, se non di miracoli. Anche per Virgilio, come per Cicerone, non ci sono prove certe che quella sia davvero la sua tomba. È un posto bellissimo, in un parco che guarda il mare. Accanto a Virgilio riposa un altro grande poeta, Giacomo Leopardi. Fino a poco tempo fa per arrivare alla tomba bisognava farsi largo tipo Indiana Jones in una vegetazione lussureggiante; oggi invece è stata riaperta al pubblico.

La profezia di Virgilio, però, era sbagliata. Le guerre continuarono. L'età del ferro non era finita. E dal matrimonio tra Ottaviano e Scribonia non nacque un puer, bensì una "puella", una bambina, Giulia. Donna eccezionale, che però darà al padre più amarezze che soddisfazioni.

Il giorno in cui Giulia venne al mondo, Ottaviano divorziò. Voleva una donna più giovane: Livia, un'aristocratica che aveva solo diciannove anni. Però era già sposata, aveva già un figlio, Tiberio Claudio Nerone, e ne aspettava un altro. Ottaviano la obbligò a divorziare e la sposò incinta di sei mesi. Quando nacque il bambino, Druso Claudio Nerone, lo fece riportare al padre, dicendo sprezzante: «Non è roba mia».

Questo lato oscuro del giovane Ottaviano riemerge in molte occasioni. Quando in Sicilia sconfigge Sesto Pompeo, sempre grazie ad Agrippa, fa crocifiggere seimila schiavi fuggiaschi che combattevano con lui; poi si sbarazza di Lepido, relegato nella sua villa al Circeo.

Oltre che di spietatezza, Ottaviano dà prova di astuzia. Insiste con sua sorella Ottavia perché raggiunga Antonio in Grecia; ma Cleopatra non vuole la moglie legittima tra i piedi, e convince Antonio a rimandarla indietro.

A Roma lo scandalo è enorme. A una matrona romana Antonio preferiva una sovrana straniera, che riconosceva come regina non solo dell'Egitto ma pure di Cipro e della Libia: terre che i legionari avevano conquistato con il loro sangue. Inoltre Antonio chiamava "re dei re" Cesarione, sostenendo che fosse il vero erede di Cesare, il suo unico figlio maschio.

Antonio scriveva a Ottaviano lettere volgari, ricordandogli che pure lui aveva altre donne oltre alla moglie: «Ti sarai fatto anche Terenzia, la moglie di Mecenate, e poi Tertulla o Terentilla o Rufilla o Salva Titisenia, o tutte. Ma ha importanza sapere dove e per chi ti si drizza?». Poi, come sommo sfregio, ripudiò Ottavia.

La guerra era inevitabile. E Ottaviano aveva in serbo uno stratagemma per compattare il popolo dalla sua parte.

Sapeva che Antonio aveva già fatto testamento, e l'aveva consegnato alle vestali. Ottaviano violò il tempio, strappò il testo dalle mani delle vergini sacre – proprio come aveva fatto l'altro con il testamento di Cesare, che però almeno era morto –, e lo lesse in pubblico. Antonio chiedeva di essere sepolto non a Roma ma ad Alessandria, accanto ai faraoni. L'Egitto sarebbe andato a Cleopatra e a Cesarione; i suoi figli, Elios e Selene, avrebbero avuto altre terre a Oriente. Di fatto era lo smembramento dell'impero. Il baricentro del mondo si spostava dall'Urbe al delta del Nilo.

I romani reagirono con rabbia. È vero che quattrocento senatori, consapevoli della forza militare di Antonio, lasciarono la città per raggiungerlo ad Alessandria; ma in questo modo Ottaviano era ormai padrone di Roma. Antonio lo attese in Grecia con diciannove legioni. E qui accadde qualcosa di misterioso.

Antonio era un grande comandante militare, un uomo che aveva amato molto la guerra. Ma ormai aveva cinquantadue anni, venti più del rivale. E le mollezze dell'Oriente ne avevano spento l'ardore bellico. Inoltre si era innervosito, al punto forse di perdere lucidità, quando scoprì che Ottaviano aveva mandato un messo a Cleopatra, con un messaggio ambiguo: le offriva la pace e pure il suo amore, purché lei uccidesse Antonio.

La battaglia infuriò ad Azio, un promontorio sullo Ionio, a nord del Peloponneso. Antonio e Cleopatra avevano cinquecento navi, cento in più di Ottaviano e Agrippa. Non si è mai capito bene cosa sia accaduto. A un tratto la flotta di Cleopatra fuggì, forse considerando persa la battaglia. Quella di Antonio si mise all'inseguimento, non si sa se per trattenerla o per unirsi alla fuga. Virgilio scrisse pagine ispiratissime, con Ottaviano ritto sulla sua ammiraglia e Antonio alla testa di un'orda barbarica; ma il grande scrittore non capiva molto di tattica militare, e comunque non era quello il suo obiettivo.

Per celebrare la vittoria, Ottaviano commissionò una tragedia a un altro poeta, Lucio Vario Rufo, versandogli un anticipo che oggi non spetterebbe neppure a Dan Brown: un milione di sesterzi. Anche Properzio e Livio furono ispirati dal trionfo del nuovo padrone. Solo Orazio rifiutò di omaggiarlo. Ottaviano ci rimase malissimo e gli scrisse: «Devi sapere quanto io sia irritato con te perché nelle tue opere mi trascuri. Forse hai paura di comprometterti con i posteri, i quali potrebbero pensare che sei mio amico?». In sostanza, Ottaviano rimproverava a Orazio di non volergli abbastanza bene, e di non essere disposto a riconoscere la sua grandezza.

A dire il vero, dopo la sconfitta di Cleopatra Orazio scrisse una poesia oggi molto famosa, in particolare per il suo attacco: «Nunc est bibendum», ora dobbiamo bere, festeggiare, versare il vino migliore. Anche qui il modello è un lirico greco, Alceo, che quando muore l'odiato tiranno Mirsilo festeggia: «Ora dobbiamo prendere la sbornia, bere a forza...». Spesso viene ricordato che Orazio definisce Cleopatra «fatale monstrum». Ma monstrum in latino non vuol dire mostro. Vuol dire prodigio. Ottaviano piomba sull'Egitto come lo sparviero sulle colombe, come il cacciatore sulla lepre. Ma Cleopatra non intende diventare una preda, non vuole lasciarsi mettere in catene.

«Lei nobilmente cercò la morte,
e della spada non ebbe la paura che hanno le donne,
e non riparò con la flotta su spiagge nascoste;
con volto sereno osò guardare la reggia distrutta
e tenere in mano i serpenti feroci
e accogliere nel suo corpo il nero veleno,
più fiera per avere deciso la morte,

affinché le navi crudeli non la portassero da persona qualsiasi,
lei, donna non di umili origini, nel superbo trionfo».

Orazio insomma riconosce il coraggio e la dignità della fine di Cleopatra, che ebbe le tinte fosche e affascinanti di una tragedia shakespeariana.

Antonio, convinto che lei sia già morta, si pugnala, per scoprire prima di spirare che in realtà Cleopatra è ancora viva; soltanto più tardi lei, dopo aver tentato inutilmente di sedurre pure Ottaviano, si ucciderà, forse facendosi mordere da un aspide, impugnato come una lama. La storia finisce con un doppio suicidio: praticamente come Giulietta e Romeo.

Forse Virgilio penserà anche a Cleopatra, quando nell'Eneide metterà in scena Didone che seduce Enea. Mentre Dante pone insieme, fianco a fianco, Cleopatra e Didone tra le anime lussuriose, accanto a Elena, Semiramide, e ovviamente Paolo e Francesca.

Ottaviano entrò ad Alessandria e, memore dell'esempio di Cesare con Pompeo, pianse la morte di Antonio. Però non si trattenne dal leggere in pubblico alcune lettere che si erano scambiati, da cui traspariva la distanza tra il linguaggio letterario e conciliante di Ottaviano e quello ruvido e aggressivo del suo nemico. Fece uccidere Cesarione e, già che c'era, pure Antillo, il figlio che Antonio aveva avuto da Fulvia. Non ebbe Cleopatra viva; nel trionfo dovette accontentarsi di trascinare dietro di sé una sua statua, adagiata sul letto di morte, oltre ai gemelli Elios e Selene in catene. Nessuno toccò le due figlie che Antonio aveva avuto da Ottavia: erano pur sempre le nipoti di Ottaviano.

Dei senatori schieratisi con Antonio, alcuni furono uccisi sul posto, gli altri vennero banditi da Roma. In ogni caso, per non correre il rischio di fare la fine di Cesare, ogni volta che andava in Senato Ottaviano portava una corazza sotto la tunica, ed era circondato da dieci fedelissimi.

Divenuto padrone di Roma, il futuro Augusto si concentra su quello che sa fare meglio: governare. Con lui rinasce la città e nasce l'impero.

Fa costruire un nuovo Foro, in cui la sua statua si staglia accanto a quella di Enea e Romolo, il progenitore e il fondatore di Roma; e stabilisce che vi si possa andare soltanto con la toga, come oggi nei tribunali, e non semplicemente con tunica e mantello. Intere strade sono vietate ai carri: Ottaviano è anche l'inventore dell'isola pedonale.

I senatori hanno diritto a un posto in prima fila agli spettacoli; ma è loro vietato recitare sul palcoscenico, anche una sola volta nella vita. In compenso a Roma lavorano attori di ogni lingua, oltre ad atleti, aurighi, gladiatori. Con la plebe Ottaviano è generoso: sono 250 mila i romani che hanno diritto a ricevere grano, olio e vino gratis. Dal Tevere viene ricavato un bacino su cui si mette in scena la battaglia di Salamina, tra greci e persiani: è uno spettacolo grandioso, con tremila figuranti.

Per la prima volta l'Italia viene divisa in regioni. Non sono venti come adesso, ma undici. Lazio e Campania sono unite, come Lucania e Bruzzio, Apulia e Calabria, Venezia e Istria, che vanno da Bergamo a Pola, come sarà ai tempi della Serenissima; e poi il Sannio, il Piceno, l'Umbria, l'Etruria, l'Emilia, la Liguria, la Gallia transpadana. Sicilia, Sardegna e

Corsica sono province a sé stanti; oggi diremmo regioni autonome.

Il potere – imperium – di Ottaviano è enorme, come la sua ricchezza: le sue terre sono lavorate da centomila schiavi. Non tutti però assecondano la sua personalizzazione del dominio.
Anche i suoi amici della vita sono divisi sul punto. Agrippa gli fa notare che «il potere assoluto non piace al popolo e sarà difficile per te. Non si può togliere alla plebe la libertà di cui ha goduto per tanti anni». Mecenate invece lo invita a prendere il potere nelle sue mani, «perché il popolo deve essere governato da uno solo. Se non lo facessi, tradiresti te stesso e la patria. Se ti spaventa il nome di re, esecrato da tutti, agisci sotto quello di Cesare. Così non sarai esposto ad alcuna invidia». Una soluzione geniale: evitare i titoli del passato, per assumere quello che per secoli sarà sinonimo dell'impero, Cesare. L'idea piace a Orazio: «Tua, Caesar, aetas»: cominciava una nuova età, in cui le messi cresceranno floride e i costumi dei padri saranno restaurati.
Viene esclusa l'idea di attribuirgli pure l'appellativo di Romolo, che evoca direttamente la monarchia. Semmai lo chiamano "princeps": il primo tra i romani. Ma anche Augusto, un nome inventato per lui, una via di mezzo tra augur – augure, indovino – e auctoritas, autorità: segno che il potere religioso e quello civile ormai coincidevano. Il nome stavolta convince Virgilio, che fa dire ad Anchise, quando negli Inferi mostra al figlio Enea la sua discendenza: «Questo è il grande Cesare Augusto, figlio del divo, divo egli stesso, che porterà al Lazio il secolo d'oro».

Se il mese di Quintilis era diventato luglio in onore di Giulio Cesare, che in quel mese era nato, il mese successivo, Sextilis, diventa agosto in onore di Augusto, anche se lui in realtà era nato il 23 settembre. Si fa anche costruire una tomba in riva al Tevere, rompendo la tradizione secondo cui nessuno poteva essere sepolto entro le mura; e nell'Ara Pacis fa scolpire i volti dei suoi familiari.

Augusto è forse il primo uomo della storia di cui tutti o quasi i contemporanei conoscono il volto, sia pure con opportuni abbellimenti. Sono state trovate, sparse in ogni angolo del mondo romano, almeno duecentocinquanta statue che lo ritraggono. La propaganda è importantissima: sia quella rivolta al popolo, sia quella concepita per i colti e i letterati, di cui si occupa Mecenate con i suoi amici.

Augusto pensa ormai apertamente all'impero, a una dimensione universale. Indice tre censimenti: il primo darà un totale di quattro milioni di capifamiglia, l'ultimo di cinque milioni; sono esclusi donne, bambini e schiavi.

Una flotta romana naviga nel mare del Nord, dall'India arrivano ambasciatori. Nelle sue "Res gestae", il riassunto della sua vita, Augusto terrà a ricordare che a lui hanno chiesto aiuto, per recuperare il trono, re deposti dai nomi immaginifici: «Artavasde re dei medi, Artassare degli adiabeni, Dumnobellauno e Tincommio dei britanni». A Roma viene chiuso il tempio di Giano: segno che le guerre, almeno quelle civili, sono finite.

Orazio compone il "Carmen saeculare", in cui si rivolge al sole: «Il tuo raggio non vedrà mai nulla più grande di Roma». Parole che duemila anni dopo Giacomo Puccini tradurrà in musica, nell'Inno a Roma, che è del 1918, quindi più antico del fascismo.

Una formidabile macchina da guerra

L'impero di Augusto è l'impero della ragione.

Viene riorganizzato il fisco. A lungo la riscossione delle tasse era stata affidata a società private, che ovviamente spremevano il più possibile la popolazione; d'ora in poi il compito sarebbe spettato a un funzionario dell'imperatore, il procurator.

Vengono migliorati le strade e il servizio di posta. Per la prima volta nella storia, accade a molti uomini di vivere e morire in posti molto lontani da quello in cui erano nati, di mangiare cibi coltivati in luoghi remoti, di adorare divinità importate dall'estremo Oriente, di leggere libri scritti altrove, di scambiare merci che avevano fatto lunghi viaggi: olio dalla Spagna, vino dalla Gallia, grano dal Nord Africa, spezie dall'Egitto, zanne d'elefante dall'Etiopia, lana da quella che oggi chiamiamo Turchia, legno di cedro dal Libano... E con le merci viaggiano le culture, le idee, le fedi, o almeno le superstizioni.

Il soldato diventa ufficialmente un mestiere: la ferma dura sedici anni, alla fine al legionario è garantita la liquidazione; in teoria nessuno dipenderà più dal proprio comandante, tutti dipenderanno dallo Stato, cioè da Augusto.

Il successo delle armi romane è tale che Tito Livio si diverte a chiedersi: se avessimo dovuto scontrarci con i macedoni di Alessandro Magno, chi avrebbe vinto? Per concludere che le legioni avrebbero prevalso sulle falangi, per due motivi. La riserva quasi inesauribile di rinforzi, che affluivano da ogni parte dell'impero: Roma poteva perdere una battaglia, non la guerra. E la migliore organizzazione di comando. I macedoni dipendevano da un capo carismatico; i romani avevano una catena disciplinata, che dal centurione risaliva sino all'imperatore. Del resto, l'impero romano dominerà il mondo per secoli, senza che nella storia sia rimasto davvero il nome di un suo generale (a parte Cesare, che era molto altro e molto di più). Tutti ricordano semmai i nemici dei romani: Pirro, Annibale, Mitridate. Che però si trovarono di fronte non soltanto un comandante e un esercito, ma un sistema, una strategia, una cultura militare, una città e uno Stato che, prima ancora che il termine venisse coniato, si poteva già considerare un impero.

Per questo, secondo Tito Livio, Augusto avrebbe sconfitto Alessandro, anche senza incrociare le armi con lui sul campo di battaglia.

Non c'è soltanto orgoglio nazionale dietro quel ragionamento. Il legionario romano non era un guerriero; era un soldato. Il suo obiettivo non era una morte gloriosa, ma una vita migliore grazie all'oro sottratto al nemico e alle terre assegnategli dai suoi comandanti vittoriosi. E il generale non era una figura eroica, che guidava assalti per vincere o morire; era un organizzatore paziente, che curava le linee di collegamento, innalzava fortificazioni, sapeva di avere il tempo dalla propria parte, ed era disposto ad attendere la resa del nemico per fame piuttosto che dissanguarsi in attacchi frontali.

I legionari di Augusto e dei suoi successori erano in guerra come Rafael Nadal nel tennis: non sempre in grado di schiacciare il nemico; ma difficilissimi da sconfiggere.

Eppure proprio sotto il dominio di Augusto Roma andrà incontro a una delle sconfitte più umilianti della sua storia.

Augusto ha il senso dell'amicizia, e anche quello dell'umorismo. Prende in giro Orazio per la sua pancetta, ma gli consente di violare le norme che vietano il celibato e di restare tenacemente single. Chiama Mecenate «cocco delle prostitute». Si prende cura di Virgilio, gli fa restituire le sue terre lungo il Mincio, vicino a Mantova, che erano state espropriate per darle ai veterani.

Soprattutto, Augusto è un moralista. Teme gli eccessi. Fa allontanare da Roma gli stranieri perdigiorno, compresi astrologi e indovini, ma non i medici e gli insegnanti. Brucia i libri di profezie, che suggestionano gli animi dei semplici, ma non gli antichi Libri sibillini, che però vengono epurati dai passaggi ostili all'autorità di un uomo solo. Vuole che i romani facciano più figli: così premia le famiglie numerose, impone a tutti gli uomini al di sotto dei sessant'anni di sposarsi, e alle donne di dedicarsi alla famiglia rinunciando a lussi, abiti preziosi, gioielli, banchetti.

Quando una mamma mette al mondo cinque gemelli, le fa erigere una statua. Si infastidisce nel vedere i giovani che oggi definiremmo fluidi, senza un'identità sessuale definita, spesso depilati e vestiti con gusto che gli appare femminile. Maledice i celibi – «per colpa vostra Roma sarà presto dominata dai suoi nemici» – ed elogia i padri di famiglia: «Tutti insieme, nella successione delle generazioni, siamo come quelle fiaccole che passano di mano in mano, e ci assicurano l'immortalità». E qui è difficile non pensare, ovviamente in un altro contesto, alla «fiaccola che passa a una nuova generazione di americani» del discorso di insediamento di John Fitzgerald Kennedy.

Augusto impone un tetto a quanto si può spendere nei giorni feriali, e un altro un po' più alto per i giorni festivi;

per le nozze, però, spesa libera. Lui evita la lettiga, preferisce girare a piedi, si ferma volentieri a parlare con i passanti, come piaceva a Cesare; ma quando entra in Senato fa cenno a tutti di restare seduti, con i senatori non si sa mai, meglio non urtarne la suscettibilità. Durante la peste si fa vedere in giro a distribuire cibo e a confortare i malati, come se fosse immune, quasi immortale.

Quando il governatore dell'Egitto, Cornelio Gallo, uomo del circolo di Mecenate, perde la testa e comincia a scolpire sugli obelischi scritte in cui celebra se stesso, Augusto lo esautora; e lui, per la vergogna, si suicida. Ma quando un altro amico, Nonio Asprenate, viene processato per omicidio, Augusto entra in aula e, senza dire una parola, si siede accanto all'imputato; i giudici ritengono opportuno assolverlo.

La vittima preferita dei suoi scherzi è il figliastro Tiberio, il primogenito della moglie Livia. Augusto non lo ama; e non solo perché il suo padre naturale si era schierato con Antonio. Lo trova un giovane vecchio, lo prende in giro per il suo latino desueto. Gli preferisce Marcello, figlio di sua sorella Ottavia, e quindi suo nipote; che diventa anche suo genero, visto che Augusto gli dà in sposa la figlia Giulia, che ha appena quattordici anni.

Durante il trionfo per la vittoria di Azio, sia Marcello sia Tiberio seguono il princeps a cavallo; ma Marcello è alla sua destra, al posto d'onore; Tiberio alla sua sinistra. Entrambi accompagnano Augusto nella campagna in Spagna, contro le popolazioni ribelli della Cantabria e delle Asturie, ma più come mascotte che come guerrieri: organizzano giochi per i soldati, e quando il comandante si ammala e si ritira nel campo di Tarragona – la città catalana che ancora custodisce un meraviglioso anfiteatro sulla spiaggia – loro restano al suo fianco, a fargli compagnia.

Con Marcello, Augusto ha una sintonia immediata. Lo considera il figlio maschio che non ha mai avuto. La sua predilezione per lui è tale che Agrippa ne resta ferito.

Agrippa si considera l'erede naturale: Augusto gli deve tutto, a cominciare dalle vittorie militari; ma lui ormai si pensa come fondatore di una dinastia, e come successore vorrebbe un membro della sua famiglia. Vistosi messo da parte, Agrippa parte per l'Oriente, a Mitilene, sull'isola di Lesbo.

Poi, all'improvviso, la ruota della fortuna diede un giro.

Marcello muore a vent'anni, per un male misterioso. Augusto l'ha affidato al suo medico personale, Antonio Musa, ex schiavo greco, che curava i dolori e le debolezze del sovrano con bagni ghiacciati: oggi la chiameremmo crioterapia. Ma il freddo manda al creatore Marcello in pochi giorni, per la perfida gioia dei rivali romani del dottore di corte.

Augusto è disperato. Compone versi in onore del giovane defunto, declama la sua orazione funebre, gli dedica il grande teatro ai piedi del Campidoglio, i cui resti – tre ordini di arcate su cui poggia un palazzo medievale – si chiamano ancora oggi teatro di Marcello. Per celebrare il giovane estinto si tengono grandi combattimenti in cui i gladiatori uccidono seicento animali feroci; purtroppo la sedia da cui assiste Augusto si spezza, e l'imperatore cade a terra nel modo più umiliante. Commosso, Virgilio trova posto a Marcello nell'Eneide, come promessa mancata.

Il meno infelice è Agrippa, che viene trionfalmente richiamato in patria. Augusto gli dà in moglie la figlia Giulia, che è rimasta vedova a ventun anni; Agrippa ne ha esattamente il doppio, quarantadue. Mecenate, che lo considera un rivale nel cuore di Augusto, commenta: «Quell'uomo era al bivio tra essere ucciso e diventare il genero dello Stato». È prevalsa la seconda opzione.

Il 21 settembre del 19 avanti Cristo muore Virgilio, a cinquantun anni. Lo ha prostrato il viaggio da Atene a Brindisi, in compagnia di Augusto. L'imperatore pretendeva che il poeta gli leggesse l'Eneide ad alta voce; ma Virgilio era schivo, temeva di essere rimproverato per qualche passaggio sgradito al capo, né intendeva modificarlo per questo. Prima che la tubercolosi lo soffocasse, aveva ordinato che la sua opera venisse distrutta; ma Augusto stabilisce che sia salvata e pubblicata.

Con Ovidio invece l'imperatore è spietato. Lo manda in esilio sul mar Nero, a Tomi, e fa bruciare nel Foro la sua Ars amatoria. A Roma si dice che il poeta avesse una storia con la figlia di Augusto, Giulia. Ma gira una voce ancora più scabrosa: Ovidio avrebbe assistito a una celia erotica tra padre e figlia, sconveniente per chiunque, a maggior ragione per un moralista come Augusto. Il poeta stesso sembra alludervi, quando scrive: «Perché ho visto qualcosa? Perché feci colpevoli i miei occhi? Perché il fato volle che io scoprissi una colpa?». Poi evoca una storia delle sue Metamorfosi, quella di Atteone trasformato in cervo per aver guardato una scena d'amore tra Diana e le ragazze della sua cerchia: «Atteone vide Diana nuda; lo fece senza volerlo, eppure fu sbranato dai cani. Per gli dei la colpa e l'offesa, anche se involontarie, sono un delitto; e bisogna scontarlo». Augusto come Diana, e Ovidio come Atteone: punito senza responsabilità, per aver violato l'intimità del nuovo dio di Roma.

Ogni tanto si scopriva un complotto per ucciderlo; in questi casi la pena di morte era inevitabile, per quanto il reo potesse essere vicino all'imperatore. Fu suppliziato anche Varrone, fratello di Terenzia, moglie di Mecenate e forse amante di Augusto.

Altri manifestano il loro dissenso in forma pacifica, sfilando sul Foro; comprensivo, l'imperatore ritira alcuni tra i provvedimenti più drastici contro il lusso e a favore delle nascite. Passa invece un provvedimento che ai nostri occhi appare odioso, ma che nel codice penale italiano è rimasto in vigore fino al 1981: il delitto d'onore. Il padre o il marito che trova la moglie o la figlia con un altro uomo e la uccide resterà di fatto impunito. Stavolta sono le donne a ribellarsi: un corteo occupa il Foro; accade che nei processi le matrone si dichiarino prostitute, cui non si applicano le nuove norme moralizzatrici.

Una figlia ripudiata e un erede non amato

La figlia Giulia darà ad Augusto cinque nipoti: Caio, Lucio, Giulia Minore, Agrippina e Agrippa, detto Postumo perché nel frattempo il padre era morto, prostrato dalla guerra in Pannonia, l'attuale Ungheria.

A quel punto Augusto adotta i primi due nipoti, e attribuisce loro il nome di Caio Cesare e Lucio Cesare: tutto pur di non riconoscere come erede Tiberio, nonostante le insistenze di sua madre Livia, l'imperatrice la cui influenza a Roma cresce ogni giorno. In cambio, Livia ottiene che Tiberio sposi Giulia, la figlia di Augusto, rimasta di nuovo vedova.

Tiberio era contrarissimo: amava sua moglie, Vipsania Agrippina, la figlia di Agrippa, che gli aveva già dato un figlio ed era incinta del secondo. Augusto però non sentì ragioni: Agrippina doveva essere ripudiata. Tiberio ne soffrì molto, quando la incontrava per strada la guardava con gli occhi pieni di lacrime. Da Giulia ebbe un solo figlio, che morì in culla. Tiberio conosceva la sfrenatezza sessuale della sua nuova moglie, e non la apprezzava. Era come se, costretta ogni volta dal padre per ragioni politiche a sposare uomini che non amava, Giulia volesse rivendicare la propria libertà. Tiberio separò i letti (come la moglie di Fantozzi) e partì per la guerra.

A differenza di Augusto, Tiberio era un ottimo comandante militare. Con il fratello Druso ideò una manovra a tenaglia per debellare i popoli germani che vivevano al di là delle Alpi, i vindelici in Baviera e i rezi nel Tirolo (da cui il nome di Alpi retiche). Augusto incluse i popoli sconfitti nell'orbita romana, istituendo per loro la provincia della Rezia e il regno norico, che portava così i confini dell'impero sino al Danubio.

Poi Tiberio e Druso domarono la Dalmazia, invasero la Pannonia, che dopo la morte di Agrippa si era ribellata, e puntarono verso nord, sino al fiume Elba. Tiberio stava tornando a Roma, per celebrare il meritato trionfo, ed era già in Italia quando seppe che il fratello era caduto da cavallo e si era rotto una gamba. Presagendo il peggio, ritornò dal Ticino all'Elba valicando le Alpi e cavalcando giorno e notte: fece in tempo a stringere Druso tra le braccia, prima che spirasse.

Anche all'apogeo della loro potenza, la sorte ricordava in ogni circostanza agli antichi romani che erano fragili e mortali.

Tiberio tornò dalla Germania a piedi. Il trionfo divenne un corteo funebre. Anche Augusto soffrì: voleva bene a Druso, suo compagno preferito nel gioco dei dadi, perché quando perdeva lanciava grida disperate che divertivano l'imperatore. Orazio scrisse: «Dulce et decorum est pro patria mori», morire per la patria è dolce e dignitoso, è un piacere ed è un dovere. Si era dimenticato di quando a Filippi aveva gettato lo scudo per non essere appesantito nella fuga.

Nel vedere che nonostante le sue vittorie Augusto gli preferisce smaccatamente i nipoti Caio e Lucio, nominati consoli a quindici anni, Tiberio prende la stessa decisione di Agrippa: parte per l'Oriente. Lascia a casa la moglie infedele Giulia, che lo tradisce in modo spudorato, offrendo banchetti in onore dei suoi amanti, tra cui c'è anche il figlio di Marco Antonio, Iullo. Si racconta che tenga orge all'aperto, e che celebri ogni adulterio portando fiori alla statua di Marsia, il satiro, ovviamente raffigurato nudo e non a riposo. Tiberio abbandona anche il figlioletto, che aveva chiamato Druso come l'amato fratello. Non ascolta i ragionamenti di Augusto né le preghiere della madre – «figlio non fare pazzie, il futuro ti appartiene!» –, e va in esilio volontario a Rodi, dov'erano stati anche Cicerone e Cesare a perfezionare i loro studi di retorica. Ha solo trentasei anni.

Indignato con la figlia, Augusto la fa relegare sull'isola di Ventotene. Lei piange e si dispera, e lui le permette di spostarsi in una città, Reggio Calabria; purché non si faccia più vedere a Roma. Qualcuno sostiene che abbia pensato persino di farla uccidere. Anche tutti i suoi amanti sono mandati in esilio, tranne il figlio di Marco Antonio che, condannato a morte, si suicida. Altri mormorano che l'imperatore sia segretamente innamorato della figlia: Caligola dirà che sua madre Agrippina era nata dal rapporto incestuoso tra Augusto e Giulia.

L'imperatore sente che sta per cominciare il suo declino. Non ha mai amato lavarsi, però ora prende spesso lunghi bagni caldi, per meditare e ricapitolare la vita che ha vissuto. Vorrebbe scrivere le proprie memorie, ma sa di non avere il dono di scrittura di Cesare. In compenso tiene un diario, dove annota tutte le opere che ha commissionato: le biblioteche, gli acquedotti, le strade – ha fatto ricostruire a sue spese la via Flaminia da Roma a Rimini –, il restauro di ottantadue templi. «Ho trovato Roma fatta di mattoni, la lascio di marmo» annota.

Il monumento più bello dell'epoca è il Pantheon; accanto sorgono le prime terme pubbliche. Si scolpiscono statue di Augusto in piedi, a cavallo, alla guida di una quadriga, di aspetto sempre più marziale, man mano che le sue sembianze si fanno deboli e malate. L'imperatore compila epigrammi: «Fugit hora, iocemur!»; il tempo fugge, scherziamoci su. Inizia una tragedia, l'Aiace, ma non la finisce. Con l'autobiografia si ferma alla guerra in Cantabria; si limiterà a una sintesi, le Res gestae, un lungo elenco di frasi che cominciano tutte così: «Ho fatto...». È superstizioso, porta sempre con sé un talismano, una pelle di foca. Una notte un fulmine sfiora la sua lettiga, un servo muore folgorato, lui ringrazia Giove per averlo protetto. Non sa che il destino gli riserva prove terribili.

«Varo, rendimi le mie legioni»

Nell'8 avanti Cristo, 745 anni dopo la fondazione di Roma, la cultura latina subisce due perdite irreparabili. Alla fine di settembre muore Mecenate, il 27 novembre Orazio: entrambi lasciano il loro patrimonio ad Augusto, che annuncia di non voler più uscire da Roma in segno di lutto. Non erano scomparsi soltanto un ottimo organizzatore di cultura e un grande poeta; gli artisti della cerchia di Augusto avevano creato un'idea, il governo universale, la pace per tutti gli uomini, ovviamente sotto il comando di uno solo.

Qualche tempo dopo, l'imperatore ebbe una visione. Era in Campidoglio quando lo investì la sensazione che qualcosa di formidabile e inspiegabile fosse accaduto in Giudea. Agli scrittori cristiani non parve casuale che Gesù fosse nato proprio al tempo di Augusto; e non solo perché il censimento da lui indetto aveva costretto Giuseppe a tornare nel suo paese natale, Betlemme, in modo che le profezie potessero avverarsi. Il figlio di Dio non poteva che tornare nel mondo e nella storia in piena età dell'oro. Eppure, anche se per secoli i cristiani attribuirono la colpa agli ebrei, Gesù fu crocifisso dai romani; che poco tempo dopo avrebbero spazzato via il suo popolo, con la distruzione del tempio e la diaspora. Coincidenze che, come vedremo, ispireranno scrittori, artisti, registi nei secoli a venire.

È proprio in quei mesi che Augusto matura la decisione di far tornare Tiberio dall'esilio. Dopo otto anni, Livia può riabbracciare il figlio. Forse l'imperatore ha avuto un presentimento. Ai due giovani eredi designati non resta molto da vivere.

Il giovane Lucio Cesare parte per la Spagna, ma a Marsiglia si ammala all'improvviso e muore. Qualcuno a Roma dice che Livia l'ha fatto avvelenare.

Due anni dopo suo fratello, Caio Cesare, viene ferito in Armenia, dov'è stato inviato a domare una rivolta. Il comandante ribelle, Addone, ha chiesto a Caio un incontro, ma a tradimento ha estratto una daga e l'ha colpito. La ferita non pare grave, e le legioni hanno avuto facilmente ragione degli armeni; ma nel viaggio di ritorno Caio peggiora e muore a ventitré anni. Di nuovo si sospetta l'intervento di Livia.

Augusto ripiomba nella depressione. Fa collocare le ceneri dei due nipoti nel suo mausoleo, accanto a quelle di Marcello. Riempie Roma con i loro busti, ordinando che i volti di Caio e Lucio somiglino il più possibile al suo. E si rassegna ad adottare come figlio Tiberio, che a questo punto sarà chiaramente il suo successore per mancanza di alternative: gli altri sono tutti morti. Ci sarebbe ancora Agrippa Postumo, il più giovane dei nipoti di Augusto: ma è omosessuale, e viene esiliato sull'isola di Pianosa.

Il 26 giugno del 4 dopo Cristo Tiberio viene solennemente adottato da Augusto come figlio. Livia trova pace.

C'è però un'altra nipote, Giulia Minore, che procura solo dolore al nonno, praticando il libero amore: nella sua ansia moralizzatrice, Augusto relega pure lei su un'isola deserta, Trimero, oggi San Domino, la più grande delle isole Tremiti, destinate in età moderna a diventare terra di carcere e di confino, ora paradiso turistico, con la casa dove Lucio Dalla ha scritto alcune tra le sue più belle canzoni.

Pur non essendo né amabile né brillante, Tiberio si confermerà un comandante militare intelligente e coraggioso. Per quattro anni combatte in Germania, sconfiggendo una tribù dopo l'altra. Ma quando, nell'autunno dell'anno 9, ritorna a Roma, pochi giorni dopo arriva una terribile notizia.

Tre delle migliori legioni – la diciassettesima, la diciottesima, la diciannovesima – sono state distrutte. Il loro comandante, Quintilio Varo, è caduto nella trappola di Arminio, capo dei cherusci, popolo alleato di Roma. Del resto Varo non era un soldato, ma un giurista. Non era lì, nella Germania nord-occidentale, per conquistare una provincia, ma per organizzarla: i romani consideravano quelle terre ormai loro. I soldati stavano tornando negli accampamenti invernali in riva al Reno, facendosi strada a colpi d'ascia nella foresta di Teutoburgo, quando sono stati attaccati a tradimento.

I germani non hanno fatto prigionieri. I superstiti sono stati crocifissi o sepolti vivi. Agli alberi della selva sono appese migliaia di teste, private degli occhi. La testa di Varo invece viene inviata a Roma.

Era dai tempi della grande vittoria di Annibale a Canne, e della sconfitta di Crasso contro i parti, che un esercito romano non veniva umiliato così.

Augusto piange tutto il giorno: «Varo, rendimi le mie legioni!» grida. Era stato un errore mettere la guerra germanica nelle mani di un personaggio minore, di cui Velleio Patercolo aveva scritto che quando arrivò in Siria come governatore la provincia era ricca e lui era povero, e quando vi uscì la provincia era povera e lui ricco.

La sconfitta di Teutoburgo segna uno spartiacque nella storia di Roma. Se in Germania oggi si parla tedesco e non una lingua neolatina, la responsabilità è di Arminio. In futuro i romani cercheranno aggiustamenti di confine, ma rinunceranno ai progetti di conquista. Le legioni distrutte non saranno ricostruite: si comincerà a dire che quei numeri portano sfortuna. Da allora nel mondo latino il 17 è sinonimo di sventura.

A Capri l'ultima volta

Verso la metà del mese di maggio del 14 dopo Cristo, un fulmine colpì la statua di Augusto in Campidoglio. Non la danneggiò, ma fece cadere la C di Caesar. C in latino indica il numero cento; così gli indovini decretarono che l'imperatore sarebbe morto entro cento giorni.

Augusto prese l'avvertimento molto sul serio, e si preparò alla fine. Andò a Pianosa a trovare il nipote Agrippa Postumo, dopo aver dato disposizione che né lui né la figlia degenere Giulia fossero deposti nel mausoleo di famiglia; ma la fine imminente addolciva l'animo dell'imperatore. Si rendeva conto di essere stato sin troppo severo con Tiberio, e lo invitò ad accompagnarlo a Capri: un viaggio segnato dal destino, perché molti anni dopo, divenuto padrone di Roma, Tiberio si sarebbe ritirato proprio là, per esercitare il comando al riparo dal mondo, e ritrovare il fascino di vivere su un'isola, che aveva provato nel lungo esilio a Rodi.

Augusto zoppicava. La gamba sinistra non reggeva più. Di solito si appoggiava alla moglie Livia; ma in quei giorni non disdegnò di chiedere sostegno a Tiberio.

Al largo di Pozzuoli la sua nave ne incrociò un'altra, proveniente da Alessandria. I passeggeri erano giovani vestiti di bianco e inghirlandati di fiori. Racconta Svetonio che fecero molte feste ad Augusto, bruciarono incenso in suo onore e lo ringraziarono: «Per merito tuo siamo vivi, per merito tuo navighiamo, per merito tuo siamo liberi e felici». Forse esageravano; ma oggi possiamo concludere che il viaggio di quella nave salpata dall'Egitto sia stata la prima crociera mediterranea della storia. Augusto si commosse e distribuì a ogni crocerista quaranta monete d'oro.

A Capri si fermò solo quattro giorni, allietati dagli efebi, per i quali l'isola – greca di lingua e di cultura – andava celebre. Diciannove secoli dopo, il barone Fersen, che nella sua splendida villa neoclassica proprio sotto quella di Tiberio ospiterà i femminielli capresi, non farà che rinverdire le tradizioni greco-romane. E pure Tiberio rivelerà un côté che non potremmo definire moralista.

Sulla via del ritorno a Roma, a Nola, Augusto morì. Era il 19 agosto del 14 dopo Cristo: non erano trascorsi cento giorni dal presagio del fulmine.

Tacito scrive che era stato assassinato dalla moglie, desiderosa di affrettare i tempi della successione di Tiberio; Dione Cassio entra nello specifico e sostiene che Livia avrebbe avvelenato alcuni fichi, di cui l'imperatore era ghiotto. Ma noi ci rifiutiamo di pensare che la pia imperatrice potesse aver anche solo pensato un così infame delitto. Di sicuro, appena Augusto chiuse gli occhi, sicari partirono alla volta di Pianosa, e fecero sparire suo nipote Agrippa Postumo dalla faccia della terra.

Prima di spirare, Augusto aveva chiesto uno specchio, si era fatto pettinare e imbellettare le guance. Poi, truccato come un attore, chiese ai cortigiani se aveva recitato bene il proprio ruolo nella commedia della vita. Infine si congedò, in greco, con la frase che chiudeva gli spettacoli a teatro: «Se tutto è andato bene, se il mimo vi è piaciuto, di un grande applauso rendetemi il tributo».

Aveva regnato per quarantuno anni; e a tutti parve chiaro che Roma non avrebbe più avuto un leader così. Si era mosso all'inizio con grande spietatezza, e sempre con altrettanto grande ragionevolezza. La crudeltà in lui non fu mai fine a se stessa: era un uomo duro, non sadico; aveva sempre un motivo. Praticò più la bonomia della bontà. Seppe usare la debolezza del corpo e la salute malferma per apparire pietoso; ma la mano e la mente furono sempre fermissime. Per lui avevano combattuto mezzo milione di legionari; e la riforma dell'esercito, ormai diventato un'armata di professionisti, era tra i suoi lasciti più duraturi. La Repubblica, incentrata sul cittadino soldato, era davvero finita per sempre. Scrisse Tacito: «Augusto si era propiziato le truppe con i donativi, il popolo con la distribuzione di grano, tutti con la dolcezza della pace».

Le guerre civili, almeno per il momento, erano finite. Lo Stato pensato e rifondato da Augusto sarebbe durato più di quattro secoli e, nella sua versione orientale, altri mille anni.

Sul suo mausoleo e nelle principali città dell'impero vennero iscritte su una lastra di bronzo le Res gestae, la sintesi delle sue imprese, raccontate in prima persona, come fosse la sinossi di un romanzo di avventura: «In Etiopia mi sono spinto fino alla città di Nabata, presso Meroe; nell'Arabia Felix il mio esercito è penetrato nel territorio dei sabei raggiungendo la città di Mariba; ho ricevuto ambasciate dai re dell'India; hanno invocato l'amicizia di Roma i bastarni, gli sciiti, i re dei sarmati che si trovano sulle rive del fiume Tanai...». Nomi esotici che agli antichi romani piacevano moltissimo.

Tiberio non era la sua prima scelta, e Augusto non lo nascose neppure nel testamento, che cominciava così: «Poiché la sorte atroce – atrox fortuna – mi ha rapito ancor giovani i

miei figli Caio e Lucio, nomino Tiberio Cesare mio erede...».
Il suo patrimonio andava in gran parte allo Stato, ma tre milioni e mezzo di sesterzi vennero divisi tra la plebe di Roma, sull'esempio di Cesare.

Il corpo fu cremato nel Campo Marzio, mentre veniva liberata un'aquila, per segnalare che Augusto, come già Cesare, era diventato un dio. La vedova Livia rimase cinque giorni a piedi nudi ad attendere che le ceneri si raffreddassero; e qualcuno vide in tanto zelo coniugale il fantasma di un rimorso.

Un uomo giurò di aver visto Augusto ascendere al cielo, diciannove anni prima di Gesù; Livia apprezzò e lo ricompensò con un milione di sesterzi.

C'è un episodio di Sandman – il fumetto di culto in Inghilterra e in America, divenuto una serie Netflix – dove il protagonista è Augusto. L'imperatore vive un'intera giornata da mendicante, per poter riflettere senza essere osservato dagli dei sulla condizione umana e sul futuro di Roma. In sonno è stato visitato da Sandman, l'Uomo della Sabbia, il Signore dei Sogni, che l'ha messo di fronte a un bivio: l'impero romano potrà estendersi all'infinito e durare sino all'eternità; oppure potrà fermare la propria espansione e decadere in pochi secoli. Ma Augusto, memore del male compiuto e più ancora di quello subìto – compresa la violenza a opera di Cesare –, sceglie la seconda opzione, condannando la propria opera alla caducità e Roma alla fine.

Ovviamente è un'opera di fantasia. È vero però che Augusto intuì che il suo impero era un capolavoro delicato, e ingrandirlo ulteriormente avrebbe aumentato il pericolo della sua distruzione. Infatti si raccomandò che l'impero non venisse allargato oltre i confini da lui individuati; e i successori gli diedero abbastanza retta. Unica eccezione, Traiano, che conquistò la Dacia e invase la Mesopotamia arrivando sino alla Persia; ma morì nel viaggio di ritorno, ebbe il trionfo solo in effigie; e il suo successore Adriano ordinò alle legioni di ritirarsi da molte di quelle terre.

I confini del mondo romano erano tracciati a ovest dall'Atlantico, a sud dal deserto, a nord e a est dai grandi fiumi: il Reno, il Danubio, l'Eufrate. Questo in linea di massima. In realtà, le frontiere dell'impero furono sempre elastiche: i romani badavano a non avere nemici ai confini, bensì popoli che formalmente non facevano parte dell'impero ma ne riconoscevano l'autorità.

L'unica eccezione sarà il Vallo di Adriano, che attraversava la Britannia da una parte all'altra, per oltre centodieci chilometri.

Confesso di non aver mai capito l'ostinazione con cui i romani si batterono laggiù. Che cosa mai importava loro di conquistare un'isola remota, fredda, piovosa, quasi disabitata, separata dal continente europeo da un mare burrascoso? L'asse del mondo era orientato da tutt'altra parte, verso Oriente. E se c'era un pericolo per Roma, veniva dalle tribù germaniche che vivevano a nord del Danubio e a est del Reno, mai sconfitte definitivamente, e che infatti si sarebbero riversate in Italia, mal protetta da difese naturali: il versante meridionale delle Alpi è molto più ripido, le montagne per gli eserciti romani erano molto più difficili da risalire di quanto non fossero per gli invasori; e l'Italia non ha fiumi di portata paragonabile a quella nordica, che potessero segnare un vero confine, un'autentica barriera difensiva.

I progenitori degli attuali inglesi se ne stavano tranquilli al di là della Manica. Eppure fu proprio contro di loro che i romani profusero sforzi militari estenuanti; al punto che uno degli imperatori più longevi, Settimio Severo, morì mentre conduceva una spedizione contro i ribelli a Eburacum, oggi York (e lì si spense anche il padre di Costantino, Costanzo Cloro). Come se i romani avessero intuito che il baricentro del mondo si sarebbe spostato nell'oceano Atlantico, e nei secoli a venire il controllo di quell'isola sarebbe stato fondamentale per dominare il pianeta.

Ed è a proposito della guerra dei romani contro i britanni che il grande Tacito scrisse: «Ubi solitudinem faciunt, pacem appellant», che nel linguaggio corrente è diventato: hanno fatto un deserto e l'hanno chiamato pace. Quando poi l'attuale Inghilterra sotto l'impero di Claudio fu romanizzata, e le élites cominciarono a indossare la toga, a parlare latino, a costruire terme e a educare i figli come piccoli romani, Tacito commentò implacabile: «Humanitas vocabatur, cum pars servitutis esset»; chiamavano civiltà quella che era in realtà una parte della loro schiavitù.

Fatto sta che il Vallo di Adriano separò la parte dell'isola sotto il controllo di Roma dalla Caledonia, che oggi chiamiamo Scozia (anche se il confine con l'Inghilterra non segue esattamente il percorso del muro). E la saga di re Artù prende forse inizio dagli ultimi soldati fedeli a Roma, rimasti in Britannia anche dopo la caduta dell'impero.

Non c'è da stupirsi se un potere così immenso poteva far vacillare l'equilibrio emotivo di chi lo deteneva, sin oltre i limiti della sanità mentale. Tiberio relegò se stesso sull'isola di Capri, anche per cercare requie dalle continue pressioni e responsabilità; e al pescatore che un giorno si avventurò nella sua reggia per offrirgli "'a meglio triglia", la triglia migliore, ordinò – seccato per la violazione della sua privacy – di strofinargli il pesce sulla faccia. L'uomo, per sua sfortuna, aveva arguzia, e commentò: «Meno male che non vi ho portato un'aragosta!». Tiberio gli fece straziare la faccia con un'aragosta.

Del suo successore Caligola si racconta che un giorno, conversando con i due consoli in un banchetto, sia scoppiato a ridere. «Perché ridi?» gli chiesero. «Perché penso che mi basterebbe un cenno del capo per farvi sgozzare tutti e due».

Claudio fece uccidere trentacinque senatori. Di Nerone fu scritto tutto il male possibile: mise nelle mani dei sicari la madre Agrippina, ammazzò la moglie Poppea incinta con un calcio – salvo poi pentirsene e farla divinizzare –; di fronte all'incendio di Roma diede mano alla lira, e il senatore Publio Clodio Trasea Peto fu costretto a suicidarsi perché rifiutava di applaudire le modeste prove teatrali del tiranno.

Anche a Commodo viene attribuita ogni sorta di nequizia, sino alla sua uccisione per mano di uno degli adorati gladiatori, Narcisso; e il popolo implorò che il corpo dell'imperatore venisse trascinato con un uncino e gettato nel Tevere, in quanto nemico della patria.

Certo è difficile capire dove finisce la storia e dove comincia la leggenda nera, alimentata proprio da quei senatori che si erano visti spogliare di ogni potere. Nella Roma imperiale non si era sempre liberi di esprimere le proprie opinioni: lo storico Aulo Cremuzio Cordo fu processato per tradimento e si lasciò morire di fame, dopo aver scritto un libro in difesa dei cesaricidi, in cui Cassio era definito "l'ultimo romano" (curiosamente la stessa espressione usata da Goebbels per Mussolini).

Del resto, pure sulla colonna che celebra le gesta di un "buono" come Marco Aurelio è raffigurata una strage di prigionieri: germani in fila con le mani dietro la schiena in attesa di essere decapitati; una barbarie che l'imperatore filosofo non nasconde, anzi rivendica.

Adriano si comportò come Nerone, quando fece divinizzare l'amato Antinoo, "l'uomo più bello del mondo", annegato nel Nilo. Mentre Tito, "la delizia del genere umano" come venne chiamato, è il carnefice del popolo ebraico, il distruttore del tempio di Gerusalemme; nel Talmud è scritto che per punizione un moscerino gli si infilò nel naso e gli rose il cervello a poco a poco.

Di sicuro, Caligola, Nerone, Domiziano, Commodo furono assassinati; e di quasi tutti gli altri si disse che erano stati avvelenati in gran segreto, magari dalle mogli, per aprire la strada ai successori.

In compenso l'imperatore era ormai adorato come un dio, anche da vivo. Gli attribuivano miracoli: di Vespasiano si raccontava che, prima ancora di prendere il potere, avesse risanato uno storpio e ridato la vista a un cieco sputandogli negli occhi, quasi come Gesù.

Nel frattempo, di crudeltà in crudeltà, di miracolo in miracolo, l'impero stava diventando davvero universale. Traiano e Adriano non erano romani, venivano dalla Spagna: entrambi erano nati a Italica, vicino a Siviglia, ed erano discendenti di coloni. Settimio Severo veniva dall'Africa, da Leptis Magna, la terra che oggi si chiama Libia.

In quel tempo, alla fine del secondo secolo, già metà dei senatori era di origine provinciale. A lungo il potere era stato nelle mani delle antiche famiglie romane, un po' come quando in America il presidente era di necessità un Wasp, bianco anglosassone protestante; ma ormai i confini dell'impero erano diventati talmente vasti, e gli abitanti si erano talmente mescolati, che le origini contavano sempre meno, e le capacità – la forza, l'energia, la spietatezza se necessario – contavano sempre di più.

Il figlio di Settimio Severo, Caracalla, nel 212 dopo Cristo concesse la cittadinanza romana a tutti gli abitanti liberi dell'impero. Più di trenta milioni di provinciali diventavano a tutti gli effetti romani. Caracalla non era un buono: l'anno prima aveva fatto assassinare il fratello Geta; e lui stesso cinque anni dopo sarebbe stato ucciso da una guardia del corpo. Semplicemente, Caracalla fece quello che riteneva insieme giusto e conveniente. In fondo stava replicando, su scala incomparabilmente più vasta, quello che quasi mille anni prima aveva fatto Romolo: trasformare gli stranieri e i senzapatria in romani.

Con l'editto di Caracalla viene a compimento un principio fondamentale dell'impero e in genere della civiltà latina: romani non si nasce soltanto; romani si diventa. La città-Stato si è allargata ai confini del mondo. Non ci sono più conquistatori e conquistati, vincitori e vinti; ci sono soltanto romani. Ogni cittadino del mondo può dire: «Civis Romanus sum».

6

COSTANTINO

L'impero cristiano

Potevano diventare romani pure gli dei.

Fin dalla fondazione, i romani avevano accolto le divinità dei popoli conquistati. Non avevano una religione di Stato: il loro pantheon fu composto a poco a poco, spesso importando le divinità greche e orientali.

Per gli antichi la sfera umana e quella divina non erano nettamente separate. I romani pregavano gli spiriti dei loro defunti. E divinizzavano i condottieri vittoriosi. L'Olimpo era scalabile. Il mondo degli dei e delle dee era permeabile.

Anche se le élites erano monoteiste, la molteplicità di dei cui si chiedeva una grazia in cambio di un sacrificio fa pensare a un cielo popolato da quelli che oggi chiamiamo santi e beati.

Perché allora i cristiani furono perseguitati per tre secoli, prima che il loro culto fosse tollerato, per venire alla fine imposto come religione di Stato?

Gli esperti se lo chiedono da sempre. La studiosa inglese Mary Beard dà una risposta interessante: perché il Dio cristiano non aveva patria. I romani davano per scontato che le divinità venissero da qualche parte: Iside dall'Egitto,

Mitra dalla Persia, Jahvè dalla Giudea; e in effetti gli ebrei, nonostante fossero tra i pochi popoli a essere insorti contro Roma, si sparsero nel mondo e abitarono molte città dell'impero convivendo con le altre fedi senza troppi problemi.

Il Dio cristiano si annunciava invece come universale. E i cristiani facevano proseliti. Non si accontentavano di essere tollerati; volevano convertire gli altri. Erano convinti di avere una missione. Certi di portare la verità e la salvezza.

I cristiani volevano cambiare il mondo. Non erano forse i primi. Ma erano i primi ad aver capito che per cambiare il mondo bisognava prima cambiare l'uomo.

Un Dio geloso e universale

Inoltre, i cristiani non erano disposti a riconoscere gli altri dei. Neppure l'imperatore.

Non erano moltissimi, all'inizio della loro era. Qualche decina di migliaia. Ma abitavano nelle grandi città. E chiamavano gli infedeli "pagani": gente di campagna, rozza, retrograda, da convertire alla vera fede.

Tutto questo i romani non potevano tollerarlo. Tanto meno gli imperatori.

Come tutti i gruppi umani chiusi, e intimamente convinti di essere superiori agli altri, i cristiani erano nel contempo ammirati, invidiati e odiati. Soprattutto, non venivano compresi. Ed erano guardati con diffidenza. Per questo Nerone pensò a loro, quando dovette trovare un colpevole per l'incendio che 64 anni dopo la nascita di Gesù aveva distrutto Roma.

Eppure non dobbiamo pensare che i cristiani venissero perseguitati notte e giorno. A lungo quella strana religione venne sopportata. Ci furono imperatori che pensarono a un giro di vite, e mandarono a morte migliaia di innocenti. Ce ne furono altri che diedero prova di comprensione e umanità, incluso l'insospettabile Commodo, che per i cristiani aveva una certa simpatia.

Va ricordato che il cristianesimo ha in sé aspetti che lo rendono complicato da comprendere, da accettare, o anche solo da tollerare.

È una religione complessa. Difficile da capire, quindi facile da denigrare. Postula non solo la sopravvivenza dell'anima, ma anche la resurrezione della carne. Sostiene che Dio si è fatto uomo, è stato ucciso, è risorto; e a ogni messa i suoi seguaci mangiano la sua carne e bevono il suo sangue. Un rito che si presta a essere raccontato in modo deforme, caricaturale, persino infamante. Inoltre, come poteva una vergine partorire? E come poteva un uomo essere figlio di Dio, e nello stesso tempo essere Dio stesso, e incarnare pure una terza persona, lo Spirito Santo? Una questione talmente complessa che per secoli i padri della Chiesa e i loro discepoli si sono scontrati in intricatissimi concili per stabilire quale fosse la verità; ammesso che sia mai stata trovata, visto che il grande fiume del cristianesimo si è diviso in tre – cattolici, ortodossi, protestanti –, da cui si dipartono altri, innumerevoli rivoli.

Il cristianesimo appariva ai romani il capovolgimento del loro mondo. La povertà, anziché condanna cui sottrarsi, diventava virtù di cui andare fieri. La ricchezza, l'oro, il buon cibo, i bei vestiti erano considerati segni di corruzione e di peccato. Il corpo, anziché essere profumato, massaggiato, cosparso d'olio e d'essenza, abbigliato, truccato, allenato, esposto, ammirato, veniva invece mortificato come simbolo della materia, contrapposta all'unica cosa che davvero contava: lo spirito. E la croce, simbolo della morte più atroce e umiliante, diventava segno di riscatto e di salvezza.

I romani inchiodavano alla croce gli esseri che ritenevano più abietti e pericolosi; e i cristiani davanti alla croce si inginocchiavano, o la tracciavano con la mano destra sul proprio stesso petto.

Con lo stesso orgoglio con cui i romani dicevano «Civis Romanus sum», i cristiani proclamavano: «Christianus sum». E a migliaia affrontarono la morte pur di restare fedeli al loro Dio.

Un Dio geloso, come lui stesso si definisce nella Bibbia: un Dio che non sopportava di coesistere con altri dei. O riuscivi a cancellarlo; o dovevi accettarlo come unico Dio.

Il cristianesimo fu l'unica religione che i romani tentarono di sradicare. Ma fu proprio l'immensità del loro impero, con le sue vie di comunicazione per le persone e per le idee, a rendere possibile la diffusione della nuova fede. E quando un imperatore, Costantino, capì che non poteva distruggerla, valutò che fosse il caso di abbracciarla. Anche perché comprese che il cristianesimo prometteva sì il capovolgimento dei rapporti di forza, con gli ultimi che diventano i primi, insomma la rivoluzione; ma nell'altra vita, non in questa. E dal nuovo culto si poteva financo trarre giovamento. Perché poteva rivelarsi una straordinaria arma per legittimare l'autorità dell'imperatore; e anche un formidabile strumento di controllo sociale. Il modo per esercitare il potere che ai romani è sempre interessato di più, quello sulle anime.

Ma prima di compiere quella scelta storica, Costantino

doveva vincere una grande battaglia. Non soltanto un formidabile scontro militare; uno scontro che si combatte in un altro campo, quello spirituale. Una storia di sogni e di visioni, di apparizioni e presagi divini, in cui compare un segno – la croce – che per la prima volta viene tracciato sugli scudi e sugli stendardi dei soldati che vanno alla guerra. E non sarà l'ultima. Ci sarà insomma una battaglia in terra a cui – almeno secondo una tradizione cui i cristiani hanno creduto per secoli – partecipa il cielo. Ed è ovviamente dalla loro parte.

La profezia di Massenzio

All'inizio del quarto secolo dopo Cristo, l'impero è stremato. Non dalle invasioni dei barbari, né dalle insurrezioni dei ribelli; ma dalle guerre civili. Il vero nemico si nasconde dentro le frontiere dell'impero; ed è il crollo della coesione interna.

Nei primi due secoli c'erano stati, contando anche Augusto, quindici imperatori (senza considerare la breve guerra civile seguita al suicidio di Nerone). Nei cento anni successivi ce ne sono stati più di settanta: una contabilità difficile da stabilire con precisione, tra usurpatori e pretendenti.

L'impero è diventato troppo grande. E l'imperatore non è più adottato o indicato dal predecessore, scelto dal Senato o men che meno dal popolo: l'imperatore era il comandante di una o più legioni che si faceva proclamare dai soldati e riusciva ad assoggettare gli altri. Non a caso, gli imperatori non stavano più a Roma, ma in giro per l'impero con i loro eserciti: perché la loro autorità non dipendeva più dal Senato e dal popolo, dalla città o da una divinità, ma dalle armi.

Per porre termine a questa anarchia, un grande imperatore, Diocleziano, divide l'impero in due. È il 286 dopo Cristo. A sé riserva la parte orientale, con capitale Nicomedia, l'antico centro del regno di Bitinia, oggi in Turchia. E affida la parte occidentale a un suo commilitone, Massimiano, con capitale Mediolanum, insomma Milano. Nessuno può avere come capitale Roma, perché nessuno è meno imperatore dell'altro. Anzi, per completare l'architettura del nuovo governo, Diocleziano prevede che i due imperatori, i due augusti, designino ognuno un cesare: più di un vice, un uomo di fiducia con pari dignità, destinato a succedergli dopo vent'anni. Il cesare di Diocleziano è Galerio; quello di Massimiano è Costanzo Cloro.

C'è una scultura, all'ingresso di Palazzo Ducale a Venezia, che raffigura quattro persone che si abbracciano. La tradizione popolare li ha definiti «i quattro ladroni», pietrificati mentre fuggono dopo aver trafugato il tesoro di San Marco. Ma le quattro figure sono ricavate da un unico blocco di porfido, la pietra riservata agli imperatori. E raffigurano proprio i tetrarchi, Diocleziano e gli altri tre, affratellati per sempre da una formidabile unità di intenti per salvare l'impero romano.

In realtà quel sistema non poteva funzionare, e non funzionò. Perché ognuno sognava di cedere il posto al proprio figlio; e, più ancora, ogni figlio sognava di prendere il posto del padre.

Costantino era il primogenito di Costanzo Cloro. Nato in un paesino dell'attuale Serbia, quando il padre è solo un promettente comandante militare. La madre, Elena, è una bella stabularia, una ragazza che lavora nelle stalle di una taverna. Costanzo se ne è incapricciato, ma forse non l'ha mai sposata. Quando poi è diventato imperatore, se ne è liberato per unirsi a un'aristocratica, la figlia del collega Massimiano, con cui ha avuto altri eredi.

Costantino è un soldato valoroso. Conosce Diocleziano e se ne fa apprezzare. Combatte sui confini occidentali e su quelli orientali, contro i barbari e contro i sarmati. Sa che deve vincere la concorrenza dei fratelli, più giovani ma nobili anche da parte di madre.

Quando Costanzo, in campagna contro i britanni, si ammala e si avvicina alla fine, Costantino è dall'altra parte dell'impero, in Asia Minore. Appresa la notizia, salta su un cavallo e lo lancia al galoppo; quando la fatica lo stronca, ne prende un altro. Si sposta a una velocità che abbiamo visto solo nei viaggi fulminei di Giulio Cesare. E arriva nell'accampamento del padre, vicino all'odierna York, in tempo per riceverne la benedizione.

Non è certo che Costanzo abbia davvero concesso l'investitura al primogenito. Ma il suo esercito ne è convinto, e proclama Costantino imperatore. E siccome Costantino è un grande generale, legittima la nomina sconfiggendo i britanni e poi conducendo la sua armata sul Reno, dove respinge i germani.

L'altro imperatore, Massimiano, è ancora vivo, ma si è ritirato in una villa in Lucania. Anche lui ha un figlio ambizioso: Massenzio. Se il criterio di successione non è più la scelta ma il sangue, non la designazione ma la nascita, Massenzio non ha meno diritto di Costantino al titolo di imperatore. E si fa proclamare all'antico modo: dal Senato e dai pretoriani. Nella vecchia capitale: Roma.

Gli altri membri della tetrarchia, che hanno accettato Costantino come uno di loro, considerano Massenzio un usurpatore, e marciano su Roma. Ma il primo, Severo, viene fermato da un ammutinamento dei suoi stessi soldati: hanno combattuto per Massimiano, e non vogliono rivolgere le armi contro suo figlio; Severo viene imprigionato e ucciso. Il secondo, Galerio, arriva sotto le mura di Roma, ma impressionato dalla loro imponenza rinuncia e torna nel suo quartier generale in Dalmazia.

Massenzio si sente il rifondatore dell'Urbe. Torna a vivere sul Palatino, il palazzo degli imperatori con così tante colonne che potevano reggere il cielo – come aveva poetato Stazio –, ma che era vuoto da cinquant'anni. Restaura nel Foro il grande tempio dedicato a Venere, progenitrice dei cesari, e alla dea Roma Aeterna. Chiama il primogenito Romolo, come il primo re; quando il bambino muore lo divinizza, e gli dedica il tempio che custodisce il tesoro degli ebrei trafugato da Gerusalemme. Massenzio fa costruire anche la basilica che ancora oggi porta il suo nome, e sotto le sue immense arcate ha ospitato le gare di lotta della meravigliosa Olimpiade di Roma del 1960.

A Massenzio manca una sola cosa: l'investitura. Così raggiunge il padre nel suo buon ritiro lucano. Gli offre di tornare in campo, e Massimiano in un primo tempo accetta: nel 306 dopo Cristo riprende il titolo di augusto, e appoggia la ribellione del figlio in Italia. Ma quando, due anni dopo, Massenzio pretende il titolo e il potere per sé, Massimiano rifiuta di designarlo suo successore, si rifugia nella reggia di Costantino – a Treviri, oggi in Germania –, e gli offre in sposa la giovanissima figlia, Fausta. Ma poi Massimiano tenta un altro colpo di mano, e mentre Costantino è impegnato in battaglia sul Reno si proclama unico e vero augusto. In pochi lo seguono; Costantino lo sconfigge e lo costringe al suicidio.

In sostanza, la situazione è questa. L'impero ha due imperatori, che non vivono in concordia, anzi si detestano. Costantino ha sposato la figlia dell'ex imperatore, Massimiano. A Roma però governa l'altro figlio di Massimiano, Massenzio, che è quindi cognato di Costantino. Sembrerebbe una questione di famiglia; in realtà è una guerra civile. Da cui dipendono le sorti di Roma, e se possibile qualcosa di più.

È il 27 ottobre del 312 dopo Cristo. Massenzio festeggia il sesto anno di regno, in una cerimonia solenne al Circo Massimo; ma ha l'impressione che il popolo lo omaggi, più che per amore, per paura dei pretoriani.

La guardia dell'imperatore è un'unità scelta: il più giovane ha diciassette anni, il più anziano ventitré; sono uniti da un forte spirito di corpo, si tengono in continuo esercizio, hanno armi tradizionali, il giavellotto, il gladio.

L'esercito di Costantino che sta calando su Roma è molto diverso. Tanti soldati sono germani. Indossano strani elmi a campana, impugnano roncole, accette, asce: armi da barbari.

Negli eserciti romani si è diffuso un culto venuto dall'Oriente, quello del dio Mitra. È una divinità solare, che però viene adorata sottoterra. Non è una religione aperta a tutti; è misteriosa, terrifica, esclusiva: chi ne rivela i segreti agli estranei è punito con la morte. Le donne ne sono escluse. Gli adepti ricevono una sorta di battesimo, ma non con l'acqua; con il sangue di un toro. Il rito prevede che il neofita mangi il pane e beva il vino che gli porge il sacerdote. Ci sono sette gradi di iniziazione, uno per ogni pianeta.

Il mitraismo è insomma una sorta di monoteismo pagano: il dio Mitra fa da tramite tra il Sol Invictus, il sole invincibile, e gli uomini. Diocleziano e Massimiano sono seguaci di Mitra; e forse in quel momento è un seguace del Sole anche Costantino, come molti suoi ufficiali. A Roma sono stati trovati i resti di dodici santuari dedicati al dio: dodici mitrei.

Ma Mitra non è un dio che cerca fedeli. Non fa proseliti. Dà un coraggio al limite della temerarietà ai soldati in battaglia: il coraggio dei tori. Ma non promette un aldilà, non offre un orizzonte di pace e giustizia. Non risolve la questione fondamentale di un soldato che va a morire: la sopravvivenza della sua anima, la resurrezione del suo corpo.

Tutte cose che invece il cristianesimo offre, anzi assicura.

Eppure contro il cristianesimo Diocleziano ha scatenato una violentissima persecuzione. Sarà l'ultima, ma è anche la più crudele. L'imperatore è convinto che la causa delle sconfitte delle armate romane sia proprio la devozione che serpeggia a questo strano Dio crocifisso, che non richiede sacrifici ma non concede ne vengano fatti a nessuno, neppure all'imperatore.

Al tempo di Diocleziano viene decapitato san Gennaro, il patrono di Napoli, il cui sangue che si scioglie e si coagula rappresenta ancora oggi un mistero, un prodigio, forse un miracolo. E viene sgozzata sant'Agnese: una fanciulla romana che difendeva la sua verginità. La chiusero in un postribolo, ma un angelo la difendeva e nessun uomo osò sfiorarla, tranne uno, che fu accecato; Agnese gli restituì la vista. La mandarono al rogo, e le fiamme si ritrassero davanti a lei. Allora le tagliarono la gola, come si fa con gli agnelli; anche per questo l'agnello – in latino agnus – è il suo simbolo.

In tutto l'impero i martiri della persecuzione di Diocleziano sono almeno ventimila. In Frigia un'intera comunità è rinchiusa in una basilica che viene data alle fiamme: settecento fedeli muoiono in modo orribile.

Anche tra i soldati ci sono molti cristiani. Il più noto, Sebastiano, è stato suppliziato dalle frecce, ma secondo la leggenda è sopravvissuto, grazie alle cure di una pia donna; così hanno dovuto martirizzarlo una seconda volta, sul Palatino. E la Chiesa è come san Sebastiano: risorge dalle proprie ceneri, il sangue dei martiri le dà forza; nessun imperatore è riuscito a estirparla.

Massenzio è pagano. Crede alla religione dei padri. E secondo i padri il futuro, dai tempi di Tarquinio il Superbo e degli antichi re, è scritto nei Libri sibillini, custoditi nel tempio di Apollo.

Dopo il mezzo fallimento della festa al Circo Massimo, Massenzio ha mandato la moglie e il figlio superstite a dormire fuori città, in una villa sull'Appia. È rimasto da solo a palazzo. Sa che Costantino sta arrivando; ma non sa come affrontarlo. E poiché non riesce a dormire, nel cuore della notte raggiunge il tempio. I sacerdoti di Apollo aprono i libri e ne traggono il vaticinio: «Il nemico di Roma sarà sconfitto».

Massenzio si tranquillizza. È proprio quello che voleva sentirsi dire. Perché il nemico di Roma è Costantino, che vuole conquistarla con le armi; e il difensore, anzi il restauratore di Roma, è lui.

Così prende una decisione all'apparenza folle. Anziché disporsi a difesa della città, manda in piena notte ai pretoriani l'ordine di prepararsi a uscire da Roma, per andare incontro a Costantino e dargli battaglia in campo aperto. Le mura gli darebbero un grande vantaggio strategico: l'iniziativa, e quindi il rischio, graverebbe sul nemico; a lui basterebbe resistere. Però Massenzio sa che un imperatore può anche prescindere dal favore popolare, ma non quando deve reggere un assedio. Così decide di prenderla lui, l'iniziativa, con il favore delle profezie e degli dei di una volta.

Il sogno di Costantino

Pure Costantino è ancora pagano. Ma anche lui è in qualche modo religioso; e anche lui è in attesa di un segno. Entrambi gli imperatori sentono il loro personale destino collegato al destino del mondo, e cercano il rapporto con una divinità che compia in loro questa missione. Non sono certo i primi comandanti romani a scontrarsi in una guerra civile. Ma a questo punto della storia di Roma è maturo il tempo per una scelta religiosa. L'imperatore ha bisogno di un'investitura del cielo; da solo – solo contro gli altri pretendenti, solo contro i barbari che premono ai confini – non ce la può più fare.

Quella notte del 27 ottobre del 312 dopo Cristo, Costantino va a dormire nella sua tenda convinto che il giorno dopo dovrà porre l'assedio a Roma. Non può sapere che Massenzio ha commesso il grave errore strategico di venirgli incontro.

L'esercito di Costantino è accampato sulla via Flaminia. Le mura di Roma distano meno di diciannove miglia. Ancora non si vedono, ma i soldati le considerano invalicabili. Sono venuti fin qui per fedeltà al loro comandante, ma Costantino intuisce che aspettano qualcosa di più. Un segno del favore divino.

Il mattino dopo, l'imperatore annuncia ai soldati che il

segno celeste è arrivato. Sotto forma di un sogno. Di una visione. Gli è apparsa una croce, il simbolo della religione che il suo maestro Diocleziano ha tentato invano di estirpare. E ha udito una voce, che diceva: «En touto nika», in greco. Costantino è nato in Oriente ma è di madrelingua latina. A differenza di Giulio Cesare, che lo parlava perfettamente, non ha mai imparato bene il greco, come del resto Ottaviano Augusto. Eppure, nel momento saliente della sua vita, ha sognato in greco. Anche se, parlando ai suoi uomini, tradurrà il messaggio del cielo in latino: «In hoc signo vinces». Dio gli ha detto: in questo segno, nel segno della croce, vincerai.

Molti tra i soldati di Costantino avevano perseguitato i cristiani. Certo non avrebbero mai immaginato di andare in battaglia con una croce sui loro stendardi. La croce era uno strumento di supplizio riservato agli schiavi e agli stranieri; non a caso l'ebreo Pietro è stato crocifisso, a testa in giù; mentre Paolo, cittadino romano, è stato decapitato: una morte rapida, quasi un riguardo. La croce era un segno di vergogna, un modo non solo per uccidere il condannato ma pure per mostrarlo e quindi umiliarlo. Non era certo un talismano, un portafortuna, un simbolo di cui andare forti. Gli stessi cristiani non avrebbero mai immaginato che la loro croce potesse essere usata in battaglia, come segnale di guerra, come emblema di un esercito.

Tra le tante cose di questa storia che non sapremo mai, c'è anche questa: se Costantino ha vinto perché è diventato cristiano; o è diventato cristiano perché ha vinto.

La battaglia è cruenta, ma breve. Massenzio guida il suo esercito verso nord, incontro al nemico. Pensando di dovergli sbarrare il cammino verso Roma, ha fatto abbattere il Ponte Milvio. Ma adesso è lui ad attaccare Costantino, e a dover passare il Tevere. Così fa costruire un ponte di barche.

Quando Costantino vede il rivale avanzare contro di lui, si convince che Dio è davvero dalla sua parte. L'errore di Massenzio è un dono insperato. L'esercito nemico è più numeroso, i pretoriani sono un corpo d'élite; ma le sue truppe sono più rodate al combattimento, e in campo aperto sono formidabili.

È allora che Costantino sente di avere la partita in pugno. Riunisce i soldati, racconta il sogno, e ordina a tutti – almeno così tramanda la tradizione – di tracciare una croce sul proprio scudo. In questo modo la vittoria non potrà sfuggire.

C'è un dio che l'ha scelto come vincitore, e ha fatto perdere il senno a Massenzio. C'è un dio e non è uno dei tanti che affollano il Pantheon. È un Dio unico, che vuole l'imperatore a rappresentare in terra l'ordine che Lui garantisce nel cielo.

Il primo scontro avviene in una località che si chiama Saxa Rubra, ed è oggi nota perché ospita gli studi della Rai, già centro stampa dei Mondiali di calcio del 1990, quelli delle notti magiche. Saxa Rubra vuol dire sassi rossi: per l'argilla; o forse per il sangue, versato tanto tempo fa. Il quartiere vicino si chiama Labaro: come gli stendardi su cui per la prima volta apparve la croce.

La fanteria di Costantino attacca il nemico al centro. I pretoriani reggono l'urto, contrattaccano, sembrano sul punto di prevalere. Ma Costantino muove la cavalleria, che scende dalle alture e schiaccia le truppe di Massenzio verso il fiume. I pretoriani tengono, ma le due ali, composte da soldati italici e africani, cedono. La fanteria di Massenzio si trova scoperta ai lati, i cavalieri di Costantino la circondano.

Resta la via di fuga: il ponte di barche. L'idea è di attraversarlo e tagliarlo, per non essere inseguiti.

Non si sa se Massenzio ordina la ritirata verso la città, o se i soldati anticipano il comando. Ma non è un dietro-front ordinato; è una fuga precipitosa. Il ponte di barche si spezza sotto il peso delle armature e dei cavalli, i soldati finiscono in acqua. I resti del ponte diventano una trappola: i soldati di Costantino bersagliano i nemici con le lance e le frecce. Lo stesso Massenzio cade in acqua, riemerge, si dibatte.

Forse ripensa alla sua vita; e la sua vita è stata una sequela di segnali, tutti negativi. Il figlio chiamato Romolo, nella speranza di una rinascita, e morto bambino. Il padre che non l'ha stimato e non l'ha scelto. La sorella data in sposa al suo rivale, che sta per ucciderlo. E poi la beffa della profezia: «Il nemico di Roma sarà sconfitto». Ora è chiaro: il nemico di Roma era lui. Perché Roma non era più una città; era un'idea. Un'idea che stava morendo, e per salvarla occorreva cambiare tutto. Lui, Massenzio, non l'aveva capito. Tira su la testa dall'acqua, ma il peso lo riporta giù. Forse soltanto allora si rende conto di essere un uomo del passato. Il futuro appartiene ad altri. E la sua memoria sarà dannata.

Il Duce e Abebe Bikila

Costantino non trova le insegne del nemico. Massenzio, o qualche suo comandante più abile di lui a leggere il destino, le ha nascoste. Sepolte. Saranno ritrovate dagli archeologi moderni. Ma Costantino ha comunque bisogno di un segno della sua vittoria. Qualcosa da mostrare al popolo, per chiarire chi è il vincitore della battaglia di Ponte Milvio, e chi è il vinto.

Così fa ripescare il corpo di Massenzio dal Tevere, gli fa tagliare la testa, la affigge su una picca – finalmente Costantino guarda in faccia suo cognato –, e la fa portare in corteo per le vie della città. Poi ordina di radere al suolo tutte le caserme di Roma, compresa quella dei pretoriani, i Castra Praetoria: la città si svuota di fortezze e si riempirà di chiese. Le pratiche magiche, orgiastiche, esoteriche saranno vietate. I romani acclamano l'imperatore vittorioso, e sputano sulla testa mozzata dello sconfitto. Anche alle statue di Massenzio viene tagliata la testa, e sostituita, come si usa, con la testa del nuovo padrone.

Qualcuno racconta che Costantino abbia celebrato sacrifici agli dei, per purificare la città dall'ombra dell'usurpatore. Secondo altre fonti, si sarebbe rifiutato di salire sul Campidoglio per celebrare i riti della tradizione, in omaggio alla sua nuova fede.

Ma, se Costantino è già cristiano, è un cristiano di una nuova specie. Deciso a usare la religione come uno strumento del suo potere.

C'è una chiesa, ad Arezzo, nel cuore della Toscana, dedicata a san Francesco. La si vede in un film di grande successo, Il paziente inglese. Un soldato indiano, un sikh con il turbante, porta la sua fidanzata, un'infermiera canadese – la dolce Juliette Binoche –, a vedere affreschi che l'hanno colpito. È notte. La imbraga con le corde, le affida una torcia, e poi con un gioco di pulegge la fa volteggiare, in modo che possa vedere le figure occhi negli occhi. È una scena magica, piena di poesia.

Juliette può così ammirare Salomone, la regina di Saba, Adamo, la regina Elena, altri personaggi ancora. E può guardare il primo, grande notturno nella storia dell'arte: il sogno di Costantino.

L'autore degli affreschi, Piero della Francesca, uno dei maestri del Rinascimento italiano affascinato dalla pittura degli antichi romani, mostra l'imperatore addormentato nella tenda. Il buio è squarciato da una luce che arriva dall'esterno, in un gioco di chiaroscuri che ispirerà Raffaello e Caravaggio, il maestro della pittura notturna. Appare un angelo, e mostra a Costantino una piccola croce. La notte è piena di stelle, e non sono disposte a caso. Piero della Francesca ha studiato l'astronomia. E ha raffigurato le costellazioni non come si vedono dalla terra, ma come si vedrebbero dal cielo. Ha affrescato il cielo come l'avrebbe visto Dio, se quella notte avesse voluto parlare agli uomini.

Non sapremo mai se Costantino abbia davvero fatto quel sogno. Di più: non sapremo mai neppure se Costantino si era davvero convertito al cristianesimo, quando vinse la battaglia di Ponte Milvio.

Per commemorare la visione, fece costruire un arco sulla via Flaminia, nel luogo dove aveva posto l'accampamento, che ora si chiama Malborghetto, perché vi sorgeva un'osteria frequentata da briganti e malfattori.

Ma il più celebre arco che ancora porta il nome di Costantino è quello costruito sulla via dei Trionfi (oggi via di San Gregorio), che dal Circo Massimo porta al Colosseo. Un arco sotto cui i fascisti celebrarono gli anniversari della marcia su Roma, un altro evento che dal loro punto di vista doveva aprire una nuova era, ma in realtà ha in comune con la battaglia di Ponte Milvio una sola cosa: la data, il 28 ottobre. Il vero trionfo sotto l'arco di Costantino l'ha vissuto nel Novecento un atleta che veniva da un Paese che i fascisti avevano invaso e soggiogato, l'Etiopia: il 10 settembre 1960 un maratoneta scalzo, Abebe Bikila, passò per primo sotto l'arco in una notte da sogno, e fu il primo africano a vincere una medaglia d'oro olimpica.

L'arco di Costantino venne costruito in due anni, per commemorare la vittoria su Massenzio. È un'opera di spoglio: i medaglioni e i grandi bassorilievi sono precedenti, risalgono a Traiano e ad Adriano. Del tempo di Costantino sono i bassorilievi più piccoli e più rozzi: la maestria degli artisti dell'età classica era ormai perduta, o forse non c'era il tempo di scolpire con cura; occorreva fissare in fretta nella pietra quel che era accaduto.

Ma in quell'arco segni del cristianesimo non ce ne sono.

C'è la battaglia di Ponte Milvio, con i nemici che affogano nel Tevere, bersagliati di frecce; ma non si vedono croci. Anzi, ci sono soldati che portano in processione due statuette del dio Sole. E nei rilievi più antichi si vedono una pecora e un maiale che stanno per essere sacrificati a una divinità pagana.

Eppure una novità c'è. Per la prima volta vengono rappresentati soldati romani sconfitti e umiliati come fossero barbari. Viene infranto quel tabù che aveva consigliato a Cesare di non mostrare l'immagine di Pompeo vinto e decapitato, e che aveva indotto il popolo a mormorare quando aveva visto l'effigie che evocava il suicidio di Catone l'Uticense. Il messaggio di Costantino è chiaro: chi è contro di lui è un nemico assoluto. Anche se è romano, quindi un compatriota, smette di esserlo. Costantino crede in un Dio unico, e sta elaborando su questa fede un'ideologia politica: unico deve essere anche l'imperatore, depositario in terra del potere di Dio che regna nei cieli.

Non a caso sul suo arco Costantino ha fatto scrivere di aver deposto l'usurpatore Massenzio "instinctu divinitatis": per ispirazione della divinità. E poco importa se per il momento quella divinità non c'è, o è ancora il dio Sole. Costantino offre un dio ai pagani, e un'immagine di Dio ai cristiani.

Nel 313 dopo Cristo viene emanato l'editto di Milano: il cristianesimo è una fede legittima. Le persecuzioni sono finite. I cristiani sono liberi; di più, stanno per prendere il potere. Perché la religione che gli altri imperatori volevano estirpare, grazie al nuovo imperatore, sta per diventare la religione di Stato.

Elena e la Vera Croce

Ad Arezzo Piero della Francesca non rappresenta soltanto il sogno di Costantino. Racconta la storia della Vera Croce, come l'aveva pensata il monaco Jacopo da Varagine – che sarebbe Varazze, in Liguria – in un capitolo di un libro straordinario: la "Legenda Aurea", la raccolta delle vite dei santi, il long-seller del Medioevo.

La storia comincia con la morte di Adamo: che è il primo uomo, quindi anche il primo a morire. Per lenire quel momento di ignoto terrore, Set, figlio di Adamo, va in Paradiso a chiedere l'olio della misericordia, come elisir per una morte serena. L'arcangelo Michele gli dà invece un ramoscello, da piantare nella bocca del defunto. Ne nasce un albero, dal quale verrà tratto il legno per costruire la croce su cui sarà inchiodato Gesù.

In Terrasanta arriva Elena. La stabularia, la ragazza delle stalle della taverna che aveva fatto innamorare il futuro imperatore. La madre di Costantino, convertita al cristianesimo.

Il suo è il primo pellegrinaggio della storia.

Grazie a Elena, le due città sante del cristianesimo, Roma e Gerusalemme, sono per la prima volta unite.

Elena si fa rivelare da un ebreo, chiamato non a caso Giuda, il luogo dove la croce è sepolta. Così un'anziana donna, la mamma dell'imperatore, sale sul Golgota, per una ricerca sacra. Solo che le croci sono tre. Come distinguere quella di Gesù da quelle dei due ladroni? Si avvicina il legno a un cadavere, che subito riprende vita. Ecco riconosciuta la Vera Croce. L'uomo con il berretto rosso che assiste al ritrovamento è forse l'autoritratto del pittore: Piero della Francesca non poteva restare fuori da una scena così importante.

Oggi a Roma la basilica di Santa Croce in Gerusalemme sorge proprio dov'era la reggia di Elena, che la chiesa venera come santa. Qui Elena depose le reliquie portate da Gerusalemme, dopo aver cosparso il pavimento con la terra del Golgota; e ancora oggi nella basilica sono custoditi tre frammenti della Vera Croce, venerati dai fedeli di tutto il mondo come le più importanti reliquie di tutta la cristianità.

Nella basilica c'è anche uno dei chiodi della crocifissione. Elena ne donò un secondo a un fabbro perché ne facesse il morso del cavallo di Costantino; un terzo lo fece incastonare nel suo elmo, affinché fosse protetto in battaglia, ma secondo la tradizione, un chiodo è nel Duomo di Milano, e un altro nella corona ferrea del Duomo di Monza, quella dei re dei longobardi, con cui anche Napoleone volle essere incoronato. La corona di spine, di cui Elena aveva trovato solo un frammento, sarebbe invece a Notre-Dame, grazie a Luigi IX, il re santo; ma molte altre chiese vantano di custodirne almeno un frammento.

Costantino, che adorava la madre, la proclamò augusta, e la fece ritrarre sulle monete. Il cristianesimo stava davvero per cambiare il mondo, se la stabularia poteva diventare imperatrice. Del resto, anche la madre di Gesù era una donna del popolo, che aveva partorito in una mangiatoia.

Santa Croce è una delle sette basiliche che vengono fatte risalire a Costantino e ai suoi discendenti: le altre sono San Pietro, sul luogo della tomba del capo degli apostoli, San Paolo fuori le Mura, San Lorenzo, San Sebastiano fuori le Mura, San Giovanni in Laterano, prima sede del vescovo di Roma, il Papa, e Santa Maria Maggiore, che oggi è la basilica prediletta del Pontefice che per primo porta il nome di Francesco. A Gerusalemme Costantino innalza il Santo Sepolcro, poi ricostruito dai crociati; a Betlemme la basilica della Natività.

Eppure Costantino non divenne mai un buon cristiano, e neppure un uomo buono. Grande comandante militare, capo politico risoluto, non soltanto fu spietato; non riuscì mai a essere padrone delle proprie passioni e dei propri sospetti. Aveva un figlio, Crispo; ma quando si convinse che avesse una storia con la sua giovane moglie, Fausta, lo uccise. Poi, di fronte alle proteste di lei, assassinò pure la moglie.

Qualcuno ha ipotizzato che Costantino si sia convertito soltanto allora, per espiare delitti così gravi che solo il battesimo poteva cancellare.

Secondo il suo biografo, Eusebio di Cesarea, fu battezzato a Nicomedia, in Oriente; la Chiesa ortodossa tuttora lo venera come un santo, e gli dedica icone.

Ma secondo gli affreschi custoditi nel monastero di clausura dei Quattro Santi Coronati, su un colle che separa San Giovanni da Santa Maria Maggiore, Costantino sarebbe stato battezzato proprio a Roma.

Gli affreschi sono di oltre due secoli più antichi di quelli di Piero della Francesca, e non sono un capolavoro della storia dell'arte. Lo stile è ancora bizantino. Tuttavia sono di grande impatto emotivo, anche perché illustrano una storia che viene raccontata soltanto lì.

Costantino è malato di lebbra. I sacerdoti pagani gli consigliano di far uccidere dei bambini e fare il bagno nel loro sangue, per guarire: chiaro simbolo della persecuzione degli antichi cristiani. Di fronte alla disperazione delle madri, l'imperatore rinuncia.

Una notte Costantino vede in sogno due volti a lui sconosciuti – san Pietro e san Paolo –, che lo invitano a chiedere l'aiuto del Papa, Silvestro; Silvestro gli indicherà una fonte, la cui acqua lo guarirà. Ma il Papa si è ritirato sul monte Soratte. Costantino lo manda a chiamare, e il Pontefice gli mostra un'immagine, in cui l'imperatore riconosce i santi che ha visto in sogno: Pietro e Paolo.

Silvestro battezza Costantino, che guarisce così dalla lebbra. Il battesimo avviene per immersione, come nelle prime comunità cristiane. In segno di riconoscenza, Costantino dona al Papa la città di Roma, il sinichio – una sorta di ombrello segno della dignità imperiale –, la tiara e un cavallo. Silvestro è ritratto seduto su un trono, e Costantino gli rende omaggio.

Il significato non potrebbe essere più chiaro: il Papa è il tramite tra Dio e l'imperatore, tra il potere celeste e quello terreno, chiunque sia l'uomo cui viene provvisoriamente affidato.

Quella storia non è solo raccontata in un affresco. Fu sancita prima ancora in un documento: la Donazione di Costantino. Veri e propri falsari realizzarono un atto, chiamato Actus Silvestri, scritto oltretutto in un latino sgrammaticato che mai sarebbe stato usato al tempo dell'impero. Secondo quel documento, Costantino accordava al Papa, in cambio della guarigione dalla lebbra, la sovranità su Roma e sul suo territorio, il primato sulle Chiese orientali e la primazia su tutti i sacerdoti. Un falso. Ma il fatto che si sentisse la necessità di fabbricarlo dimostra come l'impero continuava a condizionare la storia del mondo, anche quando ufficialmente non esisteva più da secoli.

Costantino a Roma passò pochissimo tempo. In compenso fondò un'altra Roma sulle rovine dell'antica Bisanzio, e le diede un nome che assomigliasse un po' più al suo: Costantinopoli. Ebbe insomma due intuizioni: spostare il baricentro politico e militare dell'impero a est, lontano da quei barbari che considerava ormai troppo temibili; e fare di Roma il centro religioso, in quanto era la città dove erano stati martirizzati e sepolti Pietro e Paolo, il primo successore di Cristo e il predicatore che aveva conciliato il cristianesimo con la filosofia e la cultura greca e romana. E questa scelta fu anche un riconoscimento postumo all'intelligenza, o all'ispirazione divina, di Pietro e Paolo; che erano andati a predicare e a morire non in una landa deserta, ma nel centro del mondo, nella capitale del popolo che dominava le genti e la storia.

A Roma Costantino si fece costruire una tomba, accanto a un cimitero pubblico cristiano. Lì fu sepolta la madre, Elena. Ma poi Costantino cambiò idea, e scelse di riposare a Costantinopoli, accanto alle reliquie degli apostoli che aveva fatto raccogliere, e andarono in gran parte disperse. Con la stessa ostinazione aveva presieduto molti concili, affinché i padri della Chiesa trovassero l'unità, e condannassero come eretici e scismatici coloro che professavano un credo diverso da quello che fu stabilito, in particolare nel concilio di Nicea. I dubbi su una religione complessa come il cristianesimo fiorivano, a cominciare dal più importante: Gesù era un dio, o un uomo, o partecipava di entrambe le nature? Ma Costantino non era interessato alla riflessione teologica e alla discussione filosofica; pretendeva una dottrina chiara, condivisa, e soprattutto unica.

Aveva compreso che il cristianesimo non era nemico dell'impero, anzi poteva diventare un alleato, se non la sua stessa essenza. Un solo Dio unico nel cielo, e un solo imperatore sulla terra. E non un dio nazionale, il protettore di un popolo, il simbolo di una fede esoterica; un Dio universale, in cui tutti, uomini e donne, liberi e schiavi, potessero e dovessero riconoscersi. Che prometteva la giustizia, ma la rinviava al Regno dei Cieli. Nessun mago, nessun rito esoterico, nessuna stregoneria, ma anche nessuna orgia sregolata, nessun lusso eccessivo, nessun libertinaggio di costume e di pensiero: la nuova fede rappresentava un contenuto etico di cui una civiltà indebolita aveva bisogno; e anche una forma di controllo sociale.

Il paganesimo non bastava più; occorreva un legame più solido tra la legge dello Stato e il cuore degli uomini. A questo punto, diventa meno importante stabilire se l'imperatore si sia convertito per calcolo politico o se la visione alle porte di Roma abbia germogliato nel suo cuore, se la vittoria del cristianesimo sia una strategia o un miracolo; le due cose possono stare insieme.

E se il cristianesimo non fu più lo stesso dopo l'abbraccio con il potere, è vero pure che fu quell'abbraccio a fondare la civiltà in cui ancora oggi viviamo.

La conversione al cristianesimo non salverà l'impero romano. Ma sarà uno dei motivi, e non il minore, della sua longevità. L'Occidente diventa cristiano perché Roma è diventata cristiana. E anche grazie al fatto di essere diventata cristiana, Roma è sopravvissuta a se stessa nelle culture e nelle forme di potere venute dopo la sua (apparente) caduta.

7

L'IMPERO INFINITO

Il volo dell'aquila da Giustiniano a Zuckerberg

Mark Zuckerberg fece il viaggio di nozze a Roma con sua moglie Priscilla, ma lei raccontò che le era parso di essere in tre: «Mark, io e Augusto». Il giovane marito infatti parlava di continuo dell'imperatore, e di continuo ne fotografava le statue.

Quando, anni dopo, Mark Zuckerberg tornò a Roma, stavolta non da sposino ma da padrone della Rete, si concesse una corsa in maglietta e pantaloncini tra il Circo Massimo e il Colosseo. Poi incontrò i cronisti ed elogiò la bontà del cibo e la bellezza della città. Fece e disse insomma le classiche cose dell'americano a Roma, magari preparate dall'ufficio stampa.

Poi però si fece serio e cominciò a recitare in latino: «Forsan et haec olim meminisse iuvabit...». «Non sono bravo a parlare le lingue» spiegò sorridendo, «all'università avevo provato con il francese e lo spagnolo; poi mi sono orientato sul latino, che ha il vantaggio di non essere una lingua da parlare». Ed è una lingua profondamente razionale, che allo studente Mark aveva ricordato i linguaggi di programmazione che stava studiando.

La platea, composta da giovani imprenditori abituati all'inglesorum delle business school, lo ascoltava incuriosita e perplessa: cos'avrà voluto dire l'inventore di Facebook?

Zuckerberg non aveva pronunciato parole a caso. Aveva citato il verso 203 del primo libro dell'Eneide. Una frase che Virgilio attribuisce a Enea nel momento più drammatico della sua vicenda. Troia è caduta, lui si è salvato per miracolo. La sua città è distrutta, sua moglie è morta, molte delle sue navi sono andate perdute in una tempesta. Tutto all'apparenza è contro di lui. Eppure Enea dice: «Forse un giorno ricordare tutto questo ci allieterà».

Ha aggiunto Zuckerberg: «Il verso di Virgilio è la più bella storia imprenditoriale mai scritta. Enea non si arrende. Pensa già a quando raggiungerà l'obiettivo di fondare Roma e guarderà indietro, alle prove che ha superato. Enea ha una mission, ha un team, e ha molta perseveranza. Possiede tutte le qualità del vero imprenditore».

Dubito che Virgilio avrebbe riconosciuto il suo eroe in questo ritratto. Eppure da quel viaggio a Roma e da quel discorso non avrebbe potuto emergere più chiaramente la vocazione "imperiale" del signore dei social network. L'idea di riunire e "governare" una comunità vasta come il mondo fa sentire Zuckerberg una sorta di Augusto contemporaneo. Non a caso si taglia i capelli come lui, se deve comparire in una conversazione virtuale con l'Italia il suo avatar si muove e parla come Augusto, a lungo ha concluso le sue riunioni al grido di «Dominio!», e ha dato alle tre figlie nomi che evocano la vita del fondatore dell'impero: Maxima, August, Aurelia.

Facebook non è solo il suo impero personale; è, nella sua mente, una sorta di riedizione dell'impero romano. Con più cives, però: quasi tre miliardi. All'epoca Augusto non aveva sotto mano tutta questa gente.

Ovviamente l'esempio di Zuckerberg è solo il più evidente, ma non è certo l'unico. Quando ha dovuto lanciare la sua campagna per l'esplorazione di Marte, Elon Musk si è proclamato "imperator of Mars". Quando Maureen Dowd, la prima firma del New York Times, gli ha chiesto se il ricchissimo Crasso fosse il suo imperatore preferito, l'ha gelata: «Crasso era un triumviro, non un imperatore». E quando, per celia, Musk vagheggiò di sfidare Zuckerberg in un combattimento, sempre per celia si pensò di farlo al Colosseo.

Bill Gates è un grande appassionato dell'antica Roma: ha consigliato sul suo blog il documentario della Bbc "Io, Claudio imperatore", in cui Claudio racconta il proprio regno e quello dei predecessori Augusto, Tiberio e Caligola; dopo la pandemia Gates ha suggerito di creare una task force mondiale, sul modello di Augusto che costituì il corpo dei pompieri dopo l'incendio di Roma del 6 dopo Cristo; ha recensito un libro di Vaclav Smil, "Why America Is Not a New Rome", perché l'America non è una nuova Roma, la cui tesi è solo all'apparenza antitetica rispetto al libro che avete tra le mani. Perché è ovvio che la storia non si ripete mai due volte, e né gli americani né noi siamo gli antichi romani; ma quel che Smil e Gates intendono dire è che non esistono automatismi, e quel che è accaduto a Roma non accadrà necessariamente all'America. Anche se continua a ispirarci.

Nel celebre discorso di Steve Jobs sulla necessità di essere affamati e folli, qualcuno ha visto echi di Seneca e Marco Aurelio, in particolare quando il fondatore di Apple ricorda di aver letto, quando aveva diciassette anni, questa massima dell'imperatore filosofo: «Se vivi ogni giorno come se fosse l'ultimo, prima o poi avrai ragione». «Cotidie morimur» moriamo ogni giorno, ammoniva Seneca, che decisamente era più pessimista. Anche se sempre Seneca in un altro passo scrive: «In questo noi uomini siamo superiori agli dei; gli dei non conoscono la morte; noi alla morte siamo superiori».

Ma al di là degli interessi individuali, ci sono punti di contatto tra Roma e il più importante fenomeno economico e culturale del nostro tempo, la rivoluzione digitale. Come l'impero romano selezionava la classe dirigente nelle proprie colonie, così la Silicon Valley ha individuato i migliori talenti nel mondo intero. Eppure il cosmopolitismo, la diversità etnica, il multiculturalismo convivono con una forte centralizzazione: le infrastrutture digitali restano americane. E tutti i grandi capitalisti di Big Tech sono cesaristi nei loro piani di ascesa, conquista, dominazione. Aspiranti monopolisti: imperatori dell'economia digitale.

Resta da chiedersi: perché? Perché proprio Roma? Come è possibile che una civiltà in teoria morta sedici secoli fa continui a condizionare il linguaggio e i pensieri del nostro secolo? Per quale motivo, tra i tanti imperi e regni, tra le molte civiltà che si sono succedute sulla terra, proprio Roma continua a dare parole e simboli alla modernità, e ispira ancora le forme che assumono il potere e l'arte, il business e la comunicazione?

La spiegazione non è solo nel fascino; è nella continuità. L'impero romano non è mai caduto, perché l'idea di Roma ha viaggiato immortale lungo la storia, grazie non solo a sovrani che si sono sentiti la reincarnazione dell'imperatore, ma a popoli che si sono pensati come gli eredi degli antichi romani.

Bisanzio, la nuova Roma

Il termine "bizantino" fu inventato in pieno Rinascimento, per marcare la distanza con l'impero romano d'Oriente, e dire in sostanza che gli occidentali, e quindi gli eredi degli antichi romani, eravamo noi.

Eppure i bizantini furono sempre convinti di essere loro gli eredi dei romani; anzi, di essere proprio i romani. Infatti non si definivano bizantini ma Rhomaioi, e chiamavano il loro Stato "Basileia Rhomaion", il regno dei romani, o anche semplicemente Rhomania. E Bisanzio, o se si preferisce Costantinopoli, era la Nova Roma.

Noi oggi tendiamo a pensare Bisanzio come una civiltà debole e malata, che per mille anni non ha fatto altro che decadere, discutendo di complicate questioni giuridiche e dipingendo icone sempre uguali, per poi a volte distruggerle. Gli illuministi in particolare la disprezzarono. Per Voltaire Bisanzio era «una collezione senza valore di declamazioni e miracoli». Per Montesquieu «un tessuto di rivolte, sommosse e infamie».

In realtà, Bisanzio fu un miracolo che resistette ai barbari e agli arabi, e per quattro secoli tenne testa ai turchi. Baluardo di una civiltà greca e latina, cristiana e ortodossa, che ancora esiste e anzi si è diffusa da Belgrado a Vladivostok, dal mar Mediterraneo all'oceano Pacifico, mescolando e accomunando ancora una volta etnie e popoli diversi, sia pure dissanguandosi in guerre fratricide come quella scatenata dalla Russia contro l'Ucraina.

La longevità di Bisanzio si deve all'unione di tre fattori: la cultura greca; la fede cristiana; il concetto romano di Stato. E l'uomo che seppe tenere insieme tutto questo, rifondando la civiltà di Roma sul Corno d'Oro, fu un grande imperatore: Giustiniano.

Figlio di un contadino, nato in una zona remota dei Balcani (a Tauresio, oggi Taor, Macedonia del Nord), formato nell'esercito, Giustiniano deve certo la sua fortuna anche al fratello della madre, Giustino, generale divenuto imperatore. Ma la sua personalità si staglia come eccezionale, fin dalla tenacia con cui volle sposare la donna che amava, Teodora, attrice, accusata di essere stata una prostituta.

La legge vietava alle attrici di sposare uomini di alto rango? Giustiniano fa cambiare la legge; e pretende che Teodora sia ritratta al suo fianco a Ravenna, che ancora custodisce i più bei mosaici del mondo. Di quell'antica accusa è rimasta un'eco anche in una bellissima canzone di Francesco Guccini intitolata appunto Bisanzio: una città grande, strana, governata da un imperatore sposato a una "puttana". Anche per questo, forse, il personaggio di Teodora affascinerà gli artisti: come Victorien Sardou, l'autore della Tosca, che scrive l'opera teatrale "Théodora" per Sarah Bernhardt, la grande attrice che di una prostituta era figlia. Mentre al ricevimento per il giubileo di diamante di Vittoria, regina d'Inghilterra e imperatrice dell'India, lady Randolph Churchill, l'eccentrica madre di Winston Churchill, si presenta vestita da Teodora.

L'epoca di Giustiniano è l'ultima grande stagione della romanità. I suoi generali, Belisario e Narsete, sconfiggono i goti e riconquistano l'Italia, la Spagna, il Nord Africa. I suoi architetti costruiscono a Bisanzio Santa Sofia. Ma il suo capolavoro è il Corpus iuris civilis, la raccolta di leggi che, riscoperta nel Medioevo dalla scuola giuridica di Bologna, è stata la base del diritto europeo sino al codice napoleonico.

Dante incontra Giustiniano in Paradiso, nel cielo di Mercurio, tra gli spiriti che inseguirono onore e gloria, e per questo non sono tra i più vicini a Dio; ma la loro beatitudine è tale che non possono concepire nessun pensiero cattivo. «Cesare fui e son Iustiniano, / che per voler del primo amor ch'i' sento / d'entro le leggi trassi il troppo e 'l vano». Con la sua solita, mirabile sintesi, in tre versi il poeta ci dice molte cose. "Fui Cesare e sono Giustiniano" ci ricorda che il titolo e il potere muoiono con il corpo, ma l'essenza e l'anima vivono per sempre; anche nell'aldilà ogni persona resta se stessa, pienamente compiuta. L'opera di Giustiniano fu voluta dallo Spirito Santo, "il primo amore", e consistette nel togliere dall'immenso corpo delle leggi romane «il troppo e 'l vano», quello che era eccessivo e superfluo.

Poi il Giustiniano di Dante compie un vertiginoso excursus, e riassume in pochi incalzanti versi la vicenda dell'aquila, simbolo di Roma. Duecento anni prima dell'avvento di Giustiniano, Costantino l'aveva spostata verso Oriente, da Roma a Bisanzio. Ma in origine l'aquila aveva fatto – con Enea – il percorso opposto, da Oriente verso Occidente, da Troia alle sponde del Tirreno. Lì per almeno trecento anni aveva soggiornato ad Albalonga: il famoso periodo tra lo sbarco di Enea e la fondazione di Roma.

Poi Dante evoca lo scontro tra Orazi e Curiazi, il ratto delle sabine, i re di Roma, lo stupro di Lucrezia, le sconfitte per mano di Brenno e di Pirro sempre però seguite dal riscatto, il tradimento di Cincinnato, la grande paura per la discesa di Annibale, le vittorie degli Scipioni, la sconfitta di Catilina, l'effimero trionfo di Pompeo; insomma, tutto quello che avete letto fin qui, Dante lo tratteggia in poche terzine.

Viene quindi l'era di Cesare, e con lui l'aquila passa dal

Varo al Reno, dall'Isère alla Loira, dalla Senna al Rodano; e il volo dal Rubicone a Roma fu così veloce che né la lingua né la penna potrebbero raccontarlo. Dante insomma ritrae Cesare attraverso i suoi fiumi, come faranno Alessandro Manzoni con Napoleone – «dal Manzanarre al Reno...» – e Giuseppe Ungaretti con se stesso, nella poesia intitolata appunto I fiumi: dal Serchio, sulle cui rive erano nati i suoi avi, al Nilo, sulle cui sponde era nato lui, sino alla Senna, dove si era riconosciuto come poeta, e all'Isonzo, in cui da volontario della Grande Guerra si riconosce come italiano.

Qui Dante si conferma grande appassionato di Giulio Cesare; non a caso nell'Inferno ha collocato i suoi assassini Bruto e Cassio nelle bocche di Lucifero. E quindi, nel racconto di Giustiniano, Cesare bracca Pompeo e i suoi in Spagna, a Durazzo, a Farsalo; poi grazie a lui l'aquila rivede Troia, in particolare il sepolcro di Ettore; quindi riparte per l'Egitto, scende come una folgore su Giuba re di Mauritania, poi di nuovo in Occidente, ovunque senta la tromba dei nemici pompeiani. Ne piange ancora la triste Cleopatra, che, fuggendogli davanti, si diede morte improvvisa e atroce con il serpente. Con Ottaviano l'aquila giunse fino al mar Rosso; con Tiberio fu vendicato il peccato originale, grazie alla crocifissione di Gesù che riscattò l'umanità; con Tito la morte di Gesù fu vendicata con la distruzione del tempio di Gerusalemme. E quando la violenza dei longobardi si rivolse contro la Santa Chiesa, Carlo Magno la protesse sotto le ali dell'aquila.

Ecco che pure Dante vede una continuità tra l'impero romano e il Sacro Romano Impero; tanto da condannare sia i ghibellini, che si appropriano di quel simbolo, l'aquila, che dovrebbe unificare tutti gli uomini, sia i guelfi, che invece lo rifiutano.

In ogni caso, l'aquila è nello stemma di molte città e province italiane, a cominciare da quella storicamente più fedele all'imperatore, Pisa. Ma anche città che all'imperatore si sono fieramente contrapposte fanno a gara a inserire l'aquila nel loro stemma: nel 1395 Gian Galeazzo Visconti, signore di Milano, ottiene il permesso di collocarla accanto al tradizionale biscione; e negli stessi anni fa abbattere la vecchia cattedrale per innalzare un Duomo mai visto prima, non di mattoni né di pietra, ma tutto di marmo, con cinque navate come gli antichi templi romani. Perché a volte dimentichiamo che le chiese cristiane, fin dalla tarda epoca imperiale, sono fatte come le basiliche romane.

L'aquila del Sacro Romano Impero

Noi siamo abituati a pensare i popoli barbari che si insediarono in Italia come rozzi e irsuti invasori. In realtà, tutti erano imbevuti di cultura romana.

Il re dei longobardi, Astolfo, rivendicò il controllo di Roma con un linguaggio da Cesare cristiano: il «populus Romanorum» gli era stato consegnato «a Domino», per volere di Dio, «auxiliante Domino nostro Iesu Christo», con l'aiuto di Gesù.

Però a Roma c'era già il Papa, che chiamò in sua difesa i franchi. In una solenne cerimonia unse re il loro capo, Pipino il Breve, insignendolo del titolo di "patrizio dei romani". La dinastia carolingia era nata. L'appoggio del Papa era assicurato; ma ora Pipino doveva conquistare l'Italia con le armi.

I franchi passarono per due volte le Alpi, sconfissero i longobardi, mandarono il loro re Desiderio in esilio in Francia; mentre suo figlio Adelchi – cui Manzoni dedicherà una tragedia – trovò riparo a Bisanzio, da dove tentò invano di organizzare la riscossa.

A quel tempo sull'Oriente non regnava un imperatore, ma un'imperatrice. Irene aveva ereditato il potere dal marito, e lo esercitava in nome del figlio di appena nove anni; quando poi lui crebbe e congiurò contro la madre, lei lo fece arrestare e uccidere. Irene fu l'unica a definirsi «autocrate dei Romei» e «basilissa», regina in greco, anche se sui documenti ufficiali compariva come "basileus", re: un po' come Giorgia Meloni che si fa chiamare il e non la presidente del Consiglio. Purtroppo Irene è un personaggio assente dalla memoria collettiva, anche perché non ci sono giunti suoi ritratti: era nemica degli iconoclasti, che distrussero le sue immagini, tranne quelle incise sulle monete d'oro, dove Irene impugna in una mano il globo con la croce e nell'altra lo scettro, e veste un abito imperiale simile alla trabea triumphalis: il manto che indossavano i consoli romani nei loro trionfi.

Il Papa non poteva accettare una donna come imperatrice d'Oriente; o forse era solo un pretesto per affrancarsi definitivamente da Bisanzio, e non essere più soltanto il vescovo di Roma ma il capo spirituale della cristianità. Gli occorreva però un protettore armato. Un nuovo imperatore, che dovesse lo scettro a lui.

Così, nella notte di Natale dell'800 dopo Cristo, Papa Leone III incoronò Carlo Magno in San Pietro. La cerimonia avrebbe dovuto seguire il rituale romano-bizantino, dall'acclamazione del popolo all'unzione dell'imperatore. Invece il

Papa rovesciò la cerimonia, unse Carlo e gli consegnò il diadema – quella corona che Cesare aveva rifiutato – prima che il popolo si esprimesse; come a dire che il titolo di imperatore veniva da lui e, per suo tramite, da Dio.

Anche Carlo fu uomo eccezionale: un analfabeta che riconosceva il valore della cultura. Con lui finiscono i secoli bui, si ritorna a costruire, a dipingere, a scolpire, pur senza ritrovare il livello artistico degli antichi romani, che sarebbe stato raggiunto soltanto con il Rinascimento. Eppure, quando a Bisanzio arrivò la notizia che il re dei franchi era stato incoronato imperatore, i cronisti annotarono angosciati che le invasioni barbariche non erano finite, anzi un barbaro aveva appena conquistato Roma, e il titolo di Cesare era finito a un usurpatore.

Quando poi, nel 1054, Papa Leone IX decise di affrancarsi per sempre dal patriarca di Costantinopoli, attraverso quello che sarà chiamato lo scisma d'Oriente, sentì l'esigenza di trovare ancora una volta legittimità nella storia romana, e fabbricò la più clamorosa fake news di tutti i tempi: appunto la Donazione di Costantino, il documento che doveva dimostrare come il sovrano avesse donato Roma al Papa. Quattro secoli dopo, l'umanista Lorenzo Valla dimostrò agevolmente che si trattava di un falso; ma il fatto stesso che il Pontefice avesse sentito il bisogno di ricorrere a un antico imperatore per legittimare il proprio dominio su Roma testimonia come il prestigio dell'impero fosse ancora intatto.

Per secoli il Papa di Roma e l'imperatore tedesco continuarono a litigare; eppure, dopo Carlo Magno, tutti gli imperatori saranno incoronati dal Papa. Fino a Carlo V, il primo a regnare su un impero esteso al Nuovo Mondo. Carlo non fu consacrato a Roma ma a Bologna, per abbreviargli il viaggio. Era il 1530. Tre anni prima, i suoi lanzichenecchi avevano saccheggiato e profanato la Città Eterna. Dopo Carlo V, i sovrani si proclamarono da soli Imperator Electus Romanorum, l'eletto dei romani.

Il loro simbolo, fin dai tempi di Federico Barbarossa, l'imperatore sconfitto a Legnano dalla Lega lombarda, era l'aquila romana. La stessa aquila che sarà adottata dall'impero austroungarico, dal Reich tedesco, dalla Repubblica di Weimar, dal nazismo e pure dalla Bundesrepublik, la Germania moderna.

Dagli antichi romani, gli imperatori tedeschi mutuarono anche la corona, il mantello color porpora, lo scettro e il globo che simboleggiava il mondo; ed essendo l'impero sacro e romano, quindi cristiano, il globo era sormontato da una croce.

Firenze, Venezia e la riscoperta di Omero

A Bisanzio erano custoditi i testi della grande cultura greca; e fu proprio quando Bisanzio stava per cadere che l'Occidente li riscoprì. Nel 1438 l'imperatore Giovanni VIII Paleologo, alla testa di una delegazione di settecento tra religiosi e sapienti, arrivò a Ferrara, per un concilio che avrebbe dovuto riunire le Chiese d'Oriente e di Occidente, insomma gli ortodossi e i cattolici, e indire una crociata per salvare Bisanzio dalla morsa dei turchi. L'anno dopo, a causa della peste scoppiata a Ferrara, il concilio si spostò a Firenze, come testimoniato dallo splendido affresco di Benozzo Gozzoli nella cappella di famiglia dei Medici, dove si vedono anche due bambini: Lorenzo, poi detto il Magnifico; e suo fratello Giuliano, assassinato nella congiura dei Pazzi.

Dal punto di vista religioso e politico, il concilio non portò a nulla: le due Chiese rimasero separate, e il 29 maggio 1453 Bisanzio lasciata a se stessa cadde nella mani dei turchi, che la chiamarono Istanbul, ne fecero la capitale di un impero aggressivo e potente, e trasformarono Santa Sofia con i suoi mosaici in una moschea. Eppure, un seme era stato gettato.

A Firenze, capitale dell'umanesimo, i sapienti di Bisanzio – in particolare Bessarione, arcivescovo e letterato – avevano portato i testi e le idee dell'antichità greca, che l'Occidente aveva perduto e quindi non conosceva. Si spiega così la nascita del pensiero neoplatonico, e la riscoperta dei grandi poemi attribuiti a Omero. Dopo la caduta di Bisanzio, nel 1468 Bessarione donò a Venezia la sua raccolta di codici greci e latini, che divennero il fulcro di quella che oggi si chiama Biblioteca nazionale Marciana. Tra questi, il codice conosciuto come Venetus A, che risale alla metà del decimo secolo, ed è il più antico tra i manoscritti che ci hanno tramandato l'Iliade.

Del resto Venezia, con il suo piccolo impero adriatico, era nata da una costola dell'impero bizantino. La sua fondazione è leggendaria come quella di Roma. Secondo un'antica tradizione, la città sarebbe sorta grazie a esuli troiani guidati da Antenore, il troiano che si era salvato grazie alla benevolenza degli achei, cui è attribuita anche la fondazione di Padova. Invece secondo altre fonti la prima pietra della chiesa di San Giacometo a Rialto fu posta il 25 marzo 421, ancora oggi considerato il giorno natale – dies natalis – della città. Il 25 marzo non è un giorno casuale: per i cristiani, è la data dell'annuncio dell'arcangelo a Maria, quindi del concepimento di Gesù, e anche della sua crocifissione; ma per il calendario giuliano era il giorno dell'equinozio di primavera, che di fatto apriva l'anno e la stagione della guerra.

Il rapporto tra Bisanzio e Venezia fu sempre stretto, e la Serenissima fu il tramite tra quel che restava in Italia della cultura dell'antica Roma e la sua versione vivente sulle sponde dell'Egeo. Non a caso, la nomina dei dogi avveniva sul modello dell'imperatore romano d'Oriente: la veste era la stessa; e se a Bisanzio l'imperatore era investito simbolicamente dalla Vergine, da un santo e talora da Gesù in persona, a Venezia si diventava dogi per «vexillum Sancti Marci», attraverso lo stendardo di San Marco. Con il tempo il rituale cambiò, ma l'influenza bizantina rimase: del doge Domenico Silvo si racconta che fu acclamato dal popolo con la formula bizantina «volumus et laudamus», ed entrato in San Marco si prostrò sul pavimento, come l'imperatore bizantino faceva a Santa Sofia dinanzi a Dio; dopodiché i dignitari si inchinavano a lui.

Fino a quando, nel 1204, l'antica colonia conquistò la capitale dell'impero. I veneziani fornirono le navi ai crociati, ma in cambio pretesero che combattessero una guerra privata al loro servizio: prima domarono la ribelle Zara, sulle coste dalmate; poi anziché Gerusalemme presero Bisanzio, saccheggiandola dei suoi tesori. L'impero latino in Oriente non durò a lungo, i sovrani bizantini ripresero il sopravvento; ma da allora i quattro cavalli di bronzo dell'ippodromo di Bisanzio sono custoditi nella basilica di San Marco; mentre Enrico Dandolo, il doge cieco che guidò la spedizione, è sepolto a Santa Sofia.

Mosca, la Terza Roma

«Due Rome sono cadute; la Terza resiste, e la Quarta non vi sarà».

L'autore dell'ispirata profezia è il monaco Filofej, uno di quegli ideologi in tonaca che fino a Rasputin – o forse fino al patriarca Kirill – hanno segnato la storia russa. La Prima Roma era ovviamente quella in riva al Tevere. La Seconda era Bisanzio. La Terza era Mosca. Anche la nuova Roma, del resto, sorgeva come l'originale su un fiume – la Moscova al posto del Tevere –, e su sette colli.

Il monaco conia la sua definizione in una lettera al gran principe di Mosca Basilio III. Suo padre, Ivan il Grande, aveva sposato la principessa bizantina Zoe, nipote di Costantino XI Paleologo (figlia del fratello), l'ultimo imperatore romano d'Oriente. Il figlio di Basilio, Ivan il Terribile, fu il primo a proclamarsi zar di tutte le Russie, con una cerimonia che ancora una volta ricalcava quella romana. Il simbolo è sempre l'aquila.

Gli storici di corte inventarono allo zar una discendenza da Prus, fantomatico nipote di Augusto, da cui avrebbe ricevuto l'estremità settentrionale dell'impero, chiamata appunto Prussia. Una leggenda, cui però i russi credevano fermamente: non a caso viene narrata nei bassorilievi della Cattedrale della Dormizione, una delle più belle chiese del Cremlino.

Ma dagli imperatori romani i russi non presero solo titoli e simboli. La Russia sentì, fin dall'inizio della sua storia, di avere una missione: la difesa della fede ortodossa, considerata l'unica e l'autentica; e la guida del mondo cristiano verso una nuova era. Forti di quella convinzione, gli eserciti degli zar arrivarono sino all'oceano Pacifico e al mar Nero; e i popoli della Siberia e del Caucaso sbalordirono nel veder cavalcare quei guerrieri dai capelli biondi e dagli occhi azzurri, che combattevano e morivano in nome di Cesare e di Dio, come ai tempi di Costantino.

Caterina la Grande sconfisse i turchi e giunse a vagheggiare la rinascita dell'impero romano d'Oriente, che si sarebbe spartito con l'imperatore tedesco i territori controllati dagli ottomani. È un tempo in cui molte città dell'impero russo prendono nomi greci: Sebastopol, Melitopol, Mariupol – dal greco polis, città – e Cherson – dal greco "kersonesus", penisola –, nomi oggi drammaticamente noti per la guerra russo-ucraina, che rappresenta il sanguinoso pervertimento di quegli ideali; tanto più che si tratta di una guerra civile tra due popoli slavi, la cui storia è intrecciata da secoli.

Quello spirito messianico, unito allo spirito di conquista, non era un'esclusiva di zar e zarine, di generali e soldati. Pure Dostoevskij parla di socialismo russo, cioè dell'unione tra gli ideali di giustizia sociale e l'ortodossia, dietro cui vedeva «l'incessante desiderio, da sempre insito nel popolo russo, di una grande chiesa universale sulla terra».

Anche i russi, come gli americani, sia pure in forme ovviamente diverse, sentono di possedere un "destino manifesto". La loro capacità di resistenza è infinita, come sperimentarono sia Napoleone sia Hitler. La rivoluzione bolscevica ha reciso le radici ortodosse, non lo spirito di espansione, che dopo la seconda guerra mondiale ha portato l'influenza russa fino a Trieste e alla cortina di ferro. E dopo il crollo dell'Unione Sovietica Mosca è tornata a presentarsi come la Terza Roma, destinata a custodire la fede ortodossa, a proteggere i popoli slavi – volenti o nolenti – e a imporsi come guida spirituale del mondo, in opposizione a un Occidente presentato come imbelle e corrotto.

Mazzini e il Duce

Va detto che Terza Roma non è solo l'invenzione di un monaco esaltato. Anche Giuseppe Mazzini usò la stessa espressione, per indicare la Roma del Risorgimento – libera, democratica, repubblicana –, terza dopo la Roma dei Cesari e quella dei Papi.

Una retorica nazionalista adottata, in tempi e forme diversi, da Benito Mussolini: per il Duce la Terza Roma sarebbe stata quella che nei suoi piani architettonici doveva arrivare sino al mare. L'Eur doveva essere solo una tappa del suo disegno: Roma si sarebbe dovuta «dilatare sopra altri colli lungo le rive del fiume sacro, sino alle spiagge del Tirreno». Paradossalmente, nel dopoguerra Roma si è espansa invece soprattutto verso nord, con le borgate e i quartieri altoborghesi di Fleming, Vigna Clara, Camilluccia, Cassia...

Il fascismo, del resto, prende il nome dai fasci littori, nell'antica Roma uno dei simboli del potere. Mussolini si vantava di aver umiliato le cento capitali d'Italia, per far emergere un'unica capitale, Roma; ma in Francia lo irridevano definendolo "César de Carnaval", Cesare da Carnevale.

Va ricordato però che nell'età moderna il mito di Roma non comincia con il Duce. L'Italia appena unificata guardava a Roma come a un destino, la considerava la sua capitale inevitabile. Torinesi come Cavour e Vittorio Emanuele II, che a Roma non erano mai stati in vita loro, non pensarono neppure per un minuto di mantenere la capitale a Torino. A un passo dai Fori venne costruito un enorme edificio in stile neoclassico dedicato al re padre della patria, il Vittoriano, dove dal 1921 riposa il milite ignoto, simbolo dei caduti della Grande Guerra. E iniziarono i grandi sventramenti urbani, con l'apertura di nuove strade per collegare il centro alla stazione (via Nazionale) e a San Pietro (corso Vittorio Emanuele).

Ma è con il fascismo che il piccone si abbatte sulle vestigia dell'antica Roma, per crearne una nuova. Il Duce distrugge gli antichi palazzi che oscuravano la vista del Colosseo dal suo fatidico balcone di Palazzo Venezia, aprendo la via dell'Impero per far sfilare le truppe sui Fori; e in fondo fa esporre i bassorilievi che mostrano le varie tappe della creazione dell'impero romano, più la mappa (poi rimossa) dell'impero fascista esteso alle isole dell'Egeo, alla Libia, all'Etiopia. Mussolini traccia via della Conciliazione, abbattendo la Spina di Borgo, il quartiere medievale che nascondeva il Cupolone creando un effetto di meraviglia a chi all'improvviso si affacciava in piazza San Pietro. Poi ordina di sventrare l'altro quartiere medievale cresciuto attorno al mausoleo di Augusto, che nel suo megalomane disegno sarebbe dovuto diventare la sua tomba di famiglia.

Il Duce si sente davvero la reincarnazione di un imperatore, anzi del fondatore dell'impero: non a caso nel settembre 1938 il regime festeggia solennemente i duemila anni dalla nascita di Augusto. E nei momenti di tensione con Hitler, ad esempio quando il dittatore nazista si annette l'Austria portando la frontiera tra Germania e Italia sul Brennero, Mussolini lo paragona ad Arminio: il Führer tradiva lui come il barbaro germano aveva tradito Augusto.

Quando poi vuole costruire a Roma una cittadella olimpica per ospitare i Giochi – che in effetti vi si terranno nel

1960 –, la chiama in proprio onore Foro Mussolini; anche se per gli antifascisti, o anche solo i mugugnanti, il foro Mussolini era quello che durante la guerra un po' tutti, dimagriti per le privazioni, si erano fatti fare nella cinghia.

Napoleone e Marianna

Il personaggio più simile a un imperatore romano nella storia moderna, in realtà, è Napoleone Bonaparte. Figlio della rivoluzione, non poteva restaurare la monarchia. Di famiglia, lingua e in fondo cultura italiane, il suo riferimento naturale era l'impero. Fin da quando era giovane studente alla Scuola militare di Brienne-le-Château, il suo modello dichiarato fu Giulio Cesare per l'arte militare, e Augusto per quella politica.

Il 2 dicembre 1804, nella cattedrale di Notre-Dame a Parigi, il suo sogno imperiale si realizza. Il piccolo caporale entra in scena vestito, più che come Augusto, come Eliogabalo o un imperatore della decadenza: cocchio trainato da otto cavalli bianchi, tunica color cremisi, mantello di velluto rosso da quaranta chili bordato di ermellino. Il coro intona il Veni Creator Spiritus, un sacerdote lo unge con il crisma. Il Papa è costretto ad assistere, più spettatore che celebrante: siede su un trono accanto all'altare. Napoleone ha fatto forgiare una corona identica a quella di Carlo Magno, ma il Papa non dice "accipe coronam", prendi la corona, ma «coronet te Deus»: il diadema viene idealmente da Dio; nella realtà, Napoleone si incorona da sé.

Nel grande quadro di Jacques-Louis David che quasi fotografa la scena è ritratta anche la madre di Napoleone, Maria

Letizia. Ma quel giorno a Notre-Dame la mamma dell'imperatore non c'era: detestava la nuora, Joséphine, e non avrebbe tollerato vedere il figlio incoronarla imperatrice. Napoleone sussurra al fratello Giuseppe: «Se solo babbù potesse vederci oggi!» («Sui fos e baa», se fosse qui nostro padre, aveva detto Mussolini al fratello Arnaldo dopo aver ricevuto il telegramma in cui il re lo pregava di scendere a Roma per diventare capo del governo).

Accanto all'incoronazione è custodito al Louvre un altro grande dipinto, di Antoine-Jean Gros: "Bonaparte visita gli appestati di Giaffa". L'imperatore dei francesi è ritratto mentre guarisce un appestato con un tocco della mano; proprio come Vespasiano aveva guarito uno storpio, almeno secondo il racconto di Tacito, che però compiacente non era.

Ma Napoleone non voleva solo conquistare l'Europa. Voleva plasmarla. Ricostruire le città. Aprire una nuova era. Rivelarsi l'Augusto del suo tempo.

Nel 1809 annette Roma all'impero e ne fa la sua seconda città, dopo Parigi; non a caso al figlio, Napoleone II, viene attribuito il titolo di re di Roma; e il ragazzo è soprannominato Aiglon, l'aquilotto. Si restaurano antichi edifici, se ne costruiscono di nuovi. Paolina, la sorella di Napoleone, sposa il principe Borghese e scandalizza gli aristocratici facendosi raffigurare nuda nella splendida statua del Canova. La madre Maria Letizia prende casa in piazza Venezia, e passerà i suoi ultimi anni a osservare non vista i passanti da dietro le persiane di legno, in quello che ancora oggi si chiama Palazzo Bonaparte.

Napoleone vagheggia di portare a Parigi la colonna Traiana; poi considera che costa meno rifarla. Così ne innalza una copia in Place Vendôme, fondendo il bronzo dei cannoni presi agli austriaci e ai russi ad Austerlitz; sulla cima troneggia una statua di Napoleone vestito da Caesar Imperator, con toga corta, gladio, vittoria alata, corona d'alloro e iscrizione in latino, in cui il corso viene definito Imperatore Augusto e la vittoria "bellum germanicum", guerra germanica; come se Bonaparte avesse vendicato Teutoburgo.

Con il ritorno dei re la statua verrà tolta; ma nel 1833 Napoleone torna sulla colonna, stavolta vestito da caporale. Infine il nipote Napoleone III – figlio di suo fratello Luigi – fa erigere una copia della prima statua; così Napoleone è tuttora vestito da imperatore romano. La colonna verrà distrutta al tempo della Comune di Parigi, in quanto monumento al militarismo, su proposta del pittore Gustave Courbet; ma poi sarà ricostruita e Courbet condannato a pagare le spese (morirà prima di versare la prima rata).

Dall'antica Roma, Napoleone copia anche gli archi di trionfo: l'Arc de Triomphe in fondo ai Campi Elisi è la replica dell'arco di Tito, l'Arc du Carrousel dell'arco di Costantino; l'imperatore vi aveva fatto collocare sulla cima i quattro cavalli di San Marco, poi restituiti a Venezia.

Il Louvre diventa un tempio all'arte greca, romana e rinascimentale, anche grazie al bottino di guerra che come gli antichi imperatori Napoleone aveva portato in patria, dalle opere d'arte agli obelischi. Dopo la sconfitta francese, il Papa incaricherà proprio Canova di ricondurre in Italia i capolavori trafugati. Ma qualcuno è rimasto al suo posto, come le Nozze di Cana del Veronese, fatto a pezzi dalle baionette dei soldati a Venezia e ricostruito al Louvre: al tempo era l'opera più famosa al mondo, più che la Gioconda i visitatori andavano a vedere il grande telero con l'autoritratto del Veronese, il ritratto del suo rivale Tiziano e i vari personaggi tra cui si diceva fossero raffigurati due imperatori, Solimano il Magnifico e Carlo V.

Anche Napoleone III diventerà imperatore; e nel linguaggio politico europeo viene introdotta la parola cesarismo, per indicare l'abuso del potere personale, una monarchia sostenuta non da una dinastia ma dalla forza militare e dal sostegno popolare: Napoleone come nuovo Cesare. Quando l'italiano Orsini tentò di ucciderlo, si parlò di cesaricidio. Mentre la politica di alleanza con la Roma papalina, e in genere l'unione del potere religioso con quello civile, è definita cesaropapismo.

Sarebbe sbagliato, però, ridurre lo slancio della Francia verso l'impero e l'antica Roma alla megalomania di un solo uomo, Napoleone, e dei suoi discendenti. «Solo Parigi è degna di Roma, e solo Roma è degna di Parigi»: con questa motivazione le due capitali sono gemellate, e non hanno stretto altri gemellaggi. E l'afflato universale della rivoluzione, l'idea che la Francia abbia una missione destinata ad andare molto al di là dei suoi confini, è un retaggio della civiltà imperiale. I liberti nell'antica Roma indossavano il berretto frigio; che come tutti sanno è il simbolo della Rivoluzione, ed è indossato dalla personificazione della Francia, Marianna.

Ma se c'è un impero che tenta di racchiudere l'intero mondo nella sua capitale, è l'impero britannico. E la capitale è ovviamente Londra, che custodisce i fregi del Partenone, meravigliose statue romane, i trionfi imperiali del Mantegna, e una traccia di tutto quanto di grandioso o raffinato gli uomini hanno prodotto in ogni tempo e in ogni luogo.

Shakespeare e il British Empire

Anche gli inglesi, come i romani e i russi, pensavano un tempo di discendere dai troiani.

Nella sua "Historia Regum Britanniae", Storia dei re di Britannia, Goffredo di Monmouth racconta la vicenda di Bruto, figlio di Iulo, quindi nipote di Enea, cacciato da Albalonga perché un indovino aveva profetizzato che avrebbe ucciso il padre e la madre. Comincia così una sorta di odissea: Bruto sopravvive alle Sirene, combatte contro i Galli, chiede alla dea Artemide dove potrà porre fine al suo peregrinare, e gli viene ordinato di sbarcare in un'isola a occidente delle Gallie, abitata da giganti. Bruto e i suoi troiani sconfiggono i giganti e fondano appunto la Britannia.

Il racconto è ovviamente fantasioso; eppure Britannia è ancora oggi la personificazione femminile del Paese. È una donna simile a una dea romana, armata di tridente, elmo e scudo, affiancata da un leone. E di recente due film hanno saldato la nascita mitica dell'Inghilterra agli ultimi atti di eroismo dei romani.

"King Arthur", film del 2004, riprende l'idea che Artù fosse un comandante di legioni dal sangue misto romano e britannico, che si trova a combattere con i suoi campioni, da Lancillotto a Galvano, contro i sassoni invasori, proprio mentre l'impero cade e i romani si ritirano dall'isola. E dopo aver incontrato l'amore – ovviamente Ginevra, una splendida guerriera pitta, magrissima in quanto interpretata da Keira Knightley – diventa il nuovo sovrano della Britannia.

"L'ultima legione", del 2007, una delle ultime produzioni di Dino De Laurentiis, tratta dal romanzo di Valerio Massimo Manfredi, immagina invece che Romolo Augustolo, ultimo imperatore d'Occidente, riesca a fuggire dall'Italia insieme con il suo precettore d'origine celtica Ambrosino, portando con sé una mitica spada appartenuta a Giulio Cesare. In Britannia incontrerà l'ultima legione dell'impero, che ha deposto le armi per dedicarsi all'agricoltura, ma le riprenderà per difendere l'imperatore dai barbari. Ambrosino riprende il suo nome celtico, Merlino; Romolo Augustolo, stanco di guerre, incastonerà la sua spada nella roccia, e chiamerà il figlio Artù.

Di sicuro, l'incoronazione del re inglese seguiva il cerimoniale del Sacro Romano Impero, a sua volta derivato dall'antica Roma. L'influenza francese portò alla stesura, in latino, del "Liber regalis", che prevedeva una cerimonia divisa in quattro momenti: la presentazione del sovrano al popolo, il giuramento davanti a Dio e ai sudditi, l'unzione con l'olio sacro, l'investitura con la consegna della spada e del globo.

Il linguaggio dell'incoronazione rimase il latino fino a Elisabetta I, che impose l'inglese come elemento nazionale in contrapposizione al Papa e ai cattolici; anche se adorava il latino, al punto da tradurre il primo libro degli Annales di Tacito, uno degli scrittori più ostici, per le sue espressioni scabre che sottintendono molti significati.

Quando poi nel 1714 salì sul trono un re tedesco che non parlava bene l'inglese, Giorgio I, chiese e ottenne che la cerimonia della sua incoronazione fosse officiata in latino. Un vezzo che è rimasto vivo fino a oggi: quando si firmava, spesso Elisabetta II dopo il suo nome scriveva la lettera R di Regina; mentre suo figlio Carlo III ha rivendicato il titolo di Rex.

Il latino era la lingua dei dotti, in cui si scrivevano i trattati di giurisprudenza, geografia, fisica, botanica; e anche i documenti ufficiali. Non a caso, il 26 aprile 1564 il registro parrocchiale di Stratford-upon-Avon riferisce che quel giorno è stato battezzato «Gulielmus, filius Johannes Shakespeare».

Il figlio di John Shakespeare, William, ambienta nella Roma imperiale la sua prima tragedia, Tito Andronico. Il personaggio è immaginario: un generale che si ritrova al centro di una torbida storia di sacrifici umani, stupri, banchetti sacrileghi, mutilazioni; a un certo punto la figlia prediletta di Tito, Lavinia, cui sono state tagliate le mani e la lingua, scrive sulla sabbia il nome dei colpevoli stringendo un bastone con la bocca e i moncherini. Oggi non è certo considerato il capolavoro di Shakespeare; ma all'epoca ebbe un successo clamoroso, per la sua truculenza ma anche per il fascino della sua ambientazione.

Così Shakespeare, che non è mai stato in Italia in vita sua, vi ritorna idealmente per scrivere la sua seconda tragedia, Romeo e Giulietta, e poi per la terza: Giulio Cesare. Anche se il vero protagonista non è Cesare, ma Bruto, con la sua passione per la libertà e la sua eterna incertezza, cui fanno da contraltare la forza e la decisione di Marco Antonio. È Antonio ad aizzare la folla contro Bruto, con il suo celebre discorso; ma è ancora Antonio a elogiarlo, ricordando davanti al suo cadavere che Bruto aveva ucciso Cesare non per odio ma per amor di patria.

Non a caso, nei film ispirati da Shakespeare è Antonio il personaggio che rimane più impresso, anche perché viene interpretato nel 1953 da Marlon Brando – "Giulio Cesare" di Joseph L. Mankiewicz – e nel 1970 da Charlton Heston

– "23 pugnali per Cesare" di Stuart Burge, con un giovane, bellissimo Richard Chamberlain nel ruolo di Ottaviano –; mentre gli ultimi a portare la tragedia al cinema sono stati i fratelli Paolo ed Emilio Taviani, con "Cesare deve morire", affidato ai carcerati di Rebibbia, Orso d'oro al Festival di Berlino.

Verso la fine della sua vita, Shakespeare scriverà altre due tragedie ambientate nell'antica Roma. "Coriolano" è uno dei suoi testi più politici: il protagonista è a capo della fazione aristocratica; quando il popolo contesta la sua elezione a console si infuria, e paragona i plebei che attaccano i patrizi a corvi che beccano le aquile. Esiliato, si mette a capo di un popolo nemico, i volsci, e marcia su Roma; ma viene fermato, come ci siamo già detti, dalla mamma. Pagherà con la vita il suo duplice tradimento, prima a danno dei romani, poi dei volsci, che lo uccideranno.

Il Coriolano più celebre nella storia del teatro moderno è Laurence Olivier, anche grazie all'effetto speciale con cui all'Old Vic Theatre veniva messa in scena la sua morte: Olivier si lasciava cadere all'indietro dal palco, e poi penzolava a testa in giù; chiara allusione al Mussolini di piazzale Loreto. Più di recente, un grande Coriolano è stato Ralph Fiennes, fratello di Joseph, che invece ha interpretato direttamente l'autore in un film pieno di poesia, Shakespeare in Love.

Infine Shakespeare scrive Antonio e Cleopatra, dove la protagonista ovviamente è lei. Di Cleopatra il luogotenente di Antonio, Enobarbo, dice: «L'età non la può appassire, né l'abitudine rendere insipida la sua varietà infinita. Le altre donne saziano i desideri che alimentano, ella affama di sé laddove più si prodiga; poiché in lei acquistano grazia le cose più vili, così che i sacri sacerdoti la benedicono nella sua lussuria». Più prosaicamente, un indovino mette in guardia Antonio: «Se giochi con lei a qualunque gioco, sei sicuro di perdere». E Antonio perderà tutto, anche l'onore.

La flotta di Cleopatra fugge davanti a Ottaviano ad Azio, e quella di Antonio la segue. Lui è furente, ma è disposto alla riconciliazione: «Dammi un bacio, e tutto sarà perdonato». Poi però Shakespeare immagina una seconda battaglia, in cui Antonio sta per prendersi la rivincita ma viene ancora una volta tradito e sconfitto. Questa volta Cleopatra intuisce che l'unico modo per farsi perdonare è lasciar credere ad Antonio che si è tolta la vita; ma lui non regge alla notizia, e anziché precipitarsi da lei si suicida.

Sarà questa tragedia a ispirare uno dei film più celebri nella storia del cinema; e Cleopatra-Liz Taylor darà vita con Richard Burton-Antonio a una saga d'amore che farà impallidire quella vissuta secoli prima alla corte d'Egitto.

L'impero britannico è forse quello che si trovò a confrontarsi più direttamente con l'impero romano. Per l'estensione, e quindi per la distanza dal centro alla periferia. Per l'eterogeneità dei popoli governati. Per l'esiguità di truppe con cui doveva tenere territori immensi. Per la necessità di far combattere al proprio fianco soldati stranieri, a volte contro il loro stesso popolo.

In tutto questo gli inglesi furono maestri. Imposero la loro lingua, ma non la loro religione e il loro sistema politico. Ebbero sempre cura di dividere i nemici, ed evitare che potessero coalizzarsi contro Londra. Stabilirono un rapporto di clientela con i sovrani locali, a cominciare dai raja indiani. Esercitarono una vasta influenza con la loro cultura, ma assorbirono molto anche dalle terre conquistate, e non soltanto sotto l'aspetto gastronomico.

L'egemonia inglese fu innanzitutto commerciale, e soltanto in un secondo tempo militare e politica. E, come i romani, gli inglesi potevano perdere una battaglia, non la guerra. Furono sconfitti dal Mahdi in Sudan, dagli zulu a Isandlwana, da Rommel a Tobruk; ma finirono sempre per vincere.

Eppure anche l'impero britannico, come quello romano, non resse all'urto della storia. Crollò per le pressioni interne e per quelle esterne. Non resistette alla protesta della classe operaia, più interessata a lavorare in condizioni migliori che a combattere per la gloria della corona; e cedette al movimento per l'indipendenza condotto in Asia e in Africa da uomini che avevano studiato in Inghilterra, e molto spesso avevano imparato il latino. E anche se il titolo, Invictus, è postumo, non si può non ricordare la splendida poesia di William Ernest Henley, il poeta vittoriano amputato più volte per una forma di tubercolosi ossea, che ispirò al suo amico Stevenson il personaggio del pirata dell'Isola del tesoro con una gamba di legno, Long John Silver. Versi che divennero la lettura preferita di Nelson Mandela nei ventisette anni passati nelle carceri sudafricane, e il titolo di uno splendido film di Clint Eastwood con Morgan Freeman: «It matters not how strait the gate / how charged with punishments the scroll / I am the master of my fate / I am the captain of my soul». Non importa quanto stretto sia il passaggio, quante punizioni preveda la pergamena; sono io il padrone del mio destino, sono io il capitano della mia anima.

L'apogeo dell'impero americano

Il 5 giugno 1944 Franklin Delano Roosevelt tenne uno dei suoi ultimi, grandi discorsi.

Il giorno prima, le truppe americane sono entrate a Roma. Il giorno dopo, sbarcheranno in Normandia. Siamo alla svolta della seconda guerra mondiale.

Roosevelt è molto malato. È stanco. È indebolito dalle angosce del conflitto. Gli resta meno di un anno di vita: morirà il 12 aprile 1945, poco più di dieci mesi dopo. Eppure la sua voce è ferma. Il presidente parla un inglese perfetto, comprensibile anche dagli stranieri. La sua è la voce di un uomo forte, orgoglioso del proprio popolo, fiducioso nell'avvenire.

Roosevelt parla certo agli italo-americani. Li definisce «americani-americani, di discendenza italiana». Ma parla anche agli italiani. Un popolo in teoria nemico, che sotto la guida di Mussolini ha preso le armi anche contro gli Stati Uniti. Eppure per gli italiani Roosevelt ha solo parole generose. Ricorda che per secoli sono stati «leader nelle arti e nelle scienze, arricchendo le vite di tutta l'umanità». Evoca «i grandi figli del popolo italiano, Galileo e Marconi, Michelangelo e Dante, e lo scopritore senza paura che rappresenta il coraggio dell'Italia, Cristoforo Colombo». Rammenta che molti soldati italiani stanno combattendo accanto agli Alleati, contro i tedeschi. Cita poi il contributo dei «valorosi canadesi», dei «combattivi neozelandesi», dei «coraggiosi francesi», dei sudafricani, degli indiani, dei polacchi che avevano preso Montecassino dando «il corpo all'Italia, l'anima a Dio e il cuore alla Polonia» (questo non l'ha detto Roosevelt, è scritto sulla lapide del cimitero polacco presso l'antica abbazia, sciaguratamente distrutta dalle bombe).

Poi il presidente parla di Roma.

E ammonisce: «Roma è più di un obiettivo militare. Sin da prima dei cesari, è stata un simbolo di autorità. Roma era la Repubblica. Roma era l'Impero. Roma era e in un certo senso è la Chiesa cattolica. E Roma era la capitale dell'Italia unita. In seguito, purtroppo, un quarto di secolo fa, Roma divenne la sede del fascismo: una delle tre capitali dell'Asse».

Ora la prima capitale è caduta «nelle nostre mani»; ne mancano due, Berlino e Tokyo. Roosevelt sa che è solo questione di tempo, anche se non vedrà quel giorno. «È forse significativo che la prima di queste capitali a cadere abbia la storia più lunga di tutte» dice. Si rallegra che il Papa e il Vaticano siano di nuovo liberi: Roma custodisce «il grande simbolo del cristianesimo, che ha raggiunto quasi ogni parte del mondo. Ci sono altri santuari e altre chiese in molti luoghi; ma le chiese e i santuari di Roma sono simboli visibili della fede e della determinazione dei primi santi e martiri affinché il cristianesimo viva e diventi universale».

Ma Roma, ricorda il presidente americano, è più antica del cristianesimo: «La storia di Roma risale ai tempi delle fondamenta della nostra civiltà. Possiamo ancora vedere i monumenti dell'epoca in cui Roma e i romani controllavano tutto il mondo allora conosciuto. Anche questo è significativo, perché le Nazioni Unite sono determinate a far sì che in futuro nessuna città e nessuna razza possa controllare il mondo intero».

Ecco, Roosevelt era sincero quando diceva questo. Così come un altro presidente, il primo afroamericano, Barack Obama, non intendeva certo rivendicare un dominio, quando chiudeva i comizi delle sue due vittoriose campagne elettorali del 2008 e del 2012 definendo l'America "the Greatest Nation on Earth", la più grande nazione della terra.

Eppure l'America ha oggettivamente costruito un impero. Ha unificato colonie inglesi affrancandole da Londra, ha comprato territori dai francesi, ne ha strappati altri ai messicani. Con il presidente Monroe ha stabilito che non avrebbe più tollerato ingerenze europee nel cortile di casa, cioè il Canada e l'America Latina. I suoi cannoni hanno tolto Cuba all'impero spagnolo. Poi l'America è intervenuta nelle due grandi guerre europee del Novecento, le ha vinte o meglio le ha decise gettando sulla bilancia il proprio peso militare e industriale, e ha esteso la propria influenza prima sull'Europa occidentale, poi dopo il crollo del Muro fino ai confini della Russia, con cui ha combattuto e vinto una guerra fredda anche sui fronti asiatici e africani.

Proprio come un imperatore romano, il presidente degli Stati Uniti esercita una sovranità diretta su un vasto territorio, e stringe patti di diversa natura con altri Paesi, che vanno dal protettorato – Porto Rico – all'alleanza militare, dal trattato di libero scambio al sostegno contro un nemico comune.

Il Nuovo Mondo ha in comune con Roma quello che per primo un giornalista, John L. O'Sullivan, nel 1845 definì il "destino manifesto". Per i romani, il potere era assegnato dal cielo: a loro spettava il governo del mondo. Scrive Virgilio: «C'è chi è chiamato a erigere statue di bronzo o a trarre volti viventi dal marmo, chi a fare bei discorsi o a rivelare i segreti celesti; ma a te, romano, spetta l'arte di regnare; tu devi concedere la pace ai vinti, tu devi debellare i superbi».

Il potere di Roma si esercitava prima sulle persone che sui territori. La principale preoccupazione era sottomettere i re stranieri e stringere con loro un patto di alleanza, senza aver necessità di truppe d'occupazione.

Non bisogna pensare che le truppe romane presidiassero le frontiere: non avrebbero mai potuto tenere oltre 6400 chilometri. Ai confini Roma poteva contare su un sistema di regni satelliti, dalla Mauritania alla Tracia, dalla Cappadocia all'Armenia, dal Ponto alla Giudea, fino all'Arabia Nabatea, che oggi si chiama Giordania. A volte questi regni venivano annessi, a volte restavano formalmente indipendenti. Più oltre c'erano Stati o tribù legati a Roma da un rapporto di clientela, che dovevano fornire soldati all'impero, ma spesso ricevevano sussidi.

Le legioni non erano schierate ai confini, ma tenute pronte a intervenire in caso di invasioni o di rivolte; e spesso erano rafforzate da ausiliari locali. Un potenziale militare che diventava anche un'efficace arma diplomatica.

È esattamente la stessa strategia con cui si è espanso nel Novecento l'impero americano, stringendo vari accordi con vari Stati: alleati in posizione subordinata dall'America Latina all'Europa; altri convinti o costretti ad accogliere basi e soldati americani, dalle Filippine alla ribelle Cuba. I nemici sconfitti – come la Germania, l'Italia, il Giappone – entrano a far parte della sfera di sicurezza e di difesa garantita dagli Stati Uniti. Gli alleati forniscono truppe a Washington, proprio come le fornivano a Roma; ma sovente ricevono aiuti, e approfittano dei vantaggi che offre il legame con la prima potenza mondiale. E, come Roma, l'America coltiva il potere sulle anime, grazie alla lingua, all'arte, alla tecnologia. Compresa l'arte per eccellenza del Novecento: il cinema. E la tecnologia più rivoluzionaria del nostro tempo: il digitale.

Così i popoli comunicano tra loro in inglese; la Cia finanzia l'espressionismo astratto di artisti maledetti come Jackson Pollock; Hollywood e Disney formano l'immaginario di intere generazioni; e oggi i padroni della Rete esercitano un potere di influenza che nessun essere umano dai tempi di Augusto aveva mai potuto sognare.

Gli alleati dei romani non erano costretti a rinunciare ai loro dei, alle loro monete, alle loro leggi, al loro modo di misurare il tempo o le distanze o i raccolti o le ricchezze. Però erano tenuti a riconoscere l'egemonia di Roma. Facevano parte di un sistema da cui venivano anche molti benefici: la libertà dei commerci, le vie di comunicazione, la protezione militare, la sicurezza. Certo dovevano ospitare le fortezze di Roma, i suoi soldati, i suoi diplomatici e funzionari; e anche i potenti locali dovevano coltivare un buon rapporto con la capitale dell'impero.

Non vi ricorda il modo dell'America di amministrare il proprio potere, nel Novecento e anche oltre?

Ma la cosa davvero straordinaria è che negli Stati Uniti d'America, proprio come nell'impero romano, diventa gradualmente sempre meno importante il posto da cui vengono i tuoi antenati, il colore della tua pelle, la religione in cui credi, i cibi che mangi, le tue tendenze sessuali; contano quello che vali, che sai, che fai, che porti alla comunità.

Non sarebbe giusto ridurre il disegno egemonico americano a una mera questione di potere. Gli Stati Uniti si sono sempre sentiti come un faro per il resto del mondo, un modello da seguire per gli ideali di democrazia e di libertà; e forse anche questo spiega l'antica contesa con la Russia, alimentata oggi dalla guerra in Ucraina. Una Russia anch'essa convinta di avere una missione, di essere in qualche modo l'erede dell'antica Roma.

Come l'impero romano, l'America esercita un enorme potere sul resto del mondo. Che parla la sua lingua, ascolta la sua musica, guarda i suoi film, legge i suoi libri, si cura con le sue medicine e seguendo i suoi protocolli, acquista o copia i suoi prodotti tecnologici, si iscrive alle sue comunità digitali. Anche se, come Roma collassò non solo per le invasioni barbariche dall'esterno ma anche per le fragilità interne, anche l'America deve affrontare contrasti e crisi che le rendono più difficile mantenere il ruolo di guida del mondo libero. Non a caso un presidente, Donald Trump, ha vinto nel 2016 una storica elezione, promettendo di mettere "America First", l'America al primo posto; a costo di trascurare il resto del mondo, dal Medio Oriente all'Africa, dove la Cina nel frattempo ha posto le basi di una possibile futura egemonia.

Eppure, ogni volta che spunta qualcosa di nuovo – un libro, un film, una canzone, una medicina, un vaccino, una scoperta scientifica, una novità tecnologica, una moda culturale – quasi sempre viene dall'America, oppure è copiata dall'America.

A suo tempo, però, l'America aveva copiato dall'antica Roma. In particolare l'età repubblicana, quella in cui era dolce e decoroso morire per la patria, ha rappresentato un modello politico e culturale per i fondatori degli Stati Uniti. E ha ispirato i suoi scienziati, i suoi scrittori, i suoi artisti.

I padri costituenti americani – Hamilton, Jay, Madison – firmavano i loro articoli con il nome di Publius: un omaggio a Publio Valerio Publicola, uno dei primi consoli della Repubblica. Intendevano presentarsi come coloro che avevano abbattuto i tiranni – nel loro caso non i Tarquini ma i re inglesi – e fondato la Repubblica all'insegna della libertà. La nuova nazione doveva unire, proprio come Roma, un insieme di Stati, ognuno con la sua autonomia. E, in prospettiva, integrare cittadini venuti da Paesi diversi. Da qui il motto, ovviamente in latino: «E pluribus unum», un verso attribuito erroneamente a Virgilio, che all'origine significava che molti colori – e in questo caso molti Stati, popoli, ideali, interessi, pensieri – si sarebbero fusi in uno solo.

Non si trattava soltanto di unificare i cittadini. Occorreva infondere in loro un senso di forza morale, di amore per la patria, di gusto per la libertà. Gli americani sono un popolo irrequieto, ottimista, insofferente: assomigliano agli antichi romani.

Roma è il modello innanzitutto per la toponomastica. Anche il Parlamento viene costruito su un colle, come il Campidoglio, e in segno propiziatorio viene chiamato Capitol Hill. Là si riuniranno la Camera dei Rappresentanti e la Camera Alta, che si chiamerà Senato. I lavori cominciano nel 1793 sotto la supervisione di Thomas Jefferson, che già ha fatto costruire il Campidoglio della Virginia, a Richmond, sul modello della Maison Carrée, il tempio romano di Nîmes, in Francia.

Per Capitol Hill il punto di riferimento è il Pantheon, dal colonnato alla rotonda centrale alla cupola, decorata con l'affresco dell'Apoteosi di George Washington che indossa la veste viola dei generali romani vittoriosi. Ai suoi lati, la dea della Vittoria e la dea della Libertà, che porta il berretto frigio e stringe in pugno un fascio: nell'antica Roma il simbolo dell'autorità, in America anche segno di unità e democrazia; come le verghe sottili sono legate insieme, così gli Stati si rafforzano unendosi sotto un comune governo federale.

Il fascio si vede anche nel sigillo del Senato e della United States Tax Court, la Corte di giustizia tributaria; alla Camera dei Rappresentanti appare dietro il seggio dello speaker (il presidente), che si chiama Rostrum, in latino; sulla sedia di Lincoln nel suo Memoriale; nello Studio Ovale del presidente; e sul "dime", la moneta da dieci centesimi. Del resto, sulle monete e sulle banconote americane ci sono i profili dei padri fondatori e dei grandi presidenti; proprio come sulle monete gli imperatori romani facevano incidere il proprio volto.

Sia la Casa Bianca, sia la Corte Suprema, sia il Jefferson Memorial sono edifici in stile romano, oltretutto in marmo. La statua di Benjamin Franklin scolpita da Francesco Lazzarini indossa una veste latina e ha in mano una pergamena; mentre George Washington si fa raffigurare da un altro scultore italiano, Giuseppe Ceracchi, come un imperatore. Del resto nel 1777 proprio Washington aveva rifiutato le offerte di pace del generale inglese John Burgoyne, proclamando: «Gli eserciti uniti d'America combattono per la più nobile delle cause, la libertà. Gli stessi principi ispirarono le armi di Roma nei giorni della sua gloria; e la stessa conquista fu la ricompensa del valore dei romani».

Poi lo stile romano, oltre che riprodotto, in America può anche essere parodiato. Negli anni sessanta del Novecento sarà costruito a Las Vegas il Caesars Palace, progettato da Jay Sarno, che sogna un hotel dove «ciascun ospite possa sentirsi come un Cesare». Gli esterni dovrebbero evocare un tempio romano, l'interno è un tripudio di affreschi e statue: lo stile più che classico è kitsch, ma gli americani ne restano molto colpiti. E mezzo mondo vedrà in diretta gli incontri di pugilato dal Caesars Palace, mentre all'interno giocatori d'azzardo trovano o più spesso smarriscono la loro fortuna.

Nell'era della fondazione, il riferimento degli americani più che l'impero non può che essere la Repubblica. I coloni si ribellano all'impero inglese e fondano la prima vera democrazia della storia. L'autore di riferimento è Cicerone, per l'eloquenza ma anche per la sua strenua difesa delle libertà repubblicane da qualsiasi autocrazia.

La divisione dei poteri prevista dalla Costituzione americana ricorda quella della Roma repubblicana. Il presidente e il vicepresidente sono i due consoli. Il Senato, come quello romano, è competente per le finanze e la politica estera. La Corte Suprema funziona secondo i procedimenti della "giustizia creativa" propria di Roma, in cui le sentenze e i precedenti vengono in soccorso del giudice.

Purtroppo anche la schiavitù è un retaggio del mondo antico. Ma nel 1831, mentre già si discute dell'abolizione, va in scena lo spettacolo teatrale "Il gladiatore", il cui protagonista non è l'immaginario eroe del film di Ridley Scott, Massimo Decimo Meridio, ma Spartaco, lo schiavo ribelle: il successo è tale che le repliche andranno avanti per settant'anni.

Quando i poteri del presidente si rafforzano, anche attraverso le guerre, il riferimento all'impero diventa inevitabile. Già in vita la figura di Abraham Lincoln, il presidente della guerra civile, era stata accostata a quella di Giulio Cesare, molto amato e molto odiato; e il suo assassinio fu la versione romana delle Idi di marzo. Il killer di Lincoln, John Booth, scelse "Ides" come nome in codice per indicare quello che lui, come Bruto, considerava un tirannicidio. "Le idi di marzo" diventeranno il titolo di romanzi di Thornton Wilder, di Colleen McCullough, del nostro Valerio Massimo Manfredi, e pure di un film con George Clooney dedicato non alla Roma antica ma agli intrighi politici che si consumano a Washington.

Nello stemma degli Stati Uniti, oltre al motto «E pluribus unum», c'è l'aquila calva dalle ali spiegate, con altre due iscrizioni latine. La prima, Annuit coeptis, è tratta dall'Eneide, in particolare dal passo in cui Iulo chiede aiuto a Giove prima di uccidere il primo nemico, Numano, il cognato di Turno: «Audacibus adnue coeptis», favorisci le mie audaci imprese. Ma è ancora più importante la seconda iscrizione: «Novus ordo seclorum», nuovo ordine delle età, che evoca il più celebre verso delle Bucoliche, dove Virgilio annuncia l'avvento di un "nuovo grande ordine delle età". Il poeta alludeva all'età di Augusto. I cristiani hanno interpretato il verso come la divinazione dell'avvento di Gesù. Ma per i fondatori della democrazia americana quelle parole di Virgilio significavano che, con gli Stati Uniti d'America, il mondo non sarebbe più stato lo stesso. È difficile dar loro torto.

«Civis Romanus sum», sono un cittadino romano, è un motto ripetuto più volte in varie epoche, ad esempio dal premier britannico Lord Palmerston. Lo ripropone in uno dei suoi grandi discorsi quello che resta – anche per la sua tragica fine – il presidente più celebre di ogni tempo, John Fitzgerald Kennedy, sia pure come citazione da aggiornare. È il 26 giugno 1963, JFK parla a Berlino, dove Krusciov in una notte di due anni prima ha fatto erigere il Muro. Dice Kennedy: duemila anni fa, l'orgoglio più grande era poter dire «Civis Romanus sum». Oggi, nel mondo libero, l'orgoglio più grande è dire «Ich bin ein Berliner», sono un berlinese. La frase-chiave della guerra fredda è ritagliata su un motto della Città Eterna.

I presidenti americani e i loro consiglieri non hanno mai nascosto di ispirarsi a Roma anche nella strategia militare. Soprattutto negli ultimi decenni.

Per secoli, la concezione militare era quella di von Clausewitz: la guerra è un conflitto tra nazioni; la guerra deve essere rapida e spietata; la guerra ha un inizio e una fine, prima e dopo c'è la pace.

Con il 1945 è finita l'idea di un conflitto decisivo e di una pace duratura. Il mondo è in perenne stato di guerra, sia pure limitata. Proprio come al tempo dell'impero romano.

Tutti sanno che se oggi si combattesse un conflitto con tutte le armi di cui l'umanità dispone, l'umanità non sopravviverebbe. Non ci sarebbero vincitori. Questo non significa purtroppo l'abolizione della guerra; semmai, la sua moltiplicazione su diversi fronti. Così è andata la guerra fredda tra Stati Uniti e Unione Sovietica; così si teme che evolverà la contesa tra Stati Uniti e Cina. Papa Francesco parla di terza guerra mondiale combattuta a pezzi.

Come scrive Edward Luttwak, «paradossalmente la rivoluzionaria trasformazione della guerra moderna ha fatto sì che il pensiero strategico dei romani venisse a essere estremamente vicino al nostro». Come i romani, gli americani si trovano a proteggere – con un esercito multietnico e a volte con eserciti di Paesi alleati – una società avanzata da una varietà di minacce. La soluzione non è distruggere il nemico, ma coinvolgerlo nella propria rete di alleanze, o logorarlo con una serie di guerre limitate, magari da affidare al suo vicino.

Per quanto la decadenza fosse senz'altro un monito per i politici e i generali e un'ispirazione per gli artisti e i registi, non si deve pensare che, dopo Augusto, l'impero non abbia fatto altro che decadere. A lungo i popoli barbari non furono un problema. La Germania era un fronte secondario, tenuto da appena quattro legioni; tre erano in Britannia; otto sul fronte orientale, dalla Cappadocia all'Arabia; tra dieci e tredici su quello centrale, dalla Pannonia alla Dacia (l'attuale Romania).
Per secoli la pace fu turbata non da vere e proprie guerre all'ultimo sangue, ma da quelle che oggi si chiamano pudicamente "operazioni di polizia".
L'unica vera grande rivolta fu quella degli ebrei, che Roma affrontò con spietatezza, anche per dare l'esempio ad altri potenziali ribelli. Luttwak parla di «guerra psicologica» a proposito di Masada, la montagna imprendibile dove un pugno di eroici difensori si erano asserragliati. Non avevano alcuna possibilità di vittoria e neppure di salvezza; non rappresentavano certo un pericolo per l'impero. Eppure nel 73 dopo Cristo i romani schierarono un'intera legione – su un totale di ventinove a difesa di tutti i loro territori – e costruirono un'enorme scala per raggiungere la cima della montagna e distruggere gli insorti, che preferirono accoltellarsi a vicenda piuttosto che arrendersi. Affinché tutti sapessero quel che era accaduto, la cronaca fu affidata a un ebreo, Giuseppe, che sentì l'esigenza di "romanizzare" il suo nome in Giuseppe Flavio (i Flavi erano la dinastia regnante). Gli

scrittori dovevano avere nomi latini; un po' come gli artisti europei – da Johnny Hallyday a Sandy Marton, da Bobby Solo a Don Backy –, che quando eravamo ragazzi dovevano avere nomi anglosassoni.

Declino e caduta

Eppure l'impero romano, a un certo punto, è finito davvero.

Nel 395 dopo Cristo, alla morte di Teodosio, era stato diviso definitivamente, tra i suoi due figli: ad Arcadio era spettato l'impero romano d'Oriente, con sede a Costantinopoli, detta anche Bisanzio; a Onorio l'impero romano d'Occidente, il cui centro più importante ormai non era Roma ma Ravenna (oltre a Milano).

Il 4 settembre del 476 dopo Cristo – la data che a scuola abbiamo imparato come caduta dell'impero – nessuno dei contemporanei ebbe l'impressione che fosse accaduto qualcosa. Da tempo la vera, unica sede dell'impero era Bisanzio. Quel giorno semplicemente l'ultimo imperatore d'Occidente, detto non a caso Romolo Augustolo (piccolo Augusto), che era un ragazzo figlio di un generale della Pannonia, venne deposto da Odoacre, un altro barbaro. Odoacre inviò le insegne imperiali a Bisanzio: come a dire che non occorreva nominare un altro imperatore per l'Occidente, ne bastava e avanzava uno; Odoacre sarebbe stato soltanto il governatore d'Italia.

La decadenza era cominciata molto prima, e sarebbe proseguita a lungo. Con l'arrivo dei longobardi, per oltre mille anni l'Italia sarebbe stata divisa, e spesso dominata da sovrani stranieri. E pure il mondo, un tempo unificato dai romani, era atteso da secoli che oggi possiamo pure rivalutare e non considerare bui, ma che non ci hanno lasciato i capolavori di architettura, di arte, di letteratura che dobbiamo a Roma.

Resta da capire: come poté accadere? Perché un impero che pareva destinato a durare per sempre si è corrotto sino alla consunzione?

Questa domanda ha affascinato gli uomini di ogni epoca. E molte epoche, compresa la nostra, considerano la decadenza come la fase più complessa, torbida, peccaminosa e quindi affascinante della storia. La Roma del tramonto attrae più della Roma all'apogeo. C'è tutta una filmografia, dal Satyricon di Federico Fellini al Caligola di Tinto Brass, dedicata alla decadenza. Hollywood ha riconosciuto nel tramonto romano i caratteri viziosi delle autocrazie sconfitte dagli americani nella seconda guerra mondiale; ma altri cineasti furono colpiti dall'aspetto erotico e pure enogastronomico. Pare quasi che i romani non si fossero accorti che tutto stava franando perché impegnati giorno e notte in interminabili banchetti, destinati immancabilmente a finire in sfrenate orge.

Poi ovviamente c'è la Storia, quella vera. "The History of the Decline and Fall of the Roman Empire" di Edward Gibbon è forse il libro di storia (in sei volumi) più celebre. Ha dato il titolo a una splendida canzone di Franco Battiato, in cui si citano «il perfido Stilicone barbaro multiforme», i monaci che «cantano il vespro nel tempio di Giove», Eliogabalo imperatore che «celebrava pietanze invece di battaglie, confondeva l'ordine delle stagioni, faceva ministri mimi e ballerini».

Finiva il dominio millenario di Roma. Tramontava per sempre l'epoca pagana. Neppure l'oracolo di Delfi riusciva a dare indicazioni per il futuro, e i sacerdoti di un mondo finito potevano solo dichiarare la propria impotenza: «Gli uccelli del bosco sacro tacciono, la sacra fonte Castalia si è inaridita; il dio non parla più».

Ma già secoli prima della disfatta, quando Roma vinceva una guerra dopo l'altra e assoggettava di continuo altri popoli, il germe della paura, la premonizione della crisi serpeggiava nell'animo dei patrizi più pessimisti sul futuro e più severi con se stessi. Catone il Censore, quello che terminava ogni discorso ricordando che bisognava distruggere Cartagine, ammoniva anche i romani: secondo lui la città era «afflitta da due vizi, la cupidigia e l'amore per il lusso, flagelli che hanno fatto crollare tutti i grandi imperi». Lo stesso Polibio, lo scrittore che dopo la conquista della Grecia fu deportato a Roma e la definì Urbs Aeterna, ammirato dal modello di governo romano «insuperabile anche per le generazioni future», intuì pure la futura rovina di Roma. Secondo Polibio, le cause saranno la «brama di potere» e «la vergogna della mancanza di gloria»: i romani saranno più impegnati ad accumulare ricchezze e a ostentarle che a combattere bene le guerre e amministrare ancora meglio le paci. Del resto, ci ricorda Polibio, «sotto tutte le cose esistenti si cela la consunzione e il cambiamento».

Quando poi la fine arrivò davvero, molti pensarono che coincidesse con la fine del mondo. Se Roma finiva, tutto finiva; almeno su questa terra.

Per i pagani, la causa della rovina erano i cristiani, che avevano minato l'autorità imperiale riconoscendo solo quella divina. Per i cristiani, la responsabilità era invece dei pagani che a lungo li avevano perseguitati, e quindi della corruzione, del lusso, della decadenza dei costumi: tutto quello che veniva pensato come avverso ai valori cristiani.

Se finiva un impero, la causa non potevano essere altri uomini, nuovi conquistatori, ma la punizione celeste: non a caso Attila, il re degli unni, era il flagello di Dio; e per fermarlo si era mosso il Papa in persona, armato soltanto della sua croce.

8
ROMA VIVE
Marguerite Yourcenar, Liz Taylor e Asterix

Nell'estate del 1924, a ventun anni, l'età in cui "si è impudenti e presuntuosi", Marguerite Yourcenar visitò con il padre gli scavi di Villa Adriana, a Tivoli, alla periferia della capitale. Restò impressionata dalla vicenda dell'imperatore che rappresenta forse l'apogeo della storia romana: un uomo saggio, equilibrato, colto; che però impazzisce d'amore per un ragazzo, Antinoo, "il più bello del mondo". Un amore omosessuale, come quello che segnerà la vita di Marguerite. Così lei comincia a scrivere un libro, calandosi nell'animo dell'imperatore, messo in scena nel momento in cui detta le sue memorie.

Il progetto rimarrà un abbozzo, che la Yourcenar lascerà in un baule con altre carte, altri libri, altri oggetti all'hotel Meurice di Losanna, al momento di partire precipitosamente dall'Europa per gli Stati Uniti, prima che l'invasione nazista travolga anche lei.

In America la attendono la salvezza e un amore, Grace. Ma un amico ha ritrovato negli scantinati dell'hotel Meurice il baule con le sue cose, e glielo spedisce a casa, nel Connecticut. Dentro ci sono anche le pagine di una versione delle Memorie di Adriano, di cui manterrà l'incipit: «Mio caro Marco», che ovviamente è Marco Aurelio, il diciassettenne di cui l'imperatore ha intuito le qualità, e al quale confida: «io comincio a scorgere il profilo della mia morte». Quel baule giunto dall'Europa e dal suo passato, quel dono inatteso pare a Marguerite un segno del destino. Così riprende a scrivere.

Ha quarantasei anni. Non è più la stessa donna che ha cominciato il libro molti anni prima. La vita di Adriano diventa la sua ossessione. Legge i suoi discorsi, mangia i suoi cibi, compone intere pagine in greco, consulta i suoi libri, perché «uno dei modi migliori per far rivivere il pensiero di un uomo è ricostruire la sua biblioteca». Si chiude «come in un ipogeo», in una tomba sotterranea, nel vagone letto del treno che da New York la porta nel Colorado, attorno i dossi neri delle Montagne Rocciose e l'eterno disegno degli astri: «Non ho ricordo d'una giornata più fervida, di notti più lucide».

Adriano fu tra gli imperatori romani il più grande viaggiatore. Forse il primo uomo della storia a fare il giro del mondo allora conosciuto, dalla Spagna dov'era nato agli estremi confini orientali dell'impero. Il viaggio è «una frattura continua di tutte le abitudini, una smentita inflitta incessantemente a tutti i pregiudizi».

Molti anni dopo, Marguerite va in Egitto, e visita le rovine di Antinopoli, la città che l'imperatore aveva fondato in onore del giovane che amava, affogato nel Nilo. A bordo di una barca, la scrittrice getta nel fiume delle monete, come per un rito di congedo. Poco dopo, tornata sul battello da crociera, viene scossa dalle grida strazianti delle contadine egiziane: un ragazzo è annegato nel Nilo; proprio come Antinoo. La Yourcenar vede in quella tragedia una conferma del fato: era davvero destinata a scrivere quel libro, le Memorie di Adriano. Un'opera immortale. Forse la più bella, tra le tante del Novecento ispirate alla storia dell'antica Roma.

Anche Marguerite, alla fine della sua vita, si innamorerà di un ragazzo bellissimo, Jerry, dell'Arkansas, fisico da atleta, buon giocatore di tennis, omosessuale, che vede in lei quasi una figura materna. E sarà un altro ragazzo, Daniel, che la Yourcenar chiama l'angelo della morte, a portarglielo via, e a trasmettergli una nuova, misteriosa, crudele malattia, l'Aids.

Un altro suo grande libro, "L'opera al nero", si chiude con un'evocazione classica: il protagonista, Zenone, filosofo e mago del Rinascimento, si suicida per evitare l'esecuzione, alla maniera di Seneca. Ma sono le Memorie di Adriano a restituire meglio di qualsiasi altra opera il fascino della classicità; anche grazie all'interpretazione di un grande attore italiano che per anni le ha fatte rivivere a teatro, vestito con la toga bianca da imperatore: Giorgio Albertazzi.

È la storia di un sovrano che fa il bilancio della sua vita all'approssimarsi della fine. Tornato dall'Asia, Adriano si è ritirato a Tivoli. A Marco Aurelio scrive della propria malattia e del sapiente greco che si prende cura di lui, Ermogene: «È difficile rimanere imperatore in presenza di un medico; difficile anche conservare la propria essenza umana: l'occhio del medico non vede in me che un aggregato di umori, povero amalgama di linfa e di sangue. E per la prima volta, stamane, m'è venuto in mente che il mio corpo, compagno fedele, amico sicuro e a me noto più dell'anima, è solo un mostro subdolo che finirà per divorare il padrone... Avrò in sorte di essere il più curato dei malati. Ma nessuno può oltrepassare i limiti prescritti dalla natura; le gambe gonfie non mi sostengono più nelle lunghe cerimonie di Roma; mi sento soffocare; e ho sessant'anni».

Il suo autentico, unico amore è stato Antinoo: una storia durata appena cinque anni, ma in cui Adriano si è sentito davvero amato, a differenza che nel rapporto freddo con la moglie; e gli è parso di essere «avvinto al corpo amato come un crocifisso alla sua croce». La morte ha sublimato il sentimento: Antinoo è stato sepolto come un faraone, in una tomba piena di geroglifici, e il suo nome è stato dato a molte nuove città.

Adriano ha vissuto un'epoca di transizione. All'apparenza, sembra che l'impero possa durare all'infinito. Eppure qualcosa di grandioso sta per accadere. L'imperatore ha regnato in un tempo strano e irripetibile, «quando gli dèi non c'erano più e Cristo non ancora». È inorridito di fronte agli spargimenti di sangue delle guerre del predecessore Traiano, dalla campagna contro i sarmati al fallimento della spedizione contro i parti; lui decide di ritirarsi sui confini precedenti dell'impero; ma poi deve guidare le truppe a sedare la rivolta degli ebrei, e cancella financo il nome della loro terra, non più Giudea ma Palestina.

Ora, di fronte alla morte, Adriano si interroga sul proprio futuro: «Piccola anima smarrita e soave, compagna e ospite del corpo, ora t'appresti a scendere in luoghi incolori, ardui e spogli, dove non avrai più gli svaghi consueti. Un istante ancora, guardiamo insieme le rive familiari, le cose che certamente non vedremo mai più... Cerchiamo di entrare nella morte a occhi aperti». Un ammonimento senza tempo, che vale per gli uomini di ogni epoca.

Il cinema nasce con Roma

Nei secoli, ogni volta che un'arte è nata, si è impadronita dell'antica Roma, se ne è lasciata ispirare, ha tentato di ricrearla.

È accaduto con la pittura rinascimentale, quando Raffaello e altri artisti si calavano nella Domus Aurea di Nerone per riprodurre le decorazioni chiamate grottesche. È accaduto con l'architettura di Palladio, e poi con lo stile neoclassico: quando in tutto il mondo si costruivano pronai, portici e cupole, e Antonio Canova scolpiva come gli antichi romani. Ed è accaduto anche con il cinema.

Di tutte le epoche della storia umana, nessuna ha destato un'impressione tanto profonda quanto la storia di Roma. Anche perché il caso ha voluto che due eventi straordinari – l'avvento dell'impero e quello di Gesù Cristo – accadessero negli stessi anni. E questo ha particolarmente acceso la fantasia degli artisti del Novecento. Alcuni dei film di maggior successo hanno appunto incrociato le vicende dell'antica Roma con la storia di Gesù.

Nel 1880 un generale nordista della guerra civile, Lew Wallace, pubblica un romanzo storico, Ben Hur: il successo è tale che si decide di portarlo a teatro. Come ricreare però la scena madre, la corsa con le bighe? Broadway riesce a far recitare cavalli veri, addestrati a correre su un tapis roulant: seimila repliche. Il cinema muto si impossessa della storia e ne trae due film. Ma nella nostra memoria è rimasta la versione realizzata nel 1959 dal grande William Wyler, con Charlton Heston, girata proprio a Roma, a Cinecittà.

Giuda Ben Hur è un principe ebreo, cresciuto con il suo amico Messala, un soldato romano. Ma quando Messala si insedia come capo della guarnigione di Gerusalemme, mentre passa per le vie della città viene colpito da alcune tegole che cadono accidentalmente dal tetto della casa di Ben Hur. Messala fa imprigionare la madre e la sorella del suo amico, pur sapendole innocenti, mentre lui finisce ai remi in una galera romana.

Quando tutto appare perduto, la svolta: durante una battaglia navale, Ben Hur salva la vita al comandante Quinto Arrio, caduto in mare, che lo ricompensa riconoscendogli la libertà e adottandolo come figlio. Ben Hur avrà la sua vendetta sconfiggendo Messala in una sfida nell'ippodromo. E a Gerusalemme ritroverà la madre e la sorella, sfigurate dalla lebbra; ma il passaggio del Cristo avviato con la croce verso il Golgota le risanerà.

La presenza di Gesù si indovina per tre volte nel corso della storia, ma il suo volto non si vede mai. Alla fine il Cristo si sacrifica per l'umanità, e anche per il lieto fine del film. Il successo è epocale, e fa la felicità della Metro-Goldwyn-Mayer, che pareva avviata al fallimento. L'incasso è il più grande del decennio. Ben Hur vince undici Oscar, clamoroso record mai superato, ed eguagliato solo da Titanic e da Il ritorno del re, terzo e ultimo capitolo del Signore degli Anelli.

Qualche anno prima, un'altra opera aveva avuto al cinema una fortuna quasi altrettanto clamorosa. Anche "Quo Vadis?" è innanzitutto un romanzo, scritto dal polacco Henryk Sienkiewicz, poi divenuto un film girato nel 1951 a Cinecittà. Nella Hollywood sul Tevere i costi erano più bassi che in quella vera, i tecnici bravissimi, e una nuova legge abbatteva le tasse alle produzioni che avessero reinvestito in Italia: l'autore era il giovane sottosegretario alla presidenza del Consiglio, Giulio Andreotti.

Quo Vadis mostrava un Nerone dissoluto, interpretato da Peter Ustinov, uno spietato Tigellino, aristocratici imbelli, altri di valore come Seneca e Petronio destinati a una triste fine; mentre al confronto risplendeva la virtù dei primi cristiani, e in particolare della bella Licia. Un comandante romano, Marco Vinicio, se ne innamora, ma viene respinto, e tenta di farla rapire, come il don Rodrigo manzoniano con la casta Lucia. E quando il campione dei gladiatori, Crotone, assoldato da Vinicio, viene sconfitto a mani nude dal mitico Ursus, il gigante buono che protegge Licia, tutti noi abbiamo sussultato. Figurarsi quando Ursus nell'arena spezza il collo del bufalo che dovrebbe suppliziare Licia legata a un palo. Il popolo insorge contro Nerone, Galba ne prende il posto, Licia e Vinicio vivono felici e contenti. Quo Vadis è il primo incasso dell'anno. E quasi passa inosservata la scena che dà il titolo al romanzo e al film: l'apostolo Pietro sta fuggendo da Roma per salvarsi la vita, ma incontra Gesù, gli chiede «Dove vai?» – quo vadis appunto –, e lui risponde: «Vado a Roma a farmi crocifiggere un'altra volta». Solo allora Pietro comprende che deve testimoniare la fede, e affrontare il martirio; facendosi crocifiggere, però a testa in giù, perché non si sente degno di morire come il salvatore.

Due anni più tardi, nel 1953, il record di Quo Vadis viene battuto da un altro film ambientato ai tempi dell'impero romano. Marcello Gallio, giovane e dissoluto tribuno militare di stanza in Galilea, vince ai dadi la tunica di un uomo appena crocifisso: Gesù di Nazareth. Da quel momento comincia ad avere incubi e visioni, incontra san Pietro, si converte, diventa un predicatore della fede cristiana. Ma Caligola, suo nemico fin dalla giovinezza, divenuto imperatore, lo condanna alla decapitazione, a meno che non rinunci a Gesù.

Marcello rifiuta e va felice al supplizio, al fianco della sua amata Diana. Il titolo del film è "La tunica", e per il ruolo del protagonista viene scelto un ventottenne dal grande avvenire: Richard Burton.

L'anno dopo si tenta un sequel, "I gladiatori", in cui il malvagio Caligola vuole impossessarsi della tunica, tra duelli nell'arena con le tigri, perversioni di Messalina, supplizi e pure un'improbabile resurrezione. Insomma, una boiata pazzesca; ma al pubblico americano piace.

Hollywood però esita a cimentarsi con la donna più celebre della storia romana, Cleopatra. C'è un precedente che spaventa i produttori: subito dopo la guerra, nel 1945, si è girato "Cesare e Cleopatra". Cesare è Claude Rains – il capitano Renault di Casablanca –, la regina egiziana è Vivien Leigh. Ma le cose vanno malissimo. La Leigh è incinta; cade, perde il bambino, si ammala di depressione; il film si ferma per settimane, pare stregato; gli incassi non copriranno neanche lontanamente le spese.

Soltanto nel 1962 ci riprova Joseph L. Mankiewicz, il regista di "Eva contro Eva" e di "Giulio Cesare", il film dove ha affidato il ruolo di Marco Antonio a Marlon Brando. Stavolta per Antonio ha pensato a un altro attore: lui, Richard Burton. Cleopatra è, come tutti ricordano, Elizabeth Taylor. I due protagonisti si sono già incontrati quasi dieci anni prima, a una festa: lui si è innamorato a prima vista, ma lei l'ha liquidato come "un borioso gallese, rumoroso e volgare". Ma stavolta, sul set di Roma, anche Liz guarda Richard con occhi diversi. Comincia a girare la voce di una storia, ovviamente segreta, visto che entrambi sono sposati, e lui si è pure portato in Italia la moglie. Ma manca la prova: la foto.

In primavera la troupe si sposta sull'isola di Ischia, dove

sarà ricostruita la battaglia navale di Azio. Il 18 giugno 1962, l'ultimo giorno di riprese, un fotografo di Rieti, Marcello Geppetti, appostato dall'alto delle rocce, sorprende Burton e Taylor che si baciano su un motoscafo. Lui è disperato, e offre al paparazzo dodici milioni di lire, oltre centocinquantamila euro di oggi, in cambio della foto, ma Geppetti rifiuta: «Lavoro per la stampa, non per i privati». Anche perché la stampa gliela pagherà molto di più.

Non è un flirt occasionale, è un grande amore che diventa romanzo popolare: i due lasciano i rispettivi coniugi e si sposano, il Vaticano condanna, ma il film ne trae uno slancio straordinario. L'antica coppia Antonio & Cleopatra ne ha creata una nuova, Richard & Liz. Il lieto fine non ci sarà neppure stavolta: nel 1974 Burton e Taylor divorziano. L'anno dopo ci ripensano e si risposano, per poi ridivorziare.

«Il mio Gesù è molto diverso da te»

Resta da capire: perché Hollywood punta su film ambientati all'epoca di Gesù, i cui protagonisti però sono i romani, o al più i loro nemici? La figura di Gesù affascina ma insieme spaventa. Anche Dino De Laurentiis ne affronta la storia in modo laterale, affidando ad Anthony Quinn la parte di Barabba: il ladrone che prima evita la croce ma poi la affronta, dopo aver combattuto come gladiatore nel Colosseo ed essersi convertito al cristianesimo, grazie alla fidanzata Rachele, interpretata da Silvana Mangano, e all'amico Sahak, un grande Vittorio Gassman. In "Barabba" la scena della crocifissione di Gesù è girata a Roccastrada, bellissimo borgo della Maremma, durante l'eclissi di sole del 15 febbraio

1961: il cielo che si oscura parve lo scenario perfetto per esprimere l'ira divina.

Quando però si porta al cinema direttamente la storia del Nazareno, si rischia l'insuccesso. Così un ottimo film come "Il re dei re" fu molto criticato, anche dalla Chiesa, e "La più grande storia mai raccontata" si rivelò un fiasco, nonostante un cast clamoroso: Max von Sydow è Gesù, Sidney Poitier è Simone il Cireneo che lo aiuta a portare la croce, Charlton Heston è Giovanni Battista. Ma nel cuore degli spettatori non solo italiani sono rimasti di più gli attori non professionisti de "Il Vangelo secondo Matteo" di Pier Paolo Pasolini, con la crocifissione girata tra i Sassi di Matera, e la Madonna interpretata dalla madre del regista, Susanna: una straordinaria Mater Dolorosa, anche lei destinata a piangere la morte del figlio.

Ma quando ormai pareva impossibile riuscire ad avvicinare al pubblico la vicenda dei romani che crocifiggono il figlio di Dio, ecco che in piena epoca hippy, negli anni incandescenti della rivolta giovanile, proprio quel mondo in fermento genera uno dei più grandi successi della storia dello spettacolo: Jesus Christ Superstar. Prima il musical, poi il film, con un attore nero, Carl Anderson, nel ruolo di Giuda. Si levano accuse di ateismo, di blasfemia, di antisemitismo; il Sud Africa vieta il film; ma a Papa Paolo VI piace molto.

Saranno grandi successi sia la rivisitazione tradizionale di Franco Zeffirelli – il suo "Gesù di Nazareth" è trasmesso dalla tv in Italia, Regno Unito, Stati Uniti –, sia la geniale parodia dei Monty Python, "Brian di Nazareth"; che però sarà vietata in vari Paesi, compreso il nostro, e non certo per i nomi buffi, in latino maccheronico, degli amici di Ponzio Pilato, Biggus Dickus – in italiano Marco Pisellonio – e Incontinentia Buttocks (Incontinentia Deretana).

Ci sono altri due film che raccontano Gesù con uno sguardo originale, e vanno ricordati per questo. Uno è "L'ultima tentazione di Cristo", che Martin Scorsese trae dal capolavoro di Nikos Kazantzakis. Per il ruolo di Gesù, tutti si attendono Robert De Niro; ma l'attore preferito di Scorsese rifiuta. Non se la sente di affrontare una parte così impegnativa; si offre di interpretare un altro personaggio, ma a quel punto è Scorsese a dire di no, e a scegliere Willem Dafoe.

Gesù è un collaborazionista dei romani, che costruisce croci per loro. Giuda – Harvey Keitel – è un suo amico convinto che Gesù sia il liberatore del popolo ebraico; lo tradirà forse per punirlo della sua ritrosia, forse per aiutarlo a compiere le profezie e a sacrificarsi per l'umanità. La storia prende spunto dalle tentazioni di Gesù nel deserto. Il diavolo non riesce a sedurre il Cristo, ma lo avverte: «Ci rivedremo». L'ultima tentazione è appunto quella di Gesù sulla croce, che immagina di potersi salvare e di vivere una vita normale, prima con Maria Maddalena, poi con Marta. Alla fine tutto si rivela un'allucinazione: Gesù accetta di sacrificarsi, e salva così il mondo.

Nella storia ci sono invenzioni straordinarie, come l'incontro immaginario tra Gesù e san Paolo, il vero inventore del cristianesimo, l'uomo che ha dato al racconto dei Vangeli il collegamento con la cultura classica. Paolo dice in sostanza a Gesù: non importa se tu non sei davvero morto e risorto, perché gli uomini hanno un terribile bisogno di crederlo; «Guardali: non vedi quanto sono infelici? Non vedi come soffrono? La loro unica speranza è Gesù risorto. E il mio Gesù è molto diverso da te, è molto più forte e potente... Sono felice di averti incontrato, perché così potrò dimenticarti». Una delle più grandi scene della letteratura e del cinema. Così come è straordinaria la scena dell'assassinio di Lazzaro, fatto sparire dai nemici di Gesù perché è la prova del suo più grande miracolo. E solo un genio comico come Paolo Villaggio poteva, in Superfantozzi, calarsi nel ruolo del nipote di Lazzaro, suo erede universale, che esulta per la morte dello zio e ne viene severamente punito dopo la resurrezione.

L'altra opera su Gesù e i romani che ha destato commozione e discussioni è "La passione di Cristo". Se il film di Scorsese era stato criticato dai tradizionalisti e dai conservatori, quello di Mel Gibson venne considerato al contrario un manifesto del fondamentalismo cristiano. In realtà, il pubblico fu turbato soprattutto dalla carnalità del martirio di Cristo, con il flagello che gli lacera le carni e il corpo macellato offerto allo sguardo di tutti sulla croce; l'attore Jim Caviezel fu lasciato appeso per ore, sferzato dal vento gelido dei Sassi di Matera, dove Gibson come già Pasolini ha girato la crocifissione, con il disperato grido finale di sconfitta del diavolo, interpretato da Rosalinda Celentano.

Di quel film resta pure la durezza dello scontro, financo linguistico, con i romani, che parlano latino, mentre la lingua di Gesù è l'aramaico; anche se con Ponzio Pilato si confronta appunto in latino. «Quid est veritas?», cos'è la verità?, gli chiede il governatore romano. La sua è la prospettiva della filosofia classica, che fatica a riconoscere la nuova fede. Un tema che è al centro anche del capolavoro della letteratura russa moderna, "Il maestro e Margherita" di Bulgakov, dove la passione di Gesù viene raccontata proprio dal punto di vista di Pilato.

Cabiria e Maciste

Roma aveva ispirato il cinema fin dall'inizio. Il primo film della storia è considerato il celebre "L'arrivo di un treno alla stazione di La Ciotat", dei fratelli Lumière. Ma nello stesso anno, il 1896, un giovanissimo aspirante regista di vent'anni, Georges Hatot, gira "Néron essayant des poisons sur des esclaves": cinquanta secondi in cui Nerone sperimenta formidabili veleni su due schiavi, che stramazzano al suolo e muoiono tra atroci ma brevi sofferenze.

Il primo vero film in costume, lungo diciotto minuti, viene prodotto in Italia, nel 1908: è la trasposizione de "Gli ultimi giorni di Pompei", il romanzo dell'inglese Edward Bulwer-Lytton sull'eruzione del Vesuvio e la distruzione della città simbolo della civiltà classica.

Nel 1913 un pittore divenuto prima cartellonista e poi regista, Enrico Guazzoni, realizza nel nostro Paese il primo kolossal della storia: due ore, cinquemila comparse. Il titolo è "Quo Vadis", e il successo è internazionale: viene proiettato nei teatri di Broadway e pure a Londra, davanti a re Giorgio V. E Checco Zalone, anzi Luca Medici, se ne ricorderà al momento di scegliere il titolo del film che ne consacrerà il talento, "Quo vado?".

Ma il film più famoso del cinema muto viene girato, sempre in Italia, nel 1914. Regia di Giovanni Pastrone, "didascalie letterarie" di Gabriele D'Annunzio, cui si deve anche il titolo: "Cabiria", nata dal fuoco. Un'opera innovativa, con scene realizzate sull'Etna, in Tunisia, sulle Alpi, e invenzioni come il carrello al posto della telecamera fissa.

La vicenda è ambientata durante la seconda guerra punica: mentre Annibale attacca Roma, la piccola Cabiria, prigioniera a Cartagine, dev'essere sacrificata al dio Moloch, ma viene salvata da una spia romana, Fulvio Axilla, e dal suo nerboruto servitore, cui D'Annunzio dà un nome destinato a restare: Maciste. Il successo è enorme. Cabiria sarà il primo film proiettato alla Casa Bianca. A Parigi resterà in cartellone sei mesi; a New York più di un anno.

Paradossalmente il fascismo, regime che ambiva a ricostruire l'impero, partorì un solo grande film sull'antica Roma: "Scipione l'Africano", girato non a caso nel 1936, l'anno dell'impresa africana del Duce, la conquista dell'Etiopia. Lo sforzo fu immenso: solo per ricostruire la battaglia di Zama vennero mobilitati diecimila fanti, duemila cavalieri e trenta elefanti. Al Festival di Venezia vinse agevolmente la Coppa Mussolini per il miglior film italiano, ma il Duce non apprezzò. In particolare non lo convinse il protagonista, l'attore teatrale Annibale Ninchi, che non soltanto portava il nome del nemico cartaginese, ma non brillava per vigoria virile: «Se Scipione avesse avuto l'aspetto debole di questo attore» commentò Mussolini, «non so se sarebbe riuscito a vincere una sola battaglia».

Il vero eroe dei "peplum", la categoria dei film ispirati all'antica Roma e rivolti al grande pubblico più che ai critici, non si rivelerà Scipione e neppure Cesare, ma il personaggio inventato da D'Annunzio: Maciste. Dopo Cabiria, il guerriero forzuto sarà protagonista di una serie di film muti – memorabile "Maciste alpino", proiettato nelle retrovie della Grande Guerra –, per poi risorgere clamorosamente a colori.

Tra il 1961 e il 1964 vengono girati ventitré film su Maciste – una media di quasi sei all'anno –, interpretato da campioni del body building. I set erano sempre uguali, negli studi De Paolis a Roma; alcune costose scene di massa venivano riciclate, e si ritrovavano identiche nelle varie pellicole. Esilaranti i titoli: "Maciste contro Ercole nella valle dei guai"; "Zorro contro Maciste"; "Maciste all'inferno". Notevole anche il proto-horror "Maciste contro il vampiro" e il comico "Totò contro Maciste".

Sarà proprio nei peplum l'esordio di due tra i più importanti registi italiani: Sergio Leone e Michelangelo Antonioni. Entrambi subentrano a colleghi anziani che si sono ammalati durante la lavorazione. Leone a Mario Bonnard, di cui conclude l'ennesima versione de "Gli ultimi giorni di Pompei". Antonioni a Guido Brignone in "Nel segno di Roma", dove Anita Ekberg interpreta la regina di Palmira, Zenobia, che sfida i romani e ne viene sconfitta.

Totò, Fellini e Tinto Brass

Tutti i grandi del nostro cinema hanno affrontato Roma antica. Vittorio Gassman è stato Catone il Censore, Marcello Mastroianni Scipione l'Africano, Nino Manfredi Ponzio Pilato. Totò sogna di essere Tiberio ne "L'imperatore di Capri", Alberto Sordi è il protagonista di "Mio figlio Nerone" di Steno, con Vittorio De Sica-Seneca, Gloria Swanson-Agrippina e Brigitte Bardot-Poppea.

Federico Fellini era ossessionato da Roma fin da quando viveva a Rimini. Recupera il personaggio di Cabiria, lo trasforma in una prostituta e lo affida a sua moglie, Giulietta Masina, in due diversi film, "Lo sceicco bianco" e "Le notti di Cabiria". Poi affronta il capolavoro di Petronio, e nel 1969 gira "Fellini Satyricon". Il nome del regista viene incorporato nel titolo, affinché il film non sia confuso con un altro "Satyricon", uscito curiosamente nello stesso anno, con Ugo Tognazzi e il cantante Don Backy.

Le pagine di Petronio consentono a Fellini di alternare l'alto e il basso, il lirico e il comico, il drammatico e il grottesco: lui stesso definirà il film «un saggio di fantascienza del passato». È l'inizio della decadenza di Roma. Dell'originale latino non è rimasto molto, se non il cuore del film: il banchetto di Trimalcione, il liberto arricchito e volgare. Per il ruolo il regista aveva pensato a Bud Spencer, che però rifiuta: non voleva posare nudo. Nel cast esordiscono un caratterista scoperto da Fellini, Alvaro Vitali, e un bellissimo ragazzo dai capelli lunghi che pare quasi un ermafrodito, Renato Zero. C'è anche Suleiman Ali Nashnush, giocatore di basket e uomo più alto del mondo: quasi due metri e mezzo.

Il film che più di ogni altro è legato alla Roma erotica e crudele è "Caligola"; e già solo la sua storia varrebbe un romanzo. La sceneggiatura è di Gore Vidal, il grande scrittore americano, che pensa a una serie tv. Caligola non è tecnicamente un imperatore della decadenza, anzi siamo all'inizio dell'impero; ma, dopo il pragmatismo di Augusto e la distanza di Tiberio, Caligola è il primo a fare un uso smodato dell'immenso potere di cui dispone, a esercitarlo sui corpi dei suoi sudditi. È questa idea della ricerca del piacere all'infuori della morale, questo incrocio tra amore e morte, tra autorità e depravazione a ispirare gli artisti, e all'evidenza ad attrarre gli spettatori; se solo fossero riusciti a vedere il film.

In un primo tempo per Caligola si pensa a un progetto di alto livello, rivolto al pubblico televisivo, da affidare alla regia di Roberto Rossellini. Ma il Rossellini coinvolto è Franco, il nipote di Roberto, che ha già prodotto il Decameron di Pasolini. Franco Rossellini propone a Vidal di rivedere il copione per trarne un film, con i soldi di Bob Guccione, un italoamericano che pubblica una rivista erotica, Penthouse. L'idea è sempre di un'opera d'autore, ma sia John Huston sia Lina Wertmüller rifiutano. Accetta invece un regista veneziano poco più che quarantenne, con una sua idea molto carnale di erotismo: Tinto Brass.

Il cast è ambizioso, ci sono splendide attrici come Maria Schneider e Helen Mirren e attori affermati come Malcolm McDowell, cui è affidato il ruolo di Caligola, e Peter O'Toole (che in effetti ha la faccia da antico romano, non a caso ha recitato nella serie tv "Masada" ed è stato Augusto in un'altra serie, "Imperium"). Ma la lavorazione è un disastro.

Il primo litigio è con Maria Schneider, che viene sostituita da Teresa Ann Savoy. Brass si scontra pure con Vidal, che trova il film troppo erotico, e con Guccione, per cui non lo è abbastanza: vorrebbe un'opera al confine con la pornografia, con scene di sesso non simulate che il regista si rifiuta di girare. La produzione interviene pesantemente nel montaggio, per rendere Caligola il più scabroso possibile, ma quando nell'agosto del 1979 arriva nelle sale il film è sepolto di denunce. Brass viene assolto: il montaggio non è colpa sua; Rossellini è condannato in primo grado a quattro mesi di reclusione; il film è condannato a morte. Tutte le pellicole vengono distrutte, tranne un solo negativo. Grazie a un'amnistia, Rossellini può recuperarlo. Caligola viene rimontato, ma dei 155 minuti originali dopo il vaglio della censura ne restano 86. Finalmente nel 1984 gli spettatori possono vederlo; ma dopo pochi giorni viene di nuovo sequestrato.

Il Caligola maledetto avrà tre filiazioni. Prevedendo i problemi di censura, Rossellini ha trovato il modo per ammortizzare il costo delle scenografie della Roma imperiale, affidando a Sergio Corbucci un film che esce nel 1977 con il titolo "Messalina, Messalina!", divenuto all'estero "Caligula II: Messalina, Messalina!", come fosse il sequel dell'originale; e in effetti Messalina è la moglie di Claudio, che viene dopo Caligola. Il cast è più popolare che raffinato, con Tomas Milian e Bombolo.

Nel 1982 il regista pornografico Joe D'Amato gira "Caligola. La storia mai raccontata": di 125 minuti i censori ne salvano 39.

Infine, nel 2005 l'artista italiano Francesco Vezzoli presenta alla Mostra del Cinema di Venezia un cortometraggio di cinque minuti, intitolato "Trailer for a Remake of Gore Vidal's Caligula". Un omaggio allo sceneggiatore, con un cast straordinario: Benicio Del Toro, Courtney Love, la diva del cinema erotico degli anni settanta Barbara Bouchet, la grande Adriana Asti, la bellissima Milla Jovovich e, nelle vesti di una dissoluta matrona romana, di nuovo Helen Mirren, che nel frattempo ha interpretato al cinema la regina Elisabetta II, prima di diventare la Vacinada di Checco Zalone.

Poi qualche volta, oltre a far l'amore e a eccedere nelle libagioni, nell'antica Roma si rideva pure.

Plauto e Terenzio, i due più grandi commediografi latini, non si limitano a divertire gli spettatori; si interrogano sulla natura umana, e arrivano a conclusioni opposte. Per Plauto «homo homini lupus»; l'uomo è un lupo per l'uomo: nessuno è capace di fare qualcosa nell'interesse di qualcuno che non sia lui stesso o un proprio caro; quando non è malvagio, l'uomo è egoista, e può essere indotto al bene solo se questo lo fa sentire migliore, e quindi nutre il suo narcisismo.

Ma per Terenzio «l'uomo è per l'uomo un dio, se conosce il proprio dovere»: la società, a differenza di quello che dirà Margaret Thatcher, esiste, e la si può persino far funzionare bene, se ognuno accetta la propria responsabilità, e sa limitare la propria libertà per non violare quella degli altri. L'uomo di Terenzio è colui che accetta tutte le diversità, tutti i modi di amare e financo di odiare, perché riconosce anche nelle eccezioni più abnormi, persino nella perversione e nel male, una traccia della propria umanità: «Sono un uomo. Nulla che sia umano lo ritengo estraneo a me».

Tra i due grandi commediografi di Roma antica, Buster Keaton – che già nel 1923 aveva tentato con il suo film "The Three Ages" una rilettura comica della storia classica – sceglie Plauto, per la sua ultima apparizione al cinema, nel 1966. "Dolci vizi al Foro" è tratto da tre commedie plautine: Pseudolus, cioè bugiardo, nome del servo astuto che aiuta il padrone a conquistare la donna amata; Mostellaria, la commedia del fantasma – in realtà non c'è nessun fantasma, è un trucco che il "servus callidus" usa per nascondere al padre i rumorosi festini del figlio –; e Miles gloriosus, forse il capolavoro di Plauto, la satira del soldato vittorioso: a testimonianza che i romani sapevano anche ridere di se stessi. E forse anche Marco Antonio avrebbe sorriso nel vedersi interpretato da Totò, nel mitico "Totò e Cleopatra", dove Cleopatra è l'attrice francese Magali Noël: la Gradisca di quello che personalmente considero il vero capolavoro di Fellini, Amarcord.

La Roma antica ha ispirato Castellacci e Pingitore, gli inventori del Bagaglino, e i figli di Steno, i fratelli Carlo ed Enrico Vanzina. La trama del loro "S.P.Q.R. - 2000 e $^1/_2$ anni fa" non è affatto banale. È incentrata sullo scontro tra un magistrato di provincia, appena arrivato da Mediolanum – Massimo Boldi –, e un senatore corrotto, ovviamente Christian De Sica. Il senatore decide di confessare le proprie malversazioni e di accusare il capo del partito: Leslie Nielsen, reduce dal successo di "Una pallottola spuntata 33$^1/_3$". Ma questi, con un colpo di scena, in un accorato discorso al Senato rivendica l'utilità della corruzione, che è la vera causa della ricchezza e del tenore di vita dei romani. Boldi e De Sica vengono arrestati e condannati ai lavori forzati. Ma, mentre spaccano pietre, uno schiavo accanto a loro si ribella alle guardie e a "Roma ladrona", mentre Boldi chiosa, come Bossi, che "noi ce l'abbiamo duro". Lo schiavo era Spartaco e i due protagonisti finiscono crocifissi.

Il film è del 1994: quando, ad appena due anni dall'inizio di Mani Pulite, qualcuno comincia a rimpiangere la "Milano da bere", e quel sistema che violava la legge ma arricchiva molti. Non a caso è l'anno della grande vittoria di Berlusconi.

Tra le tantissime serie tv – in particolare inglesi e americane – ambientate nell'antica Roma, almeno una va ricordata. Si intitola appunto "Roma", la produssero Bbc e Hbo, e colpì per la crudezza dei dettagli. Non era oscena né volgare; era appunto cruda. Si vede Marco Antonio in Gallia fermare l'intera legione per approfittare lungo la strada di una pastorella che non oppone resistenza, non per assenso ma per rassegnazione. Si vede il giovane Ottaviano prendere a schiaffi e trattare con somma arroganza uno schiavo. Si ascolta un dialogo tra legionari in cui emerge che la guerra è depredare il nemico del suo oro e della sua donna. E viene il dubbio che Roma fosse certo non soltanto questo, ma anche questo: la sopraffazione dell'uomo sull'uomo.

Anche in un'altra serie americana – ma girata in Nuova Zelanda –, Spartacus, la violenza, il sesso e le perversioni nascono dall'assoluta disuguaglianza tra gli esseri umani: i gladiatori sono carne morta, fonte di feroce divertimento per i patrizi e di piacere sensuale per le loro donne. E ai gladiatori è dedicata "Those About to Die" – in latino sarebbero i "morituri", quelli che vanno a morire –, la nuova serie girata a Cinecittà, dove Anthony Hopkins interpreta un imperatore poco visto al cinema: Vespasiano.

Pure molti videogiochi, che sono centrali nell'immaginario dei nativi digitali, vengono ambientati nell'antica Roma. Ci sono quelli dedicati alle grandi battaglie, ad esempio contro Annibale e contro Vercingetorige. Quelli incentrati sui duelli all'ultimo sangue, nell'arena tra i gladiatori o nei circhi tra le bighe. Ma anche quelli "manageriali", dove vince chi fa evolvere Roma, o la ricostruisce dopo l'incendio di Nerone; che è anche lo scopo di un gioco da tavolo di culto, "Rome & Roll", destinato a far concorrenza a "S.P.Q.RisiKo!", variante romana del celebre gioco di strategia.

I nostri antenati hanno ispirato pure i manga giapponesi. Mari Yamazaki, dopo aver studiato belle arti a Firenze ed essersi innamorata dell'Italia, ha inventato un fumetto intitolato Thermae Romae, le terme di Roma. L'ingegnere Lucio Modesto, licenziato a causa delle sue idee poco innovative, mentre fa il bagno in una vasca finisce in un vortice temporale che dall'antica Roma lo porta nel Giappone di oggi. Là apprende le tecniche delle moderne terme giapponesi, e tornato a casa sua e nel suo tempo le applica con grande successo. Vi sembra un'idea stravagante? In Giappone il manga ha venduto nove milioni di copie, e ha partorito due film, più altri due di animazione, l'ultimo prodotto da Netflix.

Ma al grande pubblico suonano più familiari i legami tra la storia di Roma e la saga di Star Wars. La guerra stellare tra la Repubblica e l'Impero è chiaramente ispirata alla storia delle guerre civili al tempo di Cesare e Pompeo, e poi dei cesaricidi e Augusto. Anche in Star Wars vince l'impero, Lord Sidious prende il potere, si circonda di pretoriani dal mantello rosso e con l'ordine 66 comanda di eliminare i Jedi: un'autentica lista di proscrizione. Anche se la sua promessa di pace evoca la Pax augustea.

In Star Trek il protagonista, il capitano dell'Enterprise, si chiama James Tiberius Kirk; nel prequel del 2009 deve affrontare Nero, l'assassino di suo padre. Tiberio e Nerone come nomi parlanti: uno buono, l'altro cattivo. Inoltre, nell'universo di Star Trek hanno un ruolo importante i romulani, abitanti del pianeta Romulus, dall'indole aggressiva e conquistatrice, mentre nel pianeta gemello Remus vive un popolo di vinti. E in uno degli episodi della serie originale, "Bread and Circuses" – "panem et circenses" –, compare un pianeta chiamato Magna Roma, con personaggi in toga, combattimenti di gladiatori e tutto.

Da Obelix al Gladiatore

Nel 1951 Albert Uderzo, figlio di emigrati italiani, e René Goscinny, nato da una famiglia di ebrei polacchi sfuggiti alla

Shoah, si incontrano a Bruxelles. Diventano una coppia inseparabile, tipo Laurel e Hardy – o se preferite Stanlio e Ollio –, di cui sono grandi ammiratori.

Uderzo ha ventiquattro anni. Suo padre è un liutaio di Piovene Rocchette, nel Vicentino; sua madre è toscana. Durante l'occupazione tedesca si è nascosto in Bretagna, per evitare di essere deportato in Germania e dover lavorare per la guerra nazista. Goscinny ha solo un anno in più. Sono in Belgio, il Paese di Tintin, perché vorrebbero avere successo nel mondo dei fumetti.

Si sentono un po' apolidi, ma proprio per questo cercano un tema che appartenga alla tradizione francese. Sono gli anni in cui la Marvel boccia l'Uomo Ragno di Stan Lee perché i supereroi devono essere grandi, forti, senza difetti, non adolescenti insicuri; "e poi la gente odia i ragni". Invece Goscinny e Uderzo inventano un piccoletto nasone e attaccabrighe, accompagnato da un bonaccione sovrappeso, che però si sente magro.

Il periodo è quello della dominazione romana. I due autori intuiscono che nel fondo dell'animo francese abita un certo orgoglio gallico. E lo vellicano immaginando che nella Gallia sottomessa da Cesare resista un unico villaggio, ovviamente in Bretagna, grazie alla pozione magica preparata dal vecchio e saggio druido Panoramix.

Asterix il Gallico esordisce su "Pilote" il 29 ottobre 1959. Diventa un libro, poi un film: il primo di una lunga serie. Non è impossibile vedere dietro la resistenza gallica ai romani l'irriducibilità della Francia profonda all'egemonia americana, all'invadenza della metropoli e di quello che oggi chiamiamo mondo globale.

Va detto però che Asterix e Obelix non tentano mai di sollevare la Gallia contro i romani. Anzi, Beniamina, la moglie del capo villaggio Abraracourcix, si lamenta spesso dei modi rozzi dei compaesani, e sogna la raffinatezza di Lutetia – ovviamente Parigi – e della civiltà romana. I romani del resto non sono cattivi: sono un po' sprovveduti, divertenti, pigri, vittime della forza dei galli.

L'unico romano che non fa ridere è Giulio Cesare, altero, distanziante, un po' femmineo, ossessionato dalla calvizie, innamorato di se stesso. Eppure spesso Asterix e Obelix si trovano – fin dalla prima storia – ad aiutarlo contro le congiure di luogotenenti infedeli. In scena compare anche Bruto, che giochicchia sempre con un pugnale; e ovviamente Cesare gli dice «anche tu, Bruto, figlio mio».

In Asterix e i Britanni, gli inglesi bevono acqua calda con l'aggiunta di latte – il tè non è ancora arrivato dalla Cina – e affliggono gli eroi galli con una cucina pessima. In Asterix e gli Elvezi, gli svizzeri sono ossessionati da banche, orge e fonduta. In Asterix legionario si affacciano il vasto mondo e la grande storia: la bella Falbalà, di cui Obelix è innamorato, scopre che il fidanzato, il bellissimo attore Tragicomix, è stato arruolato a forza dalle armate di Cesare nelle ultime lotte contro i pompeiani.

Asterix e Obelix decidono di arruolarsi anche loro, e devono superare un periodo di addestramento: incontrano così una coppia di goti, che nessuno capisce; un egiziano che cerca un villaggio vacanze; un greco; un belga che ricorda ovviamente Tintin; un britanno imperturbabile nella sua flemma, davvero molto british. Dopo aver fatto impazzire i centurioni che dovrebbero trasformarli in legionari, scoprono che il loro amico è stato rapito dai pompeiani e li sconfiggono; Cesare è così costretto a riconoscere di essere debitore degli irriducibili galli.

Nel mondo Asterix ha venduto quattrocento milioni di copie, più di qualsiasi libro mai pubblicato, tranne la Bibbia. È stato protagonista di dieci cartoni animati e di cinque film: in uno si incontra Zlatan Ibrahimović nel ruolo di un infido generale romano. Più una ventina di videogiochi e un parco a tema, il Parc Astérix. Il gigante Obelix è inevitabilmente interpretato dal grande Gérard Depardieu.

Da tempo Roma pareva assente dal grande cinema. Troppo lontana dalla sensibilità moderna. E troppo costoso girare film in costume. La forbice tra le opere d'autore e quelle rivolte al grande pubblico si è molto allargata. E un grande regista non avrebbe mai, o non avrebbe più, l'umiltà di piegarsi sul solco dei gusti popolari, e di raccontare una storia.

Così almeno sembrava.

Ma poi nel 2000, al passaggio del secolo e del millennio, Ridley Scott, artista geniale per quanto discontinuo, indovina il capolavoro.

Il Gladiatore è un film poco plausibile sul piano storico. Massimo Decimo Meridio, personaggio immaginario, sconfigge i germani a Vindobona, oggi Vienna, sul Danubio, e pone fine alle lunghe guerre che Marco Aurelio, imperatore filosofo, ha dovuto suo malgrado combattere. Marco Aurelio è ormai vecchio e stanco. Sentendo la morte vicina, ha deciso di lasciare i suoi poteri proprio a Massimo, ma non per proclamare un nuovo imperatore: il generale dovrà gestire la transizione fino a quando il Senato non sia in grado di amministrare di nuovo Roma, come un tempo. È Marco Aurelio stesso ad avvisare il figlio, Commodo: «Tu non sarai imperatore. Roma deve tornare a essere una Repubblica».

Commodo – interpretato magistralmente da Joaquin Phoenix, che restituisce bene il misto di buone intenzioni, velleità e crudeltà – reagisce soffocando il padre, e proclamandosi imperatore. Massimo, che conosce le intenzioni di Marco Aurelio, capisce che l'imperatore è stato assassinato, e rifiuta di giurare fedeltà a Commodo. Ma il suo luogotenente, Quinto, ha già tradito. La moglie e il figlio di Massimo saranno assassinati; e anche lui è destinato alla stessa fine.

Massimo però si salva. Diventa il gladiatore prediletto dai romani. Svela la propria identità. Sconfigge Commodo nel duello finale. Stavolta Quinto lascia che il suo nuovo padrone, l'imperatore, soccomba. E Massimo detta le sue ultime volontà, prima di stramazzare nell'arena: «Quinto, libera i miei uomini. Il senatore Gracco deve tornare al suo posto. C'era un sogno, che era Roma: sarà realizzato. Questo è il desiderio di Marco Aurelio».

Ovviamente non soltanto Massimo Decimo Meridio non è mai esistito, ma neppure il senatore Gracco, che porta il nome del difensore del popolo vissuto oltre due secoli prima. Marco Aurelio non aveva alcuna intenzione di restaurare la Repubblica; e l'impero non finisce certo con lui.

Allora perché Il Gladiatore è stato un successo planetario, con cinque Oscar, compresi quelli per il miglior film e per il miglior attore, Russell Crowe? Perché è stato un'opera importante per generazioni? Perché Totti ha incitato i compagni romanisti, alla vigilia dello scudetto del 2001, con le sue stesse parole («al mio segnale, scatenate l'inferno»)?

Forse la spiegazione è proprio nella frase finale del Gladiatore: «C'era un sogno, che era Roma». Alla fine, quel che resta di Roma è un'eredità di parole più che di armi. Di Cesare rimane il De bello Gallico, più che le cento battaglie vinte e i cinque trionfi celebrati. Di Augusto restano i versi composti in suo onore da Orazio e Virgilio, e il lamento di Ovidio da lui mandato in esilio. Ogni volta che noi pronunciamo le parole della politica, della religione, della vita pubblica, stiamo rendendo senza accorgercene un tributo all'antica Roma. Una società violenta, segnata da profonde ingiustizie e da enormi disuguaglianze. Eppure una società percorsa da grandi tensioni morali, in cui l'ideale del governo universale e di una pace duratura ha messo radici destinate a restare nel cuore dell'uomo.

È questo il vero motivo per cui ogni impero della storia si è presentato come l'erede dell'impero romano. Per questo Roma non è mai caduta. Roma, almeno nella versione idealizzata da scrittori, artisti, poeti, è il più alto dei nostri pensieri. Soprattutto nella stagione breve e straordinaria in cui la classicità incontra la cristianità; e in fondo quell'incontro è la base della civiltà occidentale. Che ha causato molti guai, che è profondamente critica verso se stessa, che forse si sta autodistruggendo. Ma che in fondo non era poi così male.

È possibile che il sogno che era Roma stia ormai svanendo: un mondo globale, multiculturale, multietnico, prospero, in pace non perché imbelle ma proprio perché forte.

Ma è possibile che un giorno, non così lontano, quel sogno che era Roma possa davvero realizzarsi.

FONTI

La bibliografia sull'antica Roma è ovviamente sterminata. Alcuni libri – come il già citato *Declino e caduta dell'impero romano* di Edward Gibbon, di cui ho consultato l'edizione degli Oscar Storia Mondadori (Milano 1990) – sono divenuti essi stessi dei classici, dai *Discorsi sopra la prima Deca di Tito Livio* di Niccolò Machiavelli alla *Storia di Roma* di Theodor Mommsen. Io ho particolarmente amato il saggio di Mary Beard *SPQR. Storia dell'antica Roma* (Mondadori, Milano 2016). Della stessa autrice segnalo *The Roman Triumph* (Harvard University Press, Cambridge 2007); *Ridere nell'antica Roma* (Carocci, Roma 2016); *I dodici Cesari. Ritratti del potere dall'antichità ad oggi* (Mondadori, Milano 2022).

Antonio Spinosa, scrittore e studioso sempre generoso verso il lettore, ci ha lasciato due biografie ricche di aneddoti di cui questo libro è debitore: *Cesare. Il grande giocatore* (Mondadori, Milano 1986) e *Augusto. Il grande baro* (Mondadori, Milano 1996). Di Antonio Spinosa consiglio anche *Tiberio. L'imperatore che non amava Roma* (Mondadori, Milano 1985), e *La grande storia di Roma* (Mondadori, Milano 1998).

Per l'influenza dell'antica Roma sul cinema ho lavorato in particolare sul libro di Maria Wyke, *Projecting the past. Ancient Rome, Cinema and History*, Routledge, London 1997.

Per l'*Eneide*:
Comparetti, Domenico, *Virgilio nel Medio Evo*, vol. 1, coi tipi di Francesco Vigo, Livorno 1872.
Hardie, Philip, *The Last Trojan Hero: A Cultural History of Virgil's Aeneid*, I.B. Tauris, London-New York 2014.
Kallendorf, Craig, *The Other Virgil*, Classical Presences, Oxford University Press, Oxford-New York 2007.
Kennedy, Duncan, *Tradition and Appropriation: T. S. Eliot and Virgil's Aeneid*, in "Hermathena", n. 158, 1995, pp. 73-94.
Loane, Helen A., *The Sortes Vergilianae*, in "The Classical Weekly", vol. 21, n. 24, 1928, pp. 185-189.
O'Neill, J.R., Rigoni, Adam (eds.), *The Aeneid and the Modern World*, Routledge Monographs in Classical Studies, Routledge, London-New York 2022.
Padoan, Giorgio, *Il pio Enea, l'empio Ulisse. Tradizione classica e intendimento medievale in Dante*, Longo, Ravenna 1977.
Syed, Yasmin, *Vergil's Aeneid and the Roman self*, University of Michigan Press, Ann Harbor 2005.
Ziolkowski, Jan M., Putnam, M.C.E. (eds.), *The Virgilian Tradition: the First Fifteen Hundred Years*. Yale University Press, New Haven 2008.

Desidero suggerire ai lettori i libri di quello che considero il nostro più grande studioso di storia antica, Luciano Canfora, in particolare *Giulio Cesare. Il dittatore democratico* (Laterza, Roma-Bari 2011), e *Augusto figlio di Dio* (Laterza, Roma-Bari 2015); e di Massimo Fini, che ci ha insegnato a guardare da un'altra parte anche la storia romana, con le sue biografie *Nerone. Duemila anni di calunnie* (Mondadori, Milano 1993; Marsilio, Venezia 2013), e *Catilina. Ritratto di un uomo in rivolta* (Mondadori, Milano 1996; Marsilio, Venezia 2016).

Tra i testi di epoca romana che ho consultato segnalo in particolare:
Caio Giulio Cesare, *Commentarii de bello Gallico*.
Marco Tullio Cicerone, *De re publica*.
Marco Tullio Cicerone, *In Catilinam Orationes*.
Marco Tullio Cicerone, *Pro M. Caelio*.
Quinto Ennio, *Annales*.

Eusebio di Cesarea, *Bíos Megálou Konstantínou* (*Vita Constantini*).
Tito Flavio Giuseppe, *Historía Ioudaïkoû polémou pròs Romaíous* (*Bellum iudaicum*).
Decimo Giunio Giovenale, *Saturae*.
Marco Anneo Lucano, *Pharsalia*.
Marco Valerio Marziale, *Epigrammaton*.
Quinto Orazio Flacco, *Carmina*.
Quinto Orazio Flacco, *Epistulae*.
Quinto Orazio Flacco, *Epodon Liber*.
Quinto Orazio Flacco, *Saturae*.
Caio Giulio Cesare Ottaviano Augusto, *Res gestae divi Augusti*.
Gaio Petronio Arbitro, *Satyricon*.
Plutarco, *Bíoi Parálleloi* (*Vitae parallelae*).
Polibio, *Historíai* (*Historiae*).
Gaio Sallustio Crispo, *De coniuratione Catilinae*.
Gaio Svetonio Tranquillo, *De vita Caesarum*.
Publio Cornelio Tacito, *Historiae*.
Publio Virgilio Marone, *Aeneis*.

Sul tema dell'impero infinito:
Barbero, Alessandro, *Costantino il vincitore*, Salerno Editrice, Roma 2017.
Bonaparte, Napoleone, *Le guerre di Cesare*, Salerno Editrice, Roma 2020.
Bowersock, Glen W., *Le tre Rome*, in "Studi Storici", anno 47, n. 4, ottobre-dicembre 2006, pp. 977-991.
Butler, Sarah J., *Britain and its Empire in the Shadow of Rome*, Bloomsbury, London 2012.
Charles, Michael B., *Remembering and Restoring the Republic:* Star Wars *and* Rome, in "The Classical World", vol. 108, n. 2, 2015, pp. 281-298.
Cooke, Jacob E., *Alexander Hamilton's Authorship of the "Caesar" Letters*, in "The William and Mary Quarterly", vol. 17, n. 1, gennaio 1960, pp. 78-85.
Cracco Ruggini, Lellia, *Potere e carismi in età imperiale*, in "Studi Storici", anno 20, n. 3, luglio-settembre 1979, pp. 585-607.
Gandhi, Mahatma, *The collected works of Mahatma Gandhi*, Government of India, New Delhi 1969.

Gandhi, Mahatma, *Young India*, S. Ganesan, Madras 1927.
Goffredo di Monmouth, *Historia Regum Britanniae*, Treves Editore, Roma 2006.
Harper, Kyle, *Il destino di Roma. Clima, epidemie e la fine di un impero*, Einaudi, Torino 2019.
Joshel, Sandra R., Malamud, Margaret, McGuire, Donald T. Jr. (eds.), *Imperial Projections: Ancient Rome in Modern Popular Culture*, Johns Hopkins University Press, Baltimore-London 2001.
Kahn, Andrew, *Readings of Imperial Rome from Lomonosov to Pushkin*, in "Slavic Review", vol. 52, n. 4, 1993, pp. 745-768.
Kumar, Krishan, *Greece and Rome in the British Empire: Contrasting Role Models*, in "Journal of British Studies", vol. 51, n. 1, gennaio 2012, pp. 76-101.
Lacey, Helen, *A Comparison of the Illuminations of* Liber Regalis *with those of the Coronation Book of Charles V of France*, in "York Medieval Yearbook", MA Essays from the Centre for Medieval Studies, The University of York, n. 1, 2002.
Lantz, Kenneth, *The Dostoevsky Encyclopedia*, Greenwood, Westport 2004.
Madden, Thomas F., *Empires of Trust: How Rome Built – and America Is Building – a New World*, Plume, New York 2009.
Malamud, Margaret, *Ancient Rome and Modern America. Classical Receptions*, Wiley-Blackwell, Malden-Oxford 2009.
Mayhew, Nick, *Moscow: The Third Rome*, in "Oxford Research Encyclopedia of Literature", 2021.
Mazzarino, Santo, *Il basso Impero*, edizioni Dedalo, Bari 2003.
Mazzarino, Santo, *La fine del mondo antico. Le cause della caduta dell'impero romano*, Bollati Boringhieri, Torino 2008.
Mazzini, Giuseppe, *Della giovine Italia*, tip. Dagnino, Genova 1851.
Minogue, Kenneth, *The Romans: The Real Meaning of Patriotism*, in *Politics: A Very Short Introduction*, Oxford University Press, Oxford-New York 2000.
Ostrogorsky, Georg, *Storia dell'impero bizantino*, Einaudi, Torino 2014.
Pertusi, Agostino, *Venezia e Bisanzio: 1000-1204*, in "Dumbarton Oaks Papers", vol. 33, 1979, pp. 1-22.
Piganiol, André, *Le conquiste dei romani. Fondazione e ascesa di una grande civiltà*, Il Saggiatore, Milano 2010.

Poe, Marshall, *Moscow, the Third Rome: The Origins and Transformations of a "Pivotal Moment"*, in "Jahrbücher für Geschichte Osteuropas", Neue Folge, Bd. 49, H. 3, 2001, pp. 412-429.
Rostovcev, Mihail I., *Storia economica e sociale dell'Impero romano*, Sansoni, Milano 2003.
Strémooukhoff, Dimitri, *Moscow the Third Rome: Sources of the Doctrine*, in "Speculum", vol. 28, n. 1, gennaio 1953, pp. 84-101.
Turner, Frank M., *British Politics and the Demise of the Roman Republic: 1700-1939*, in "The Historical Journal", vol. 29, n. 3, settembre 1986, pp. 577-599.
Vance, Norman, *Anxieties of Empire and the Moral Tradition: Rome and Britain*, in "International Journal of the Classical Tradition", vol. 18, n. 2, giugno 2011, pp. 246-261.
Veyne, Paul, *Quando l'Europa è diventata cristiana. Costantino, la conversione, l'impero*, Garzanti, Milano 2017.
Wilson, Peter H., *Il Sacro Romano Impero. Storia di un millennio europeo*, Il Saggiatore, Milano 2017.
Winkler, Martin M. (ed.), *The Fall of the Roman Empire: Film and History*, Wiley-Blackwell, Oxford 2009.
Winkler, Martin M., *The Roman Empire in American Cinema after 1945*, in "The Classical Journal", vol. 93, n. 2, dicembre 1997-gennaio 1998, pp. 167-196.

Ringrazio tutti coloro che hanno dato un contributo di cultura e intelligenza a questo libro, in particolare Carlo Carabba, Eugenio Murrali, Giacomo Pucci, Alessandro Sortino e la mia amata figlia Rossana. Il libro è dedicato a lei.

INDICE

Roma non è mai caduta   7

1. ENEA. Il mito della fondazione   16
   Una donna perduta e una respinta   18
   Il fardello dell'uomo romano   26
   Achille sarà sconfitto   29
   Virgilio a Manhattan   34

2. MORIRE PER LA PATRIA. Il mito della Repubblica   41
   Sette re, e poi basta   46
   L'onore vendicato di Lucrezia   49
   Gli eroi della Repubblica   56

3. RIVOLUZIONARI E GOLPISTI. Il sogno di Spartaco e l'incubo di Catilina   66
   «Sono io Spartaco»   68
   Uccidete i Gracchi   76
   E se Catilina avesse avuto ragione?   81

4. CESARE. Il mito della vittoria — 88
Zio Mario e nonna Venere — 89
La moglie di Cesare — 97
Dalla Britannia al Reno — 101
Vercingetorige in catene — 105
«Alea iacta est»: o la va o la spacca — 108
In crociera sul Nilo con Cleopatra — 114
Il padrone del tempo — 121
Cesare non piange più — 125
Le Idi di marzo non sono ancora finite — 129

5. AUGUSTO. Il mito del potere — 143
«Ci hai dato un re!» — 144
«Sono il tuo cattivo genio» — 147
Antonio e Cleopatra — 151
Una formidabile macchina da guerra — 161
Una figlia ripudiata e un erede non amato — 167
«Varo, rendimi le mie legioni» — 171
A Capri l'ultima volta — 174

6. COSTANTINO. L'impero cristiano — 183
Un Dio geloso e universale — 184
La profezia di Massenzio — 187
Il sogno di Costantino — 194
Il Duce e Abebe Bikila — 197
Elena e la Vera Croce — 201

7. L'IMPERO INFINITO. Il volo dell'aquila da Giustiniano a Zuckerberg — 208
Bisanzio, la nuova Roma — 212
L'aquila del Sacro Romano Impero — 216

Firenze, Venezia e la riscoperta di Omero	219
Mosca, la Terza Roma	222
Mazzini e il Duce	224
Napoleone e Marianna	226
Shakespeare e il British Empire	230
L'apogeo dell'impero americano	236
Declino e caduta	248

8. ROMA VIVE. Marguerite Yourcenar, Liz Taylor e Asterix — 252

Il cinema nasce con Roma	256
«Il mio Gesù è molto diverso da te»	260
Cabiria e Maciste	264
Totò, Fellini e Tinto Brass	266
Da Obelix al Gladiatore	273

Fonti — 279

Questo libro è fabbricato da Grafica Veneta S.p.A.
con un processo di stampa e rilegatura certificato 100% carbon neutral
in accordo con PAS 2060 BSI.

Questo volume è stato stampato nel dicembre 2023
presso Grafica Veneta S.p.A. - Trebaseleghe (PD)